国家社科基金
后期资助项目

历史与比较法视野下的社会福利问题

聂鑫 等著

商务印书馆

图书在版编目（CIP）数据

历史与比较法视野下的社会福利问题 / 聂鑫等著. —— 北京：商务印书馆，2025. —— ISBN 978-7-100-25285-0

I. D632.1

中国国家版本馆 CIP 数据核字第 202592H2L7 号

权利保留，侵权必究。

历史与比较法视野下的社会福利问题

聂鑫　等著

商 务 印 书 馆 出 版
（北京王府井大街36号　邮政编码 100710）
商 务 印 书 馆 发 行
北京虎彩文化传播有限公司印刷
ISBN 978-7-100-25285-0

2025年8月第1版	开本 700×1000　1/16
2025年8月第1次印刷	印张 15¾

定价：98.00元

国家社科基金后期资助项目
出版说明

后期资助项目是国家社科基金设立的一类重要项目,旨在鼓励广大社科研究者潜心治学,支持基础研究多出优秀成果。它是经过严格评审,从接近完成的科研成果中遴选立项的。为扩大后期资助项目的影响,更好地推动学术发展,促进成果转化,全国哲学社会科学工作办公室按照"统一设计、统一标识、统一版式、形成系列"的总体要求,组织出版国家社科基金后期资助项目成果。

全国哲学社会科学工作办公室

目 录

引言 ·· 1

第一编　慈善事业与社会政策

绪论 ·· 7
第一章　传统社会福利思想 ·· 9
　　一、古代中国的社会福利思想 ··· 9
　　二、西方传统社会福利理念 ·· 12
第二章　慈善事业中的国家与社会 ·· 18
　　一、福利国家与公私协力的基本理论 ·· 18
　　二、古代中国的慈善事业主体：政府、宗教团体与宗族 ································· 20
　　三、明末以来的善会善堂与"官僚化"问题 ··· 26
　　四、近代中国的慈善组织与地方自治 ·· 30
第三章　传统中国土地制度与社会政策 ··· 36
　　一、兼具公私法双重属性的土地制度 ·· 36
　　二、土地国有与"均贫富" ·· 37
　　三、共同所有权与互助救济 ·· 43
　　四、小农利益保障与救济 ·· 46
第四章　盐铁专卖与社会政策 ·· 49
　　一、盐铁之辩及其内在矛盾 ·· 49
　　二、中国古代盐政制度的变迁 ··· 56

第二编　宪法社会权的探索

绪论 ·· 67
第五章　近代中国宪法史上的社会法治国建设
　　　　——从社会国与法治国的关系切入 ·· 69
　　一、法治国概念的自由主义底色 ·· 70

二、社会国概念的社会正义本质 …………………………………… 73
　　三、社会法治国概念的形成及其正当性 ……………………………… 76
　　四、社会法治国建设的方案选择 ……………………………………… 80
第六章　近代中国社会立法与福利国家的建构 ………………………… 86
　　一、早熟的官僚国家与家长式的赈济传统 …………………………… 86
　　二、近代转型背景下传统福利思想的再生 …………………………… 88
　　三、近代中国社会福利立法的转型：以《社会救济法》为例 ……… 92
第七章　"刚柔相济"：近代中国制宪史上的社会权规定 ……………… 98
　　一、宪法社会权："强宪法"下的"弱权利" ………………………… 98
　　二、魏玛宪法的新范式：宪法社会权与社会革命 …………………… 99
　　三、民生主义与"大同"的理想 ……………………………………… 101
　　四、近代中国社会民生权利入宪及其争议 …………………………… 104
　　五、"基本国策"：刚性宪法与柔性权利的调和 …………………… 107

第三编　"昂贵的权利"

绪论 ………………………………………………………………………… 113
第八章　宪法社会权的困境——以"庙产兴学"诉讼为例 …………… 115
　　一、"庙产兴学"运动引发的诉争案件 ……………………………… 115
　　二、不同社会权利之间的冲突 ………………………………………… 122
　　三、近代宪法社会权的困境 …………………………………………… 127
第九章　交织的财产权与社会权——基本权利现代化的一个缩影 …… 132
　　一、民国时期的宪法财产权 …………………………………………… 133
　　二、近代宪法社会权的形成 …………………………………………… 138
　　三、财产权与社会权的"互化"趋向 ………………………………… 141
　　四、财产权与社会权的耦合 …………………………………………… 148
第十章　财产权宪法化与近代中国社会本位立法 ……………………… 152
　　一、欧美财产权的理论与实践演进 …………………………………… 153
　　二、传统中国的财产权保障及其限制：以土地产权为例 …………… 157
　　三、近代中国制宪史上的财产权争议与财产权社会化 ……………… 159
　　四、作为社会性权利的宪法财产权：以土地与房屋产权管制为例 … 164
　　五、财产权的"双重误解" …………………………………………… 171

第四编　福利权利及其司法救济

绪论 ………………………………………………………………………… 175

第十一章　生存保障：中国古代的社会救济 ... 177
　　一、救荒 ... 177
　　二、养恤 ... 184
　　三、小结：鳏寡孤独者皆有所养 ... 190

第十二章　租房稳定性思考——以美国驱逐保护制度为例 ... 191
　　一、住房市场化与租房稳定性 ... 191
　　二、驱逐保护制度概要：以美国为例 ... 195
　　三、疫情下的特殊驱逐安排与未来隐忧：兼与法国对比 ... 200
　　四、小结：探索住房的多元供给 ... 209

第十三章　比较法与法律史视角下的住房权 ... 210
　　一、住房保障权在各国的宪法地位 ... 210
　　二、国外住房保障权实现的途径及其问题 ... 212
　　三、近代中国的立法与司法实践 ... 219
　　四、小结：默示的住房权利 ... 222

第十四章　司法救济的路径 ... 223
　　一、福利国家、有为政府与宪法社会权 ... 223
　　二、宪法社会权的正当性与（直接）司法救济的可行性争议 ... 224
　　三、司法实践领域对待宪法社会权的不同态度 ... 227
　　四、小结："弱法院、强权利" ... 232

第十五章　结论 ... 236

后记 ... 239

引　言

怎样的社会才算好的社会？这是古往今来政治家和思想家上下求索的问题。无论是《礼记》记载的鳏寡孤独皆有所养的"大同社会"，还是朱熹所言的"国以民为本，社稷亦为民而立"，都传递出"民为邦本"的治国理念。利民惠民，是提升国家治理能力、维系社会秩序稳定的重要举措。在历代政府的施政方针中，社会政策一直占有一席之地，这已然成为传统国家治理理念的基本组成部分，甚至被写入了国家大法之中。

古代中国奉行"仁政"思想，制定有田土、谷政、济荒等社会政策，在战乱或是荒年，将对灾民提供多种形式的赈灾举措，对于老幼贫病等弱势群体，设立养济院、慈幼局和药局，辅之以系列救助措施。"在长时段的历史演变中，中国的'国家'和'社会'无疑是紧密缠结、互动、相互塑造的既'二元'又'合一'的体系。""在中国的思维中，'国家'和'社会'从来就不是一个像现代西方主要理论所设定那样的二元对立、非此即彼体。"[①] 不仅政府，在中国福利史上还有宗教团体、宗族等社会主体的身影，它们对亟须救助的个人和群体施以援手，收容救济病患、收养孤儿、救济难民。在"公私协力"的社会福利供给方式之下，"福利"与"慈善"形成了既"二元"又"合一"的体系。

近代以降，提高民生福利水平、保障百姓最基本的生活所需依然是仁人志士孜孜以求的理想，孙中山的"三民主义"之一即是"民生主义"。从全球范围看，以保障人能够有尊严地生活为核心的第三代人权催生了社会权；为公民编织一张免于坠落至贫困线以下的"社会救助网"，是不同国家共同的努力方向。近代，关于社会保障、社会权利的思想随着"西法东渐"来到中国，其又与中国古代"大同"的理想相契合，使得近代中国学者对德国魏玛宪法范式尤为推崇。魏玛宪法"社会国"的理念深刻地影响了近

[①] 参见黄宗智：《重新思考"第三领域"：中国古今国家与社会的二元合一》，《开放时代》2019年第3期，第12页。

代中国宪法关于"社会权"的规定，在民国时期的多部宪法文件中，公民基本生存权利被视为宪法基本权利。"仁政"思想从道德宣扬进入法律层面，通过宪法赋予公民基本权利的方式进一步固定下来。

直到今天，社会福利仍然是全球关注的话题。尽管不同国家的社会福利制度存在差异，但努力推动住房、养老、医疗、教育的均等化是各国社会福利制度发展的共同目标。国家以外，越来越多的社会主体也参与到社会福利事业中，社会保障相关法制不断完善。但是，民生事业要尽力而为，亦要量力而行。美国、法国、南非等国家和地区的社会福利政策及其相关法律规定在实践中呈现出其内在的优势与弊端，"他山之石，可以攻玉"，也可"覆舟"，我们需要结合中国社会福利事业的历史与国情再做分析。

就社会福利而言，诸多的难题仍有待回应。一是作为基本权利，在宪法上如何规定与实现，是将其视为一种具备强制执行力的"强权利"，还是仅用于显示国家希望改善民生态度的"弱权利"（"政治宣告式权利"）？社会权的实现需要大量的财政支持，通过法律规定的形式要求财政承担权利实现的代价，司法则可能"走得太远"。另一是作为"昂贵的权利"，如何处理社会权与财产权之间的关系？尤其是在资源有限的情况下，部分的社会权并非由国家支付，而是被分摊转嫁到不同的个体上，例如，租房者的保障在一定程度上是通过降低房价、限制房东权利来实现的，而不是完全由国家给付达成，此时不同的基本权利之间的关系可能会变得紧张。

当前学界对于社会福利相关的学术概念与研究方法仍未形成明确共识，比如社会福利、社会保障、社会救助等概念如何区分、联系，西方社会福利研究与中国当前社会保障体系建设之间存在一定差异。关于社会福利概念也有狭义和广义的不同理解——罗斯福新政时期所谓的"普遍福利"，涵盖了"住宅安全""生计安全""社会保障安全"[①]，而"福利在中国有多种指向，可能是社会保障制度，也可能是单位福利或者社会福利，意指通过国家、社会或企业兴办的集体福利设施和提供的各种补贴来满足、丰富人民的物质文化生活"[②]。

本书既在宪法层面讨论抽象的"社会权"，也具体研究生存权、住房权，其中涉及的不少内容在学界已有讨论，笔者不敢奢望在如此重大的问题上能面面俱到。但本书希望结合法律史与比较法的双重视角来研究社会

[①] 参见凯斯·R.桑斯坦：《罗斯福宪法：第二权利法案的历史与未来》，毕竞悦等译，中国政法大学出版社2016年版，第67—68页。

[②] 参见胡敏洁：《福利行政法论》，法律出版社2023年版，第1—2页。

政策与社会权利的相关议题，尝试在中西互鉴的基础上，探索一种有别于欧美、结合自身传统的中国式社会福利权利的制度与实践道路。

无论是在东方还是西方，社会福利的思想皆自古有之，这些思想落到社会实践中，成为独具特色的慈善事业与社会政策。土地制度与盐铁专卖政策是传统中国较为典型的两项社会政策。除了国家主导的社会政策与福利供给外，社会团体在慈善事业中也发挥着不可替代的作用。进入近代社会以来，福利思想与社会权利的讨论上升到了宪法层面。社会权是怎样的权利、制宪历史中的社会权规定、社会立法与福利国家建构等议题被广泛讨论。随之而来的还有社会权要面临的严峻的财政考量，作为"昂贵的权利"，应如何处理其与财产权的关系？如何看待财产权的社会化与社会本位立法之间的张力？最后，本书还关注了具体的社会权利及司法救济问题，就古代中国的社会救济、现代美国的安居权利以及全球住房权利保障等主题展开了讨论。

本书意在观察中国古代社会保障的有关制度、法律和西方国家的社会福利政策、施行规则及其利弊情况，在更加宏大的视域里继承优秀传统法律文化、吸收转化西方法治经验，使之作为本土法律文化创新的养分，推动社会福利领域的中国自主知识体系建构。社会福利制度是"民本"的重要体现，实现社会权、保障社会权是一个跨越时间的、永恒的问题，本书谨抛砖引玉。

第一编
慈善事业与社会政策

绪　　论

无论是在西方还是东方，"社会福利"的理念古已有之。在中国古代，社会福利政策是治国的核心理念，儒家思想家孔子和孟子强调消除贫困和实现社会公平，提倡国家关怀人民福祉，以期实现"大同"社会。实践上，中国古代实施了均田制、反对垄断、调剂供求等政策，并设立了谷政和社会救济制度保障民生。西方社会福利思想的发展经历了从古希腊哲学家到现代理论家的持续探索，其理念围绕社会正义与公共利益展开，从柏拉图和亚里士多德的理想社会构想，到中世纪教会的慈善实践，再到资产阶级运动时期社会保障思想的转型，以及20世纪福利国家的建立，社会福利思想逐渐从经济范畴转变为包含公平和财富分配的政治经济概念。这一过程中，国家的角色从维护社会秩序的工具转变为保障公民基本生活需求和推动社会公平正义的责任主体。

与现代福利国家"生存照顾"的理念相较，传统中国在两千多年前就提出了"天下为公"的"大同"理想，惠民、养民也成为国家统治正当性的基础。在中国历史上，国家始终在慈善事业中扮演重要的角色，国家对于社会的影响只有程度的不同，不存在有无的差异。尽管在理念上，对人民的生存照顾是国家的权责，民间的私人善举有越权违礼之嫌，但由于国家能力的局限，历代政府在积极管制的同时，并不绝对排斥民间的慈善事业。宗教与私人慈善团体的"善念"与"善举"，对官方慈善事业也多有启发，甚至中国古代医院的起源，在一定意义上便与寺院的医疗救助事业高度相关。

宋代以后，随着国家能力的削弱与士大夫经济、社会、政治地位的变化，非宗教的民间慈善组织开始兴起。开其先河者为范仲淹创设的范氏义庄，但其公共福利的范围仅及于宗族之内，且义庄的首要目的并非慈善，而是士大夫宗族优势地位的延续。明代的商品经济进一步发展，与此同时教育高度普及，在激烈的科举竞争下绝大多数士大夫"进入官场的几率近乎于零"①。积极参与民间慈善事业，成为明末以来居乡士大夫在地方实际发挥公共影响力，进而巩固并提升其政治社会地位的重要途径。明清善会、善堂的大发展，从一个侧面说明当时国家与社会的关系有了新的变化，奉行"小政府"理念的明清国家与"半自治"的士绅社会，在慈善事业领域分别扮演不同的角色且互相渗透。19世纪以来，在上海、杭州、武汉等商业城市，民间慈善组织进一步发展，且逐渐超越其狭隘的群体意识，开始关注更广泛的社区利益与普遍的公共利益。在这一时期，还组建了全国性的民间慈善团体，如中国华洋义赈总会。慈善事业的近代化，使之成为近代中国地方自治的起点与农村合作互助经济的重要推动力。

中国古代的社会政策对以"仁"为核心的儒家思想的践行极大影响了社会，土地政策与盐铁政策为其典型代表。公私结合的土地政策为小农提供了容身之所，也投射到今天的宅基地制度设计之中；盐铁政策起初是为了"不与民争利"，且盐铁收入也为社会福利提供了部分资金，但它在发展过程中逐渐变形，成为垄断事业，未能如期改善公众之境遇。在西方的实践中，早期的社会福利与国家稳定、社会秩序维持有直接关联，例如，雅典对市民发放"观剧补贴"，罗马市民享受"粮食福利"，等等。在中在西，关于社会福利的探索、实践一直在路上，这样的社会政策逐渐成为治国理政的重要构成部分。

---

① 参见孔飞力：《中国现代国家的起源》，陈兼等译，生活·读书·新知三联书店2013年版，第15页。

第一章 传统社会福利思想

一、古代中国的社会福利思想

在传统中国思想中，社会（福利）政策一直占有一席之地。尽管历代政府实施社会政策的效果有所不同，但社会政策本身已成为传统国家治理理念的基本组成部分，有的还明确规定于政府的法令之中。"古代的政治思想家总是认为道德和政治是紧密相连的。他们认为国家存在的目的就是使其人民安乐。最好的政府是真切关怀人民的福祉的政府。所以，在中国古代典籍中，经常可见'仁政'这个词。"①

孔子把消除贫困、实现社会公平作为国家安定的前提条件："有国有家者，不患寡而患不均，不患贫而患不安。盖均无贫，和无寡，安无倾。"（《论语·季氏第十六》）②孟子批评梁惠王奢侈而不知收敛，路上有饿死的人却不肯开仓赈济，明明是人祸却归罪于天灾："狗彘食人食而不知检，涂有饿莩而不知发；人死，则曰：'非我也，岁也。'是何异于刺人而杀之，曰：'非我也，兵也。'王无罪岁，斯天下之民至焉。"（《孟子·梁惠王上》）③儒家经典《礼记·礼运大同篇》更进一步提出"天下为公"的"大同"理想："大道之行也，天下为公。选贤与能，讲信修睦。故人不独亲其亲，不独子其子。使得老有所终，壮有所用，幼有所长，矜、寡、孤、独、

---

① 朱友渔：《中国慈善事业的精神》，中山大学中国公益慈善养济院翻译组译，商务印书馆 2016 年版，第 8—9 页。
② [魏]何晏注，[宋]邢昺疏，朱汉民整理：《论语注疏》，北京大学出版社 1999 年版，第 221 页。
③ [汉]赵岐注，[宋]孙奭疏，廖名春、刘佑平整理：《孟子注疏》，北京大学出版社 1999 年版，第 11 页。

废疾者，皆有所养。男有分，女有归。"①

就儒家意识形态来看，"学校与粮仓是互相补充的"，"促进教育与经济福利是地方官的两大任务，因为'教养'人民被认为是治国的基本特征之一"。② 传统中国具体的社会政策理念与实践如下。③

（一）井田制（公田制）

"井田制的益处，并不是因为土地被划分为不同的井，而是因为它的原则建立在均等的基础之上。""当考虑井田制时，我们应考虑它的原则，而不是它的形式。""井田制的基本思想是：人人均应获得均等的份额、均等地享受理财活动，以及社会生活、政治生活、智力生活与道德生活的机会。""井田制与社会主义，二者的目标均旨在均等财富，以及旨在让生产者获得他们全部的产品。"④

（二）反对垄断

首先，孔子不赞成政府为了纯粹的财政动机而垄断商品。"国家应该控制价格，但不能垄断整个市场"，"只要不存在自然垄断，而且只要竞争是可能存在的与可取的，孔子就不允许国家实行垄断。尽管国家应该是价格的调整者，但国家对价格的调整不是垄断，而只是促进自由竞争与消灭私人垄断"。其次，为了限制私人的商业垄断，可以由政府控制需求与供应。"中国传统经济政策，不仅要'救贫'，而且还要'抑富'"，正如大儒董仲舒所说，"大富则骄，大贫则忧。忧则为盗，骄则为暴，此众人之情。圣者使富者足以示贵而不至于骄，贫者足以养生而不至于忧，此以为度而调均之"。⑤

（三）天子、诸侯、士大夫不得与百姓争利

"在现代，社会主义者为劳动者提倡近世社会主义，反对资本主义。在古代，孔门弟子为农民倡导孔教的社会主义，反对封建主义。""在孔子时

---

① ［汉］郑玄注，［唐］孔颖达疏，龚抗云整理：《礼记正义》，北京大学出版社1999年版，第658页。
② 王国斌：《转变的中国：历史变迁与欧洲经验的局限》，李伯重等译，江苏人民出版社2010年版，第115页。
③ 参见陈焕章：《孔门理财学》，韩华译，中华书局2010年版，第339页。
④ 同上书，第337—338页。
⑤ 钱穆：《中国文化史导论》，商务印书馆1994年版，第120—121页。

代，封建制度盛行全国，封建诸侯与贵族家族占有所有的土地，他们因此是地主。他们也拥有许多牲畜，以及若干其他的生产资料，因此他们也是资本家……把握全部政治权力与享受全部社会高位的诸侯与贵族，如果他们在理财领域与普通民众竞争，那么，他们将会赚取全部利润，这是因为民众没有与他们竞争的立足之地，于是，民众沦落至实际的苦役状态之中。""孔子的总原则如下：'天子不言有无，诸侯不言多少，禄食之家，不与百姓争利。'而该原则的总目标为：提升统治阶层的品质到更高的道德标准，剥夺他们在理财领域的有利条件与强有力的竞争，并向所有普通民众提供相当的（理财）机会。这是社会改革的伟大计划，理财平等是它呈现的趋势。"[1]

（四）调剂供求

"在财产社会里有两种利益存在：其一为生产者的利益，另一则为消费者的利益。而直接明显影响此二利益者，则莫过于价格，因此，对全社会而言，价格乃一极重要的问题。根据孔子的理论，为了确保生产者的成本与满足消费者的需要，政府应该通过调剂供求以平稳价格，而主要目的则是消灭所有的垄断。"一方面保护小生产者，另一方面保护消费者。尽管儒家主张"实禄者不言利""天子不言利"，但作为个人的君主应与作为整体的国家区别开来，"作为整个国家、民众的代表，则应该允许国家以最方便的途径获得国家的税入。如果国家与少数大商人竞争，并减轻多数人的负担，那么，这是一满足国家开支的良策"。[2]在良好的社会经济政策下，可以最终实现"国家获利、民众一直享受合理的价格、分配接近公平"三项目标。

（五）谷政[3]

对统治者来说，"民以食为天"，战国的李悝即实行平籴政策，汉宣帝时政府便开始设立"常平仓"，此后一直延续至清代，可以调节市场、平均粮价。隋朝起，政府在地方设立"义仓"，平时以收入累进税的方式向农户征收粮食，饥馑之年免费分配给饥民，其理念是"从富者中获取更多的税收，并给予穷者更多的利益"。另外有"社仓"制度，在理论上，其与"义

---

[1] 参见陈焕章：《孔门理财学》，韩华译，中华书局2010年版，第344—345页。
[2] 同上书，第350页。
[3] 同上书，第360—368页。

仓"的区别是"义仓"免费分配粮食,"社仓"则借贷粮食,但在实践中常常发生混同。义仓与社仓总体相似,"当社仓存在的问题愈益严重的时候,人们更加注重发挥义仓民间积储的特性。因此在选择义仓仓址时,强调要建在乡村,更接近于民,方便于民","一些地方政府还提倡以家族为单位建立义仓",但"其实在许多地方,义仓即是以宗族的形式,依托义庄建立的。在日常管理方面,则尽可能摆脱政府的干预和介入,民间自营自收自支,真正发挥民间自救互助的优势和作用"。[①]

(六)社会救济

社会救济是指对由于各种原因而陷入生存困境之人,由国家或社会给予财物接济和生活扶助,以保障其最低生活需要。除了作为救灾措施的荒政外,汉文帝时期已将关爱与救济矜寡孤独幼等人群的原则付诸实践。宋代政府还专门设立了居养院、安济坊、福田院等收容机关,对被收容者"全都提供食物、衣服以及床,雇工、厨师以及护士也一并供给"。"明太祖数次颁布供养鳏寡孤独及笃疾之人的政令",命天下府州县设惠民药局。嘉靖时,京师设栖流所与养济院。清朝在各州县也设有养济院,根据《大清律例》,"凡鳏寡孤独及笃疾之人,贫穷无亲属依倚,不能自存,所在官司应收养而不收养者,杖六十;若应给衣粮,而官吏克减者,以监守自盗论"。这些制度被认为是"中国的济贫法"。[②]

二、西方传统社会福利理念

在西方历史上,社会福利思想的发展体现了从古希腊哲学家到当代理论家对社会正义与公共利益的持续探索。尽管时代与政治背景有所不同,但保障社会福祉的理念始终贯穿于这些思想家们的理论之中。

(一)古希腊、罗马时期

社会福利思想在西方发轫极早。在古希腊、罗马时期已出现了社会向善、寻求社会公正的相关理念。柏拉图在《理想国》(Politeia)中提出,乌

---

① 陈桦、刘宗志:《救灾与济贫:中国封建时代的社会救助活动(1750—1911)》,中国人民大学出版社2005年版,第125页。

② 朱友渔:《中国慈善事业的精神》,中山大学中国公益慈善养济院翻译组译,商务印书馆2016年版,第15页。

托邦式理想社会里，国家应当保障公民的基本需求。在这一理想社会中，儿童和妇女都可以得到较好的教育，"任何一个公民的喜怒哀乐，都可以说是整个城邦的喜怒哀乐"①。亚里士多德在《政治学》一书中提到，财富和资源不应过度集中于少数人手中，社会需要通过公平的制度分配财富，以减少贫困和社会不公。通过适当的法律和制度安排，公民的基本生活需求应该得到满足，以保障国家的稳定与和谐。在关于平民政体的叙述中，他提到平民政体的一个特点是发补贴，最理想的情况是对公民大会、法庭机构和行政机构发放补贴，如果不能全体覆盖，那么至少应向特定机构发放补贴，以此维系平民政体的运作。②雅典市民从伯利克里时代到公元前5世纪为止还有一项特殊的"社会福利"：可以享受国家提供的观剧补贴（Theorikon），领取后用于购买戏票，穷人是此项福利最大的受惠者，这也是对穷人参与公共事务的一种保障。③

进入罗马统治时期，社会福利体系更像是一种以国家安全和稳定为目标的政策手段。公元前124年，盖尤斯·格拉古（Gaius Sempronius Gracchus）当选为罗马保民官。其在位期间，颁布了《格拉古小麦法》，向在首都的罗马市民分派平价小麦，同时规定了建仓和筑路问题。为实施该法，罗马就小麦的保障运输、完善加工、加强组织、稳定价格等方面制定了一系列的法律，形成了与《格拉古小麦法》配套的粮食立法体系。④通过控制粮价、建立粮仓等方式，保障了罗马城市贫民的粮食供应。这一制度的核心目的是维持城市稳定，但这是"少数人"的社会福利，这种福利制度的供给是由殖民地人民种植原料，粮食供应产业链各个环节的从业者进行加工，最终使市民享有此种"特权"，为罗马城市秩序的维护提供了物质基础。除了国家主导的福利措施，古罗马的上层阶级、贵族和富有市民也常常出于个人声誉或政治利益的考量，向贫困市民提供慈善捐赠。

（二）教会作为福利机构

到中世纪，教会势力上升，基督教的教义对西方社会福利思想产生了深远影响。基督教强调慈善和怜悯，将帮助贫困和弱势群体视为宗教信仰的重要实践。中世纪基督教思想家托马斯·阿奎那（Thomas Aquinas）将

---

① 柏拉图：《理想国》，张俊译，民主与建设出版社2020年版，第155页。
② 亚里士多德：《政治学》，郭仲德译，西北大学出版社2016年版，第166—168页。
③ David Kawalko Roselli, *Theater of People*, Austin: University of Texas Press, 2011, p.90.
④ 徐国栋：《〈格拉古小麦法〉研究》，《厦门大学学报（哲学社会科学版）》2013年第2期，第75页。

"公共利益"分为三类：一是由祭司们负责促进和实现的精神属性的公共利益；二是由治理社会的统治者负责促进和实现的涉及公共秩序、社会安宁、物质福利等方面的公共利益；三是由军人负责促进和实现的国家安全方面的公共利益。[①]中世纪的修道院和教会成了实际提供社会福利的机构。修道院为穷人提供食物、住宿和医疗服务，在尚未形成强制性国家福利体系的时代，这是许多贫困者的主要生存来源。

中世纪后期，欧洲各地逐渐出现了一些更为正式的社会福利制度，特别是在贫困救济方面。在英国，受到圈地运动、宗教改革、价格革命等多重因素的影响，农业生产方式发生变革，贫困人口大量涌现。都铎王朝为了缓解社会贫困状况，于1601年颁布了《伊丽莎白济贫法》（Elizabethan Poor Law）。该法明确规定了地方政府对贫困者的救济责任，通过收税筹集资金来帮助穷人，并规定由家庭成员承担救济责任，向有劳动能力的贫民提供就业救济和技能培训，对无劳动能力者提供最低生活保障和住所，教区居民选举济贫监督员，负责征税、提供工作，以及救济残疾人、老人等。[②]1662年通过了《居住法》，使贫民在相应教区得到救济，同时也减少了人口带来的不稳定性。1722年颁布《贫困救济法》，要求教区开设济贫院以救济贫民。1782年的《吉尔伯特法》进一步规定，授权有条件的教区建立济贫联合区，通过联合区对济贫工作进行统一管理，包括济贫税的征收和使用。18世纪末期，英国食物价格持续上涨，劳工生活水平大大降低。1795年"斯频汉姆兰"制度出台，这一制度的核心在于根据粮食价格来补贴贫困劳工的工资，以保障他们的基本生活水平。征税、粮食补贴、促进就业是这一时期欧洲社会福利思想与制度的主要导向。自17世纪以后，西方社会福利立法发生了演变，从英国的社会救助立法到全球社会政策的兴起，社会福利政策不仅仅是对公民福祉的追求，更是对社会问题的回应。随着社会福利立法趋向多元化，社会福利法律体系从社会控制结构性地转向了福利治理。[③]

（三）资产阶级运动与西方社会福利思想的转型

18世纪以后，资本主义快速发展，在启蒙思想、宗教改革等多次思想

---

① 阿奎那：《阿奎那政治著作选》，马清槐译，商务印书馆1982年版，第117页。
② 张峰：《试论都铎时期英国政府贫民救济政策的演变》，《历史教学》2017年第18期，第61页。
③ 刘继同：《欧美社会福利立法典范的制度演变与历史规律》，《甘肃政法学院学报》2017年第5期，第30页。

与社会革命的冲击下,西方的社会福利思想也有了长足的发展。

丁建定把这一时期的西方社会保障思想分为三个阶段:在自由资本主义阶段,社会保障思想强调个人自助和有限救助,认为个人应对自己的生活负责,社会或政府只在个人自助无法实现时提供援助;进入国家干预资本主义时代后,社会保障思想强调国家责任和国家保障,认为社会问题主要由社会或国家解决,社会保障应依靠国家而非个人自助;发展到新自由主义与中间道路资本主义阶段后,社会保障思想主张自助互助与国家共同责任,认为社会问题的出现与个人和社会都有关系,社会保障应结合国家保障、社会力量和个人的自助进行。[1]

在启蒙运动时期,让-雅克·卢梭(Jean-Jacques Rousseau)提出了社会契约论的核心概念,他认为政府的合法性源于人民的同意,国家存在的目的是确保公共福祉。卢梭在《社会契约论》中明确指出,社会不平等的扩大必然导致契约的破裂,因此,政府有义务通过政策干预,缩小贫富差距,维护社会稳定。[2]托马斯·潘恩(Thomas Paine)是启蒙运动后期社会福利思想的另一位重要人物。他在《人的权利》一书中提出了现代社会福利国家的基本理念,主张通过税收改革和社会救济,保障公民的基本生活需求。潘恩的思想回应了工业革命带来的社会不平等问题,他认为国家应该承担起为公民提供基本生计保障的责任。[3]

马克思恩格斯的社会保障思想是在批判资本主义社会保障制度的基础上形成的,其理论渊源深厚,包括欧洲启蒙思想家的人道主义精神、英国古典政治经济学的劳动价值理论和法国空想社会主义的和谐社会思想。马克思恩格斯认为,资本主义社会保障制度的资金来源于工人创造的剩余价值,其根本目的是维护资产阶级统治。他们提出了未来社会保障的原则性构想,包括为困难群众提供基本生活保障、应对社会风险和生产风险、实现公平性和人民性原则。马克思恩格斯的社会保障思想对西方社会保障制度的建立和发展产生了深远影响,推动了从传统向现代的转型,指明了未来走向。[4]

进入20世纪以后,福利国家思想快速发展,在全球范围内广为传播。

---

[1] 丁建定:《西方社会保障制度的理论溯源》,《社会科学辑刊》2020年第5期,第136—138页。

[2] 卢梭:《社会契约论》,李平沤译,商务印书馆2011年版。

[3] 托马斯·潘恩:《人的权利》,乐国斌译,上海译文出版社2017年版。

[4] 童文胜、夏雨佳、潘振宇:《马克思恩格斯的社会保障思想及其对西方社会保障制度建立的影响》,《社会主义研究》2024年第2期。

威廉·亨利·贝弗里奇（William Henry Beveridge）在《社会保险及其相关服务》（*Social Insurance and Allied Services*）中指出，社会福利政策应着眼于消除贫困、疾病、失业、无知和不良居住环境五大社会弊端。他提出，政府有责任通过社会保险、免费医疗、公共住房和教育服务，来保障公民的基本生活需求。贝弗里奇的这一报告以消灭贫困为基本目标，基于六条社会保障基本原则和全民的六大类划分，实施援助导向的全方位社会保障。①

诞生于20世纪初的魏玛宪法是福利国家思想向国家制度、宪法文件转化的标志性文件和经典案例，其制定与出台受到了彼时多位德国思想家、哲学家社会福利理论的影响。马克斯·韦伯（Max Weber）曾探讨法律、资本主义与社会结构的关系，他认为现代国家需要通过官僚化和合理化的制度来促进社会公正，强调国家权力的合法性来源于合理的法律制度，而社会政策是保障国家权力与社会责任平衡的工具。洛伦茨·冯·施泰因（Lorenz von Stein）主张国家在社会福利中的积极角色，他认为国家应当通过立法干预社会经济，以减少社会不平等、缓和阶级冲突，国家应通过提供教育、公共卫生、救济等措施，改善社会福利，推动全体公民的平等参与。

二战后，西方国家普遍开始建立社会福利制度。1971年约翰·罗尔斯（John Rawls）在《正义论》中提出了两个著名的原则，一是平等的自由原则，每个人都应享有最广泛的基本自由，这些自由与他人同等的自由相兼容；二是差别原则，社会和经济的不平等只有在它们能够使最不利者受益的情况下才是正当的。差别原则直接与社会福利的讨论相关，罗尔斯认为，社会应该通过制度设计来改善最弱势群体的处境，也就是通过再分配资源来减少贫困和不平等。②

阿内逊和柯亨对西方福利思想史也贡献颇多。阿内逊提出了"福利机遇平等"观，强调个体应对自愿选择的后果负责，区分了可控和非可控偏好，主张对非可控偏好导致的福利差异进行补偿。柯亨则发展出"可及优势平等"观，强调福利之外的因素如能力和机会也应被平等化，他批判了诺齐克的资格理论，主张共同所有权原则，为福利平等观提供基础，旨在通过福利平等推动社会正义。③

---

① 陈昇:《援助导向保障：福利国家社会建设的轴心——〈贝弗里奇报告〉的地位与影响》，《北方论丛》2009年第1期。

② 罗尔斯:《正义论》，何怀宏等译，中国社会科学出版社1988年版，第269页。

③ 朱富强:《社会主义的机会平等观：福利主义在西方的现代发展》，《国外理论动态》2017年第9期。

从最早的古希腊城邦到现代福利国家，社会福利思想不仅关乎经济分配，更与国家的合法性、正义和道德秩序紧密相连。无论是在柏拉图与亚里士多德的正义概念中，还是在卢梭和潘恩的社会契约论中，社会福利都被视为国家存在的核心功能之一。在现代福利国家理论中，进一步强化了政府在保障社会公平与正义中的责任。黄万丁等人在考察近代西方社会福利思想历史演进路径时发现，西方的社会福利是一个从经济范畴中逐渐独立出来的政治经济概念，在发展过程中形成了自己独立的核心理念"公平和财富分配"。[①] 国家作为社会福利的提供者，在强调应提升社会福利状况时，不可避免地要赋予公权力更大的能动性，由此权利保障与权力限制之间的张力愈发明显，法治国和福利国之间的讨论应运而生。

---

① 黄万丁、张子厚：《近代西方社会福利思想历史演进述评——一种历史观的形成与发展》，《社会保障研究》2012年第3期，第77—78页。

第二章　慈善事业中的国家与社会

一、福利国家与公私协力的基本理论

进入20世纪之后,一方面随着工业化和城市化的发展,以传统乡土社会为基础的家庭或邻里之间的扶助日趋淡化,另一方面现代工业社会的发展以及由此产生的问题要求国家在社会中更加积极有为,"国家要提供个人需要的社会安全,要为公民提供作为经济、社会和文化条件的各种给付和设施"①。德国学者福斯多夫(Rrnst Forsthoff)于1930年代开创了"服务行政"的理论,提出"生存照顾"的概念,并将其作为"表彰现代国家行政任务重心之所在",他认为"任何一个国家为了维持国家稳定,就必须提供人民生存之照顾。国家唯有提供生存照顾,确保国民的生存基础,方可免于倾覆之命运"。② 20世纪中叶以来,福利国家逐渐成为欧美各国的潮流,不少国家还把社会福利的规定写入宪法,例如,德国《基本法》就将"社会国"作为其宪法的三个基本原则之一。

但是,始于1970年代末,福利国家的无效率和大量公共救助项目的"失败",引发了社会各界的普遍不满,日益增长的财政压力,也让国家全面给付的福利行政难以为继。政府大包大揽的社会福利事业日益受到挑战,强调市场机制的新自由主义经济学也由此取代了支持"大政府"模式的凯恩斯主义经济政策。欧美各国的福利行政,也从政府作为直接福利提供者过渡到政府作为福利事业的监管者的阶段。为实现公民的生存照顾与福利权益,一些私法手段(如契约、政府承包合同)被引入行政活动(如社会保障给付),私人慈善组织(基金)也被纳入国家福利行政的

---

① 参见哈特穆特·毛雷尔:《行政法学总论》,高家伟译,法律出版社2000年版,第17页。
② 参见陈新民:《公法学札记》,中国政法大学出版社2001年版,第47、53页。

体系。①

"行政任务民营化为现代给付国家缩减国家任务、精简人事、节省国家财政支出,以及增加行政效率所最常采行之行政革新手段。"②但在实务中,各国很少采用"完全民营化"的极端形式,更多的是采用"部分民营化"。其特征是部分引入市场机制,将公共任务由"公部门"(行使公权力的各级政府)与"私部门"(民间营利或非营利组织)共同合作来完成,即"公私协力"。以美国为例,在巨大的社会保障财政赤字压力下,为克服传统福利行政模式的"笨拙、繁琐和无效率",自里根总统时期就开始了一系列改革;到1996年,国会进而颁布了《个人责任和工作机会协调法》,以市场化的方法对联邦福利政策进行全方位改革,"探索由联邦向州,由政府向私人的分权"。③

在市场自由化与公共事业民营化趋势下,国家的社会福利责任由"给付责任"转变为"保障责任",政府对于"涉及人民生存照顾的私经济活动,通过引导、管制,以及监督等各式措施,以确保人民生存所需之相关物资与服务得以同由自己提供一般,亦能够由私企业为普及、无差别待遇、价格合理,且质与量兼顾地提供";反之,如果市场再度"失灵",且无法通过政府管制等措施予以修正,"则此时本于社会国理念之要求,国家为建构一符合生存照顾需求之社会秩序,在宪法上应再度担负起自为给付之义务"。④在实践中,国家选择民营化还是"再国家化",取决于其具体的社会经济情况。

民营化与公私协力并不限于公共福利事业,但福利制度的独特性在于,早在前现代时期中西方就普遍采用了国家、社会和私人协力的模式,因此当代福利事业的民营化,在一定意义上也是"向历史的复归"。⑤尽管在中国语境下讨论福利权,与上述欧美对于福利国家的检讨在时空上、发展阶段上有重大差异,但在公共福利领域采用公私协力模式,实现公办福利机

---

① 参见胡敏洁:《转型时期福利权实现路径——源于宪法规范与实践的考察》,《中国法学》2008年第6期。

② 参见詹镇荣:《论民营化类型中之公私协力》,载詹镇荣:《民营化法与管制革新》,元照出版公司2005年版,第3—4页。

③ 参见胡敏洁、宋华琳:《美国宪法上的福利权论争——学理与实践》,《政治与法律》2004年第3期。

④ 参见詹镇荣:《生存照顾》,载詹镇荣:《民营化法与管制革新》,元照出版公司2005年版,第279页。

⑤ 胡敏洁:《以私法形式完成行政任务——以福利民营化为考察对象》,《政法论坛》2005年第6期。

构的社会化转型（如"公办民营"），也是中国社会主义市场经济下普遍采行的做法。"在实践领域，我国存在政府资源较为有限与居民需求日益增多且呈现多样化趋势之间的矛盾，而蓬勃发展的社会服务组织（例如社会工作机构）有专业人力与经验提供类似服务，能满足政府无力供给之需求。"①在此背景下，研究传统中国及其近代转型过程中政府与民间慈善组织的协作互动，具有特殊的理论与现实意义。

二、古代中国的慈善事业主体：政府、宗教团体与宗族

在中国福利史上，对于需要社会救助的个人和群体，除了家庭成员彼此的接济之外，政府、宗教团体与宗族都发挥了积极的作用。"历代帝王将其治理范围扩展到为'鳏寡孤独'设立养济院和药局，以此体现其对百姓的家长式关怀。佛教寺院为了诠释其神圣目标，为穷人提供避难所、药品和粥厂。宗族有时会用收益来成立土地信托或'义庄'（其主要功能在于通过减轻族人繁重的礼节性开支和教育性开支来达到促进本族繁荣昌盛的目的）来救助血亲以外的困苦贫乏之人。"②当然，无论政府、宗教团体还是宗族，都只是把慈善作为其辅助功能；中国历史上真正以慈善为核心目标的民间组织，要到16世纪晚期（晚明）才发展出来。但是，历史上宗教团体的确设立了专门的慈善机构（例如唐之悲田养病坊），而宗族也为族内共同福利而设立了高度独立于族人的"公业"（例如宋之"义田"），它们一方面在慈善领域扮演了重要的角色，另一方面引起了政府的警惕、监管甚至国有化（国家化）。

（一）惠民、养民原则上为统治者专有之权责

在传统中国自孔子以来，"'仁'的思想，'爱人'的思想，推行至社会生活，成为种种福利政策和福利行为的文化基础"；而儒家学说中突出体现社会福利观念的，是"惠民""养民"的主张。③一个国家要施行仁政，"就

---

① 参见谭磊：《公办福利机构引入社会工作专业服务的多重路径研究——基于广东省16市25家机构的调查》，《社会保障研究》2017年第3期，第84—86页。

② 韩德玲：《行善的艺术：晚明中国的慈善事业》，曹晔译，江苏人民出版社2021年版，第6—7页。

③ 参见王子今等：《中国社会福利史》，武汉大学出版社2013年版，第298页。

必须把消除人们的物质贫困和实现经济自给自足作为首要职责"①。孟子进一步发展了孔子的仁政与惠民养民思想,并将其作为"王天下"的前提——"老吾老以及人之老,幼吾幼以及人之幼,天下可运于掌";"老者衣帛食肉,黎民不饥不寒,然而不王者,未之有也";"以善养人,然后能服天下。天下不心服而王者,未之有也"。②不管是基于"仁爱""惠民"的理想主义,还是出于收拾民心以维系江山社稷的现实主义考量,中国历代统治者往往会在一定程度上关心人民的福祉,推行一些"仁政"。"史书上记载的慈善实践被认为是发源于统治者,是国家的功能,是帝国家长主义通过自上而下的方式惠及人民,而来自民间的自发的慈善实践几乎是没有记录于史册的。"③

将"仁"作为"君子"(统治者)的政治道德,将惠民养民作为民心向背的基础,将福利事业定位为国家的"生存照顾"责任,固然有其积极的意义,但也会产生一些附带的问题——慈善事业是否为统治者所垄断?民间私人举办慈善事业是否意味着"越位"与统治者争夺民心?换句话说,私人慈善组织在中国历史上长期面临"政治合法性"的问题。《韩非子·外储说右上》有如下一段故事:鲁国执政命令当地百姓在五个月内修筑一条运河,作为地方长官的子路自掏腰包("以其私秩粟为浆饭")给民工补贴生活;子路个人的"善举"引发孔子的强烈反对,他认为子路私自行仁,侵了统治者的权;子路的行为实际上也招到鲁国执政季孙氏的忌惮,他派使者前去质问,认为子路是与季孙氏争夺民心("将夺肥之民耶")。孔子批评子路"行其私惠"的理由是:"夫礼,天子爱天下,诸侯爱境内,大夫爱官职,士爱其家,过其所爱曰侵。今鲁君有民,而子擅爱之,是子侵也,不亦诬乎!"韩非子对此进一步引申说:田常作为臣子,私自向齐国百姓搞先大斗出借再小斗收回粮食的把戏,以收买民心;而当时齐国国君如果能够树立权威、禁止田常僭越侵权,就不至于沦落到为田常所弑的绝境。④以上故事虽不能确知来源于史实还是韩非子的虚构,但我们由此可知,对人民的"生存照顾"是国家的责任,在此问题上儒、法两家有高度共识。

---

① 朱友渔:《中国慈善事业的精神》,中山大学中国公益慈善养济院翻译组译,商务印书馆2016年版,第9页。

② [汉]赵岐注,[宋]孙奭疏,廖名春、刘佑平整理:《孟子注疏》,北京大学出版社1999年版,第21、24、221页。

③ 朱友渔:《中国慈善事业的精神》,中山大学中国公益慈善养济院翻译组译,商务印书馆2016年版,第12页。

④ 参见[清]王先慎:《韩非子集解》,中华书局1998年版,第314—315页。

（二）宗教团体的慈善事业与政府监管：以悲田养病坊为例

汉代，佛教作为外来宗教传入奉行"夷夏之防"和"华夷之辨"观念的文明古国，难免面临既有文化的抵制与水土不服等问题，通过"行神异之术"（包括医术）来传教是各大宗教普遍采用的一种便捷有效的办法；到南北朝时，随着佛教的大发展与寺庙的普遍设立，掌握医学知识的僧人在各地寺院进行医疗救治活动。① 佛教将疾病作为人生的"八苦"之一，宣扬慈悲为怀的僧人与佛教徒对施药治病的功德与社会效果自然特别重视，而积极的医疗救助在实践中也为佛教争取到了大量信众。古代中国医院的起源"恐与佛教寺院有关"，"在寺院中，有的是能医病的佛教徒，及效验很大的药物，患病者当然乐于前去求治，远路去的甚至就在寺院中住宿，一直至痊愈时为止。这实在是留医病院的起源"。② 南北朝时期，受佛教福田思想的影响，王公贵族曾设立官办或半官办的机构以收容救治贫病，例如，南齐文慧太子与竟陵王共同设立的"六疾馆"。

从现有文献资料记载看，由宗教团体设立的专门医疗救治机构（"病坊"），始于隋而盛于唐。佛教有所谓"三福田"，即"恩田""敬田""悲田"，其中"悲田"主要指的是布施贫苦（包括救济贫病）。隋代，一些僧人开始施"悲田"，设立"普福业田""造福处"等慈善基金，用于施舍贫病等社会救助事业。③ 隋代僧人那连提黎耶舍设立"疠人坊"，专门收治麻风病人，其"男女别坊，四事供承，务令周给"，或可说是开佛教团体设立"病坊"之先河。④ 唐代佛教团体与寺院经济都发展至鼎盛，悲田养病坊（以下简称"悲田坊"）也成为当时佛教团体参与公共福利事业的一个重要领域。唐初在地方佛寺已有病坊设立，例如，在贞观年间，建业的石头城已设有"疠人坊"。⑤ 再如《太平广记》所载武周时期"异僧"洪昉禅师的传奇中，有其在陕城建"病坊"，"病坊之中病者数百，待昉为命，常行乞以给之"的故事。⑥ 武周后期，长安与洛阳的佛教寺院已普遍设立悲田坊。到了唐代中后期，甚至连地方各县的佛教寺院也都设立了悲田坊。由此在

---

① 参见邵佳德、王月清：《从借医弘道到悲田养病——试论汉唐之际中国佛教医学的发展及其贡献》，《医学与哲学（人文社会医学版）》2009年第10期。
② 参见全汉升：《中古佛教寺院的慈善事业》，《食货》第1卷第4期（1935年1月16日）。
③ 参见张志云：《唐代悲田养病坊初探》，《青海社会科学》2005年第2期。
④ 参见［唐］道宣：《续高僧传》，中华书局2014年版，第35页。
⑤ 同上书，第793—794页。
⑥ 参见［宋］李昉等编：《太平广记》，中华书局1961年版，第633—634页。

全国范围内形成了一个庞大的寺庙医疗体系。①

帝制时期，佛教团体的发展壮大引起了统治者的忌惮。南北朝至五代，当双方矛盾激化时，曾发生过所谓"三武灭佛"之事。即使是笃信佛教的帝王，对于佛教团体也常多加管制，具体到慈善事业领域也是如此。以武则天长安年间为例，由于当时寺院普遍设立病坊，政府专门设置了"悲田使"予以监管，形成了"官督民办"的体制。通过"置使专知"，将病坊纳入国家福利事业的体系予以统一监管，"国家矜孤恤穷，敬老养病，至于安庇，各有司存"。②唐玄宗年间，悲田养病坊一度脱离官府的管控，由寺院自治；不过到了开元二十二年（734），政府又要求京城的病坊除收治贫病外，也要收容当地乞儿，病坊也由此得到国家的资助。政府资助与政府监管往往是一个硬币的两面，"可能从这个时候起，政府又加强了对悲田养病坊的监督"③。到唐武宗时，发生了"会昌废佛"事件，政府毁弃佛寺、强制僧尼还俗。可是由于悲田坊一向由寺院开办，僧尼管理，"废佛"之后，病坊"无人主持""无以取给"，日常管理与经济来源都成了问题。为此，李德裕特别奏请皇帝："其两京及诸州，各于录事耆寿中，拣有名行谨信、为乡间所称者，专令勾当。其两京望给寺田十顷；大州镇望给田七顷；其他诸州，望委观察使量贫病多少给田五顷，以充粥食。如州镇有羡余官钱，量与置本收利，最为稳便。"④李德裕还提议将带有佛教色彩的"悲田坊"更名为世俗化的"养病坊"，这些建议得到了皇帝的认可，病坊也由民办（寺办）改为官办。"从9世纪中期以后，政府从佛教组织的手中承接了慈善组织的管理工作，用公款支付病坊的开销，并挑选地方有名望的耆老管理事务，佛教组织的社会影响力因而消减，但政府的社会责任也相对地增加了……从此以后，在社会救济一事上，宗教团体从第一线退到第二线，主力落在中央政府身上，这个发展，到了宋代达到高峰。"⑤

（三）"小政府"背景下的宗族慈善公业：以"义庄"为例

义庄也称义田，创始于北宋范仲淹捐资设立的范氏义庄。义庄有三个特点：第一，义庄通常由族中一人或数人买田置办，或从其田产中分割出

---

① 参见张国刚：《〈佛说诸德福田经〉与中古佛教的慈善事业》，《史学集刊》2003年第2期。
② ［宋］王溥：《唐会要》，中华书局1960年版，第863页。
③ 王卫平：《唐宋时期慈善事业概说》，《史学月刊》2000年第3期，第96页。
④ ［宋］王溥：《唐会要》，中华书局1960年版，第863页。
⑤ 梁其姿：《施善与教化：明清时期的慈善组织》，北京师范大学出版社2013年版，第23—25页。

一部分设立；第二，义庄的财产（设施）包括义田、义宅、义仓、义学，其主要经济来源为义田，义田以租佃方式获取收益，其收入用来赈济本族贫民，同时兴办义学；第三，义庄以其自身名义拥有财产，无论族人还是族长都不掌握义田的所有权，族人虽可由义庄受益，但其根据为义庄章程，而不得仅以族人之身份主张权利。"由义庄所入主要用来赈恤本族贫民的日常生活来看，它不同于专门用作祭祀之资的祠田和墓田之类。如果我们据此给义庄确定一个定义，就是主要由封建士大夫买田置办的，以资助本族贫民为目的的私人赈恤组织。"① 在土地交易频繁、"田宅无定主"的宋代，范氏义庄的田产规模却在两百多年的时间里逐渐发展壮大，并伴之以制度的完善、地位的提高与声望的扩大，还得到了政府的旌表与优待。范氏义庄救济、庇护了大量贫困的范氏族人，避免了族人流离失所、迁徙他乡，起到了收宗睦族的作用，又通过兴办义学，为族人仕宦打下了教育基础。但总的来说，作为私人赈恤组织，慈善本身并非兴建义庄的首要目的。义庄的核心功能在于，为维系家族的长期兴旺与发展提供稳定的物质基础。"义庄为家族提供了稳定的经济基础，家族成员在日益加剧的社会竞争中有了一个避风港。这就使家族的发展不至于骤起骤落，即使有波折，也不会使家族整体上衰败到一蹶不振的程度，而是总有重新兴起的条件和机会。"②

从其核心功能来看，义庄产生于北宋，有其历史的必然。日本学者内藤湖南的"唐宋变革论"认为唐代是"中世"的结束，宋代是"近世"的开始，在宋代，士大夫的观念与地位发生重大的转型，家族也在平民阶层发展壮大并由此促进了基层社会的发展。③ 在经济上，宋代商品经济比较发达，平民家族的财富积累得以正当化与合法化，且国家不抑兼并，土地高度私有化。所谓"富不及三代"，土地与其他财富流转频繁，士大夫的经济地位并不稳定。社会上，经历唐末五代的战乱，士族势力基本被荡平，门第已不复存在。与东汉以来士庶有别的"门第社会"相比，宋代可谓一个"平民社会"。在政治上，宋代结束了门阀政治，士大夫多起自民间，通过科举考试入朝为官，比如，范仲淹便是所谓的"以布衣为卿相"。在特别强调考试公平且具有高度竞争性的科举制下，传统的恩荫特权被极大地限缩，所谓"君子之泽五世而斩"，士大夫的政治地位无法通过官爵继承传给子孙，

---

① 参见邢铁：《宋代的义庄》，《历史教学》1987年第5期，第15—16页。
② 参见王善军：《范氏义庄与宋代范式家族的发展》，《中国农史》2004年第2期，第90—93页。
③ 参见傅佛果：《内藤湖南：政治与汉学（1866—1934）》，托德民等译，江苏人民出版社2016年版，第230—242页。

要成就"累世公卿"之家难上加难。就义庄来说,"这不是一幅平民崛起的社会画面,而是关于一个精英阶层的描述,这个阶层基于地方,组成这一阶层的家族在想办法使自己不至于在社会流动中中落,这种中落来自不能代代为官,以及祖业被分割"。① 与之前的门阀士族相比,宋代以来的士大夫在经济、社会与政治领域的特权地位都比较脆弱,义庄通过设立独立于族人的经济实体,支持族内的济贫、教育(科举事业)、祭祀(塑造宗族团体意识)事业,在一定程度上可以缓解士大夫身处"近世"的不安全感。"义庄奉祭祀、赡孤贫、兴教育,旨在为家族发展担当起承继过去、改变现状和创造未来的责任。"②

尽管宋代统治者在社会福利事业上积极有为并有所创新,但当时的国家财政资源并不足以支撑官办福利机构在全国范围的长期运营,更多的只是粉饰太平。针对宋代早熟的"福利国家"理念与现实财政能力的矛盾,当时已有"贫者乐而富者扰""不养健儿却养乞儿""不管活人只管死尸"等批评。③ 事实上,与盛唐相较,两宋的国家能力严重削弱,这为民间的慈善事业留出了更大的发展空间。"宋代留给后代的是这样一种政治'制度',相对于人口的增长,政府在社会中的角色变小了,与唐代政府在土地、劳力和贸易方面所拥有的权力相比,它的权力变弱了。晚期的中华帝国是以'小国家'为标志的,强大的地方精英的存在,使这种情况成为可能……他们侵夺了地方政府的特权,或填补了积极有为的政府在退缩后留下的空间。到12世纪末,那些最热心建立一个理想社会的人,已不再相信只有靠政府才能实现这个理想。"④ 有学者通过研究范仲淹手订《义庄规矩》发现:在义庄初设时,"范氏义庄的'赡族'行为已大大超出社会救济的概念范围,具有社会福利的性质",其措施不限于贫困族人,"而是惠及宗族所有成员,奉行普遍福利的原则"。⑤ 但是,随着范氏宗族规模的扩大,有限的义田已不足以支持宗族成员的普遍福利,范氏义庄由此逐渐转为以救助族内贫困成员为主。自范氏义庄创设后,各地士大夫群体纷纷效仿。以家族主义为基础的义庄在中国南方普遍设立,并保持了旺盛的生命力,历经宋元明清四朝,一直延续至民国时期才消亡。

---

① 包弼德:《斯文:唐宋思想的转型》,刘宁译,江苏人民出版社2017年版,第536页。
② 陈勇、李学如:《近代苏南义庄的家族教育》,《历史研究》2011年第5期,第97页。
③ 参见王子今等:《中国社会福利史》,武汉大学出版社2013年版,第163—164页。
④ 包弼德:《斯文:唐宋思想的转型》,刘宁译,江苏人民出版社2017年版,第538页。
⑤ 参见王卫平:《从普遍福利到周贫济困——范式义庄社会保障功能的演变》,《江苏社会科学》2009年第2期,第199页。

义庄的消亡，其根本原因是传统家族主义制度的消亡，但也与近代国家力量复兴后对社会团体的压力有关。在民国成立以前的帝制时代，"宗法礼制作为一种统摄法律和习俗的最高原则，仍然维系着基本的社会秩序"，传统礼法国家消亡后，近代国家法律也随即放弃宗法原则，"采用个人主义而消灭家族主义的倾向"，家族主义之下的慈善机构（"义庄""祭田"等）自然也失去了其固有的法律地位。① 以盛宣怀去世后盛氏家族设立的愚斋义庄为例，1927 年南京国民政府建立前，义庄大致能够正常维系与运转，然而面对南京国民政府的巨额军费与建设公债摊派、江苏省政府的强制接收、上海市政府的高压管制，盛氏家族先对义庄资产进行拆解，最终于 1931 年将义庄解散。② 再以孔庙祭田为例，尽管从晚清到民国很长一段时间里，孔庙并不在"庙产兴学"的范围之内，但随着南京国民政府建立，孔庙在官方祀典中的地位被终结，由此在各地引发将孔庙庙产移作地方办学或改作其他公共用途的事件。这些事件的核心争议是，祭田究竟为地方政府之公产，还是孔氏家族的私产？"为固守'旧制'，衍圣公府从祭田管理的'历史性权力'和祭田所有权的角度，极力进行辩解和抗争"，可是面对新的国家权力秩序，最终衍圣公府也不得不作出让步，"接受地方公权力的制度安排"。③

三、明末以来的善会善堂与"官僚化"问题

（一）明清慈善事业的社会化与官民关系的新发展

"宋以后另一次经济发展高峰是在 16 世纪的明代"，明代以来的经济发展对社会等级制度的冲击更大，而"科举制度发展到明中后期已无法再提高'士'的地位"，"因此无论社会上层或下层，原有的身份等级制度受到空前的侵蚀"。④ 财富的分散与教育的普及造就了数以百万计的"士"，但科举考试录取名额与文官规模却长期保持稳定，两者比例的悬殊导致对读书

---

① 参见杜正贞：《晚清民国时期的祭田轮值纠纷——从浙江龙泉司法档案看亲属继承制度的演变》，《近代史研究》2012 年第 1 期。
② 彭晓飞：《1931 年上海盛氏愚斋义庄解散案研究》，《近代史研究》2019 年第 2 期。
③ 参见李先明：《孔庙"庙产兴学"与文化权力的转移——1928—1932 年河北省长垣县孔庙祭田纠葛案透视》，《近代史研究》2019 年第 2 期。
④ 参见梁其姿：《施善与教化：明清时期的慈善组织》，北京师范大学出版社 2013 年版，第 19 页。

人群体来说"进入官场的几率近乎于零","因而只能永远置身于国家体制之外"。由于长期接受"以天下为己任"教育却"被关闭在全国性政治大门之外","居乡士大夫"中形成了一批"准政治性"的地方精英,"各种形式的地方活动很自然地便成了他们大显身手的舞台"。①明末以来地方士大夫的地位及其自我定位的变化,造就了一个与国家(皇权)相对区隔的士绅社会(绅权)。与此同时,实行"皇权不下乡"治理模式的"小政府"也需要与地方士绅协作,以填补社会治理的空白。孔飞力所谓"中国现代国家"三项"根本性议程"中的两项,都与此相关——其一,"怎样才能利用并控制大批受过教育、却不能被吸收到政府中来的文人精英们的政治能量";其二,"怎样才能通过一套相对狭小的官僚行政机构来统治一个庞大而复杂的社会"。②

明清慈善事业的长期支持者是中下层士绅及普通商人,而非"名士"或"巨富",他们在官方的名义背书与实际支持下行善,是既有政治、社会秩序的维护者而非破坏者。积极组织、参与民间慈善组织,既是中下层儒生巩固、提升其社会文化地位的重要手段,也是传统读书人弃儒从商之后的一种心理补偿方式。以晚明江南绍兴地区的慈善事业为例,"就地方行政水平而言,我们可以发现这并非一个失败王朝官僚机构所遗弃的真空地带,而是一个强大的官方在场,它吸引着社会下层人士参与到慈善计划中来","随着行善数量的增长,地方精英变得更有竞争力,他们从政治权威人物那里赢得了赞赏和肯定","在一个日益壅塞的社会空间里,行善和救助生命提供了在社区崭露头角、在地方事务的议程中施加影响的机会,同时也扩大了善人的队伍,且提高了他们的社会地位"。③我们也可以用布迪厄的"象征资本"理论来解读士大夫的动机:积极投身民间慈善事业从纯经济角度看似不理性,实际上一方面让士大夫获得社会资本与政治资本,"用这种象征性的收益和底层的人区分开来",另一方面由此进一步获得经济资本,"就像俗话说的:钱(象征资本)是会生钱(经济资本)的"。④事实上,除了参与世俗的慈善事业,地方士大夫也积极捐赠寺院、投身宗教团体的活动(包括"善举")。他们的内在动力并非纯粹来自超验的宗教情怀,其目的也是通过支持宗教团体及其慈善事业来"宣示士绅的身份"。士大夫的慷

---

① 参见孔飞力:《中国现代国家的起源》,陈兼等译,生活·读书·新知三联书店2013年版,第15—16页。

② 同上书,第8页。

③ 参见韩德玲:《行善的艺术:晚明中国的慈善事业》,曹晔译,江苏人民出版社2021年版,第365—366页。

④ 参见汉斯·约阿斯、沃尔夫冈·科诺伯:《社会理论二十讲》,郑作彧译,上海人民出版社2021年版,第345—347页。

慨解囊引起了公众的瞩目,这有利于巩固并提升其现世的社会、政治乃至经济地位,即"为权力而祈祷"。①

"明清善堂最独特之处,在于民间非宗教力量成为主要的、持久的、有组织的推动力,地方上的绅衿、商人、一般富户、儒生,甚至一般老百姓,成为善堂主要的资助者及管理者,而清代政府亦正式承认这个事实,并鼓励这个发展。换言之,清代善堂说明了中央与地方社会力量有了新的关系。"②这种国家与社会"新的关系"表现在:一方面,民间的慈善事业需要官方的背书,以避免"私会"的污名与合法性的质疑,而民间慈善事业在接受官方的指导与监督同时,也借助官方的权威来解决内部争端,并扩大募捐的规模;另一方面,官方的财政与行政资源有限,在社会福利事业上也需要借助民间的积极力量来补缺拾遗。明末清初"如雨后春笋"般出现了很多善会善堂。以育婴堂为例,"如果从它具有保护婴儿的功能这一点看的话,宋代的慈幼局确实是清代育婴堂的前身",可是,"仅仅从功能和谱系的角度分析的话,就会忽视明末清初在中国福利史上的位置,进而忽略这一时期开始大量出现的、承担公共事业的民间结社的意义"。③另一个典型例子是,甚至传统的官办福利机构养济院,也因为引入民间资本而开始采用"官绅会办"新形式,由地方绅士"协同经理","作为官办机构,养济院的管理应由官吏全权负责。但随着时间的推移,地方绅富开始参与养济院的管理","这种'国家'与'社会'、'官方'与'公共'的混淆,正是中国传统社会保障事业的一大特色"。④

明清善会善堂也是对以宗族为基础的慈善事业的"补充和竞争"。与唐宋相较,在世俗化(去宗教化)的同时,它还建立了一种超越血缘关系的新型地方慈善事业。晚明地方慈善事业的领袖如杨东明、高攀龙和陈龙正,他们一方面支持范仲淹所创设的宗族义庄,另一方面他们"极力认同并捐建了一个超越宗族界限的社区",其目标是"将对亲属的情感逐渐灌输到一个全区性的、非宗族的组织之中"。⑤而在道光年间(1827年),苏州乡绅潘曾沂还创建了区别于传统家族义庄的丰豫义庄——它虽然由仕宦家族捐

---

① 参见卜正民:《为权力祈祷:佛教与晚明士绅社会的形成》,张华译,江苏人民出版社2005年版,第211—213页。

② 参见梁其姿:《施善与教化:明清时期的慈善组织》,北京师范大学出版社2013年版,第234—235页。

③ 参见夫马进:《中国善会善堂史研究》,伍跃等译,商务印书馆2005年版,第150—151页。

④ 参见黄鸿山:《近代江南社会保障机构的经费收支与运作研究》,中国社会科学出版社2017年版,第57页。

⑤ 韩德玲:《行善的艺术:晚明中国的慈善事业》,曹晔译,江苏人民出版社2021年版,第138—142页。

建，却成为超越家族、面向邻里的综合性社会救济机构；其救济事业包括平粜、赈济、弛免地租、推广区种法、建立义塾、收养弃婴等等。①

（二）"市场失灵"与民间慈善机构的"国家化"

在前述德国学者福斯多夫的理论中，关于生存照顾的责任主体，依序将其区分为"个人责任""集体责任""政治责任"三个阶段，其责任并非全部由国家概括承受。他援引社会法治国家之"补充性原则"作为理论基础，相对于个人及社会团体，国家生存照顾的给付责任仅居于"备位"立场，只有当"市场失灵"时国家才有自行介入的法律义务。②就清代的实际情况来看，官府介入善堂的原因通常有二：其一为扩大慈善事业规模，其二为改革堂务、消除弊端。尽管官僚在不同程度上都介入了民间慈善事业，但即使在江苏一省，清代地方政府在扬州府、苏州府与江宁府的做法也有很大的差异。扬州的民办善堂得到了盐政官僚的大力支持。在扬州地区独特的官商关系背景下，"官僚在财务及管理上的介入，使得善堂可以大规模地扩充"。"苏州婴堂则主要是由官僚摆平堂内的贪污舞弊"，善堂多年的积弊唯有借助官方力量才能加以整顿，以挽救管理与财务上的危机。而乾隆年间的江宁府善堂在一定程度上可以说是"恢复了宋代福利政府的理想"，"在这里的官僚影响，主要在制度的变革方面，使原为民办的机构完全变为官办机构，表现出传统官僚势力在地方上的强大影响"。③

以育婴堂为例，善堂经费本来是由地方自行捐集，通常政府并不给予财政支持，可是随着规模的扩大与收容婴儿人数的持续增加，慈善事业光靠民间自发捐助难以为继。乾隆元年（1736）开始，清代国家福利政策也发生了变化，"拨给入官田及社仓积谷"的提议得到清廷同意，"此后动用'入官田产'和'公款'即财政力量资助善堂已有定章可循，各地官府纷纷对育婴堂加以资助"。④除政府直接资助外，官府还通过摊派善捐的方式来向行会、富商募集慈善基金，或者指定地方绅富担任善堂董事（董事须对

---

① 参见余新忠：《清中后期乡绅的社会救济——苏州丰豫义庄研究》，《南开学报》1997 年第 3 期，第 62—64 页。

② 参见詹镇荣：《生存照顾》，载詹镇荣：《民营化法与管制革新》，元照出版公司 2005 年版，第 276、278 页。

③ 参见梁其姿：《施善与教化：明清时期的慈善组织》，北京师范大学出版社 2013 年版，第 100—105 页。

④ 参见黄鸿山：《近代江南社会保障机构的经费收支与运作研究》，中国社会科学出版社 2017 年版，第 67、71 页。

善堂经营承担连带责任），即"善举的徭役化"。有人反对国家对善堂的干预，担心国家力量的介入会导致慈善事业的变质与失败。但反对者未能成功将国家拒之门外，首要原因是民间资金不足，而且善堂的正常运营也需要国家力量的庇护。除育婴堂外，清代普济堂的经费来源也改变了过去完全依靠民间捐助的单一形式，"政府资金优于民间捐助"，"这不仅因为政府投资的数量一般较大，更重要的是它具有持续性和稳定性的特点"，"政府力量对普济堂经营的支撑作用，还表现为政府公共管理职能的为其所用"，地方政府可以"运用行政手段，通过组织、协调以及制定相关政策等形式，帮助其解决问题"。①

"正因为善会、善堂在远离国家权力的土壤中发芽、成长，因此在社会救济方面取得了实质性的成果。尽管如此，却仍需要国家的庇护，一部分善会、善堂甚至只能依靠国家的官费来维持其存续。在这个意义上，善会、善堂，从公共事业的成长这个观点来看，本身就包含着很大的矛盾。"②善会善堂在获得国家资助的同时，也不得不接受地方政府的监管。在一些地方，甚至由官员直接接手社会慈善机构以解决内部管理的混乱，由"民为经理"转化为"官为经理"。但慈善事业官办化后，官僚主义也滋生了新的弊端如机构臃肿、人浮于事、管理混乱、贪污舞弊，甚至常有勒索绅富之事。清代后期不得不对其管理模式进行改进，由"彻底官办"改为"官绅合办"。但与此同时，"官府并未袖手旁观，而是对善堂严加督查，以防滋弊"③。

四、近代中国的慈善组织与地方自治

（一）商业城市的兴起与公私协力下的近代都市行政

在经济理性的驱动下，19世纪中国商业城市的新建经济组织吸纳成员的标准渐趋由"同乡"转变为"同业"，乡土观念与乡土联系明显弱化。与此同时，行会在地方慈善事业中发挥了主导作用。以汉口为例，1820年代，

---

① 参见陈桦、刘宗志：《救灾与济贫：中国封建时代的社会救助活动（1750—1911）》，中国人民大学出版社2005年版，第240—241页。
② 参见夫马进：《中国善会善堂史研究》，伍跃等译，商务印书馆2005年版，第447页。
③ 参见黄鸿山：《近代江南社会保障机构的经费收支与运作研究》，中国社会科学出版社2017年版，第87—88页。

盐商行会成立了汉口第一家善堂,"从关心行会成员发展到向行会所在的城市街区提供慈善服务,是一个不太大但非常重要的进步"。在太平天国运动后,汉口涌现出约 100 家善堂,涉及义路、义渡、义学、消防等各个领域,"行会逐步超出所在社区的范围,而趋于把自己的赞助扩展到整个城市"。① 另一个例子是"杭州善举联合体",它大约由 25 个部门或善会、善堂组合而成,涉及的领域几乎包括了今天都市行政的方方面面,比如迁善所(收容轻罪犯人的机构)和西湖的疏浚。"在杭州本来处于独立状态的一个一个的善会、善堂,之所以会走到一起来组合成规模庞大的联合体,这本身就与同业行会有着很大的关系",其包括盐业、米业、木业、箔业、锡业等行会,资金来源主要是征收厘金时的附加税和同业公会的捐助,"正可以说是来自'国家'和'社会'这两个方面"。"在善举联合体从事的各项事业中,有一些属于本来应该由国家来承担的项目,只是善举联合体受地方官之委托代行其事而已","这样的善举组织,当然会受到来自于地方官府的强力指导和监督"。② 单纯的功利主义并不足以解释行会积极参与公益事业的全部动因,例如,1877—1878 年中国西北地区遭遇旱灾("丁戊奇荒"),汉口各行会踊跃捐助,"清代的组织不再仅仅强调狭隘的群体利益(乡土利益),而更主要依靠其所在社会的整体利益(社区利益)来界定其身份了"。③

如果说上述杭州善举联合体代表了从传统向近代转型时期"公私协力"的慈善组织,那么作为民间自发结社、自发捐助的公共福利事业,近代上海的同仁辅元堂则代表了自下而上推动地方自治的新型慈善组织,其本身在一定意义上就是上海地方自治的"起点"。作为新兴商业城市,在行会、富商等商业资本的支持下,清末的上海"善堂林立",其中又以 1855 年由同仁堂和辅元堂合并而成的同仁辅元堂为代表。同仁辅元堂与上海近代地方自治机关——总工程局——有着密切的关系,甚至可以说是前者催生了后者:其一,建议设立总工程局的 5 个上海当地显要士绅,都与同仁辅元堂有关;其二,"同仁辅元堂已经从事参与了道路修理、架设桥梁、设置路灯和敷设水管等,这些后来都成为都市行政,即市政的一部分";其三,

---

① 罗威廉:《汉口:一个中国城市的商业和社会(1796—1889)》,江溶等译,中国人民大学出版社 2016 年版,第 319、355—357 页。
② 参见夫马进:《中国善会善堂史研究》,伍跃等译,商务印书馆 2005 年版,第 493—485、501—502 页。
③ 罗威廉:《汉口:一个中国城市的商业和社会(1796—1889)》,江溶等译,中国人民大学出版社 2016 年版,第 359 页。

"总工程局重要财源之一的地方捐的前身——房捐,最初也是由同仁辅元堂负责征收的"。但同仁辅元堂并非总工程局的"母体",上海"近代地方自治的实际出发点最终还是在总工程局"——一方面,总工程局并没有接收同仁辅元堂,"两者的活动是并行地展开的";另一方面,总工程局可能"有意识地避开了已经由同仁辅元堂等善会、善堂开展的各项事业";此外,双方也协作开展公共事业,如联名申请疏浚河道、协作在上海市内修筑马路等。① 在公私协力造福地方的同时,同仁辅元堂的"善举"与总工程局的"都市行政",二者在业务与经费来源上仍有明确的区别。

辛亥革命之后,为统合各善堂、统一经营慈善事业,上海慈善团于1912年3月1日成立,其下属善堂包括同仁辅元堂、育婴堂等等。根据《上海市政厅慈善团办法大纲》,慈善团隶属于市政厅,其慈善事业涵盖了传统的"善举"与近代的职业教育(如贫民习艺所、妇女工艺院)等方面的内容。"与以往的善堂相比,上海慈善团的理念和活动内容都开始发生很大的变化。它以济贫和职业教育为中心,试图解决贫困等社会问题。至于原有的一些其他业务,则分别移交给医疗、教育、警察、消防等职能部门,或者被废止了,善举成为市政的起点,并开始被纳入到社会事业中。"② 1914年,从清末以来持续了约10年的地方自治被袁世凯政府叫停,直至1927年南京国民政府成立前,上海实际上处于"行政空白"的状态。在此背景下,上海慈善团在摆脱了与行政机构隶属关系的同时也承担起部分市政的工作,"都市社会的公共职能依靠民间运作得以实现"。③

与清末民初的政府相比,南京国民政府更积极地介入社会公共领域,国家全面整合社会以推动"公共性的重建",并通过社会立法使之制度化。1927年4月,上海各慈善团体的二十余位代表决议组建了上海慈善团体联合会。地方精英人士希望通过慈善团体联合会的活动,一方面缓和社会阶级矛盾,另一方面维持其作为都市精英的社会影响力。1927年7月,上海设立了由中央政府直辖的特别市,之前的"行政空白"被南京国民政府的积极行政所填补。同年8月成立的市政府社会局加强了对承担公共领域的民间社团(包括慈善团体)的指导、监督与统制。1928年5月,国民政府内政部颁布了《各地方救济院规则》,对地方公立慈善机构进行改组,同时

---

① 参见夫马进:《中国善会善堂史研究》,伍跃等译,商务印书馆2005年版,第595—597页。
② 参见小浜正子:《近代上海的公共性与国家》,葛涛译,上海古籍出版社2003年版,第52—53页。
③ 同上书,第57—58、85页。

颁布了《管理私立慈善机关规则》，规定私立慈善机构必须按期向政府主管部门提交会计报告和活动报告，并接受后者的监督。1929年8月和1930年1月，立法院又先后制定了《商会法》和《工商同业公会法》，"断然"对民间社团进行了全面重组。由此，南京国民政府在上海建立了一种"社团体制"（corporatism），将都市精英与普通市民都纳入了自己的有效统治之下，国家与社会又通过社团进行相互渗透。就慈善团体一方来说，由于"对于政府部门的统一应对，也强化了慈善界内部的协作，而慈善事业也由于行政的努力而得以进一步发展"。①

（二）民间义赈组织与农村合作互助事业

救荒是中国古代政府福利事业（"仁政"）的核心组成部分，帝制中国的荒政经过历朝历代的发展与完善，到乾隆时期达到了顶峰。但嘉庆以后，在经济上和组织上，清政府在荒政方面的国家能力都发生明显的退步。特别是19世纪中叶以后，列强入侵、内战频繁，政府财政日趋紧张、国家干预能力显著减弱，"救灾活动越来越依赖地方慈善事业，以及商业力量"。②赈灾事业中政府一家独大的局面被打破，代之以国家与社会合力救灾的新模式。以1870年代发生的"丁戊奇荒"为例，一方面，"关于在何时、何地、何种程度需要政府介入来稳定谷价，清朝官员之间出现了严重的意见分歧"，作为洋务派的李鸿章和沈葆桢更希望借助商人与市场的力量；另一方面，新兴媒体（例如上海的《申报》）从1877年到1878年"几乎每天都在报道这场饥荒"，这场发生在中国北方的饥荒吸引了长江下游区域的士绅善士的注意力，"一些南方的善士甚至到北方去分发赈济款，掩埋死去的人，并照顾孤儿以及那些被他们饥饿家庭所出售的妇女们"。③在公私协力赈济"丁戊奇荒"的过程中，与官方赈灾机构相区别，在上海、扬州、苏州、杭州等地相继组建了一些私立的"赈局"，并且募集到超过100万两白银。在民间义赈机构中，最具代表性的当属经元善1877年创设的"沪上协赈公所"。所谓"义赈"，是区别于传统上由各级政府主持的"官赈"。晚清义赈对官赈产生极大冲击，赢得从国家到社会的普遍信任。它是"民捐

---

① 参见小浜正子：《近代上海的公共性与国家》，葛涛译，上海古籍出版社2003年版，第104—118页、第262—263页。

② 参见魏丕信：《18世纪中国的官僚制度与荒政》，徐建青译，江苏人民出版社2006年版，"前言"第4页。

③ 参见艾志瑞：《铁泪图：19世纪中国对于饥馑的文化反应》，曹曦译，江苏人民出版社2011年版，第116—117、153页。

民办"，"即由民间自行组织劝赈、自行募集经费、并自行向灾民直接散发救灾物资的跨地域救荒活动。它是一大批江南绅商的联合行动，一方面与江南慈善传统有着极为密切的关系，另一方面又在很大程度上超越了传统慈善事业。这种超越性的最重要表现，就在于义赈是一种跨地域的地方性救荒实践，具有近代意义。"①

近代中国出现了两个全国性的慈善团体。一个是红十字总会，其前身为创建于清光绪三十年（1904年）的"大清帝国红十字会"，"其业务为战时办理救护工作，平时则从事赈灾、医疗和其他救护事务"。另一个是中国华洋义赈救灾总会，1920年北方五省发生旱灾，梁士诒、汪大燮、熊希龄等"社会名流"联合14个慈善团体成立"华北救灾协会"，美国驻华公使联合各国公使组织了国际对华救灾会；后来两会合并，并在赈灾结束后联合各地义赈组织，成立了一个永久性的慈善团体——"中国华洋义赈救灾总会"。②华洋义赈救灾总会的核心理念是"合作互助"思想，其提出，"在中国漫长的社会发展进程中，虽然也曾出现过仓储、合会等具有合作意义的组织，但不能与近代的合作运动相提并论"，"合作组织是在商品经济条件下，在竞争中处于不利地位的弱势群体自发组织起来，通过资金的集中运营和劳动力的分工协作，实现参加者经济利益或经济地位提高的一种经济组织形式"。③

在近代欧洲，为因应工业革命带来的城市失业与贫困问题，以及农村的天灾人祸，合作运动以英国为发源地并在世界各地产生重大影响，其典型代表为英国的消费合作社、德国的信用合作社、丹麦的生产合作社、日本的行业合作社（"产业组合"）等。而华洋义赈救灾总会的主要工作之一，便是将东西方合作运动的理念落实到基层的实践中，倡导并积极推动创办农村合作经济组织、重构乡村社会。当时，由于政府缺乏资金，农民无法从国家机构获得低息信用贷款，只能向当铺等民间借贷机构融资而承受高额的利率，"即便是亲戚邻右的贷款，也绝不会温情脉脉地降低利率"。④利息很高，"这反映出农民极其迫切的需要、中国农村资本的短缺、不履行债务的风险，以及没有政府的或合作的现代借贷机构可供选择"。另外，由于农村借贷主要是为了应付家庭消费需要而非生产投资，但当时

---

① 参见薛毅：《中国华洋义赈救灾总会研究》，武汉大学出版社2008年版，第52—56页。
② 参见王子今等：《中国社会福利史》，武汉大学出版社2013年版，第268—269页。
③ 参见薛毅：《中国华洋义赈救灾总会研究》，武汉大学出版社2008年版，第57—69、85页。
④ 参见黄仁宇：《万历十五年》，中华书局2006年版，第127页。

银行普遍不愿在消费贷款上投资。① 华洋义赈救灾总会通过成立信用合作社,缓解了农村金融资本匮乏的问题,也抑制了民间高利贷的盘剥。除组织信用合作社以解决融资问题外,华洋义赈救灾总会又通过消费、运销合作的推广,"谋求生产者和消费者达到某种直接或间接的结合,尽可能减少原料、产品在生产、流通、交换、消费过程的中间环节,减少中间人的盘剥"。② 为鼓励合作事业的发展,1946年《中华民国宪法》第145条第2款专门规定:"合作事业应受国家之奖励与扶助。"③ 作为中华人民共和国成立后具有临时宪法性质的文件,《中国人民政治协商会议共同纲领》也特别以专条规定的形式,对合作经济组织给予了肯定:"合作社经济为半社会主义性质的经济,为整个人民经济的一个重要组成部分。人民政府应扶助其发展,并给以优待。"(第29条)④

如何处理好政府与民间慈善组织之间的关系?通过公私协力避免慈善事业国家化带来的弊端,发挥国家与社会两方面的积极性,或许是一个"中道"的选择。事实上,至少从唐代开始,中国政府就开始采用"官督民办"的方式,在将"病坊"纳入国家福利体系的同时,注意发挥社会团体的积极性。清代更进行了多种官民合作模式的探索,有的官办福利机构(如养济院)逐渐转为"官绅会办";并根据各地的具体情况,对同一类型的民间慈善机构(如育婴堂)分别采用了公私协力或官办化(国家化)的不同做法;此外,针对育婴堂国家化之后产生的官僚主义弊病,地方政府又进一步改进管理模式,由"彻底官办"改为"官绅合办"。这些公私协力的尝试,"既发挥'官民合力'的优势,又避免过度行政化的弊病,更好地促进慈善事业的发展"。⑤ 以上种种经验,都是值得今人借鉴的。

---

① 参见费正清编:《剑桥中华民国史》上卷,杨品泉等译,中国社会科学出版社1993年版,第102页。
② 参见薛毅:《中国华洋义赈救灾总会研究》,武汉大学出版社2008年版,第432—433页。
③ 参见夏新华等整理:《近代中国宪政历程:史料荟萃》,中国政法大学出版社2004年版,第1116页。
④ 参见全国人大常委会法制工作委员会宪法室编:《中华人民共和国制宪修宪重要文献资料选编》,中国民主法制出版社2021年版,第435页。
⑤ 参见黄鸿山:《近代江南社会保障机构的经费收支与运作研究》,中国社会科学出版社2017年版,第91页。

第三章 传统中国土地制度与社会政策

一、兼具公私法双重属性的土地制度

"中国的土地制度,是中国社会、经济、政治的根源。中国的治乱,基于土地制度的兴衰,国民生活的安危,也基于土地制度的整理与否。"[①] 土地产权问题是中国古代首要的问题之一,也是当代仍然面临的重大问题,它与老百姓的生存与福祉息息相关。与英美财产法及欧陆物权法上的土地制度不同,土地制度是中国历代的首要政治问题之一,兼具公私法双重性质,且以产权分立为特色,其传统延续至今而未斩。传统中国是一个典型的农业国家,也是人口大国,人与地的紧张关系在上千年前便十分突出。《通典》正文第一句话便是:"谷者,人之司命也;地者,谷之所生也;人者,君之所治也。有其谷则国用足,辨其地则人食足,察其人则徭役均。治此三者,谓之治政。"[②] "辨其地"即土地的产权问题,也是数千年中华帝国的首要问题之一。基于马克思所谓的"亚细亚生产方式",以及儒家倡导的家族主义传统,传统中国逐渐形成了独特的土地所有权观念与制度,影响深远。其最典型的特征便是产权分立,也即在同一土地上不同阶层的所有权并立,他们用不同的方式分享土地的占有、使用、收益、处分权。在经历了一百多年翻天覆地的法制现代化之后,直至今日,我们仍能轻易辨识出我们土地产权制度的"中国特色"。例如:农村土地国家(集体)所有权与个人使用、收益权的分立,城市住宅用地国家所有权与个人使用权的分立,等等。

[①] 长野郎:《中国土地制度的研究》,强我译,袁兆春点校,中国政法大学出版社2004年版,"原序",第1页。

[②] [唐]杜佑:《通典》,中华书局1988年版,第2页。

有的学者将土地所有权作为绝对无限制的物权，在他们看来，所谓土地产权制度的"中国特色"只意味着产权不清的落后状态，他们认为彻底的土地私有化才是最佳的选择；但也有人认为土地所有权并非确定不动的逻辑概念，乃因历史的、具体的事实变动而变化。事实上，在比较法制史上，关于土地（不动产）所有权，历来有两种对立的法律传统——罗马法传统与日耳曼法传统。从法律传统上来说，古代中国的土地所有权（包括整个不动产物权）制度与西欧经典的罗马法传统不同，更接近于团体主义的日耳曼法传统：其一，罗马法传统奉行个人主义，日耳曼法与中国古代法则奉行团体主义，其土地所有权含有身份法的色彩；其二，罗马法上的土地所有权系"绝对排他性权利"，而日耳曼法与中国古代法上的土地所有权是可与其他种类物权兼容的物上权；其三，前者系恒有一定内容的单一且抽象的权利，后者则可因经济上的需要分立为两个以上阶层的异类所有权，系具体的权利；其四，罗马法上的土地所有权纯属私法的领域，日耳曼法与中国古代法上的土地所有权则与公法上的土地支配权相混淆。①

中国传统土地制度的本质兼具私法与公法的双重属性。从保护小农的角度出发，土地本身兼具财产性与福利性。传统中国在意识形态上奉行团体主义（家族主义），强调国家、集体利益高于个人利益，在政治上，坚持土地国有（土地王有）。《诗经·小雅》上便有"溥天之下，莫非王土"的观念，土地所有权附属、受制于国家权力。一方面，国家抑制土地兼并，以"耕而勿有"的方式保障小农的基本生产资料；另一方面，在日常经济生活中，土地所有权并非绝对排他的权利，它仍可为集体所共同所有，甚至可以为了小共同团体的福利事业设立独立于私人的共同所有权。以下我们将具体予以讨论。

二、土地国有与"均贫富"

（一）井田制的理想与现实

土地被认为是国有资产最初、最原始的形态，当原始社会的人们在土地上集体耕作并平均分配产品时，便朴素地将土地作为集体财产，这便是井田制的起源。国家产生后，土地公有的观念得到了继承，并转化为土地

---

① 参见戴炎辉：《中国法制史》，三民书局1966年版，第287—284页。

国有制度，国王被认为是国家的代表与象征，故而土地国有即土地王有，二者合而为一。① 一般认为，在魏李悝"尽地力"，秦商鞅"废井田、开阡陌，令民自实田"之前，是实行土地公有制的时代。② 当时的"井田制"（采地制）名为公有/王有/国有，其实是天子将土地于形式上、实质上分封于诸侯，诸侯又分封于卿大夫，形成采地食邑，庶人并无田可分，仅受井田而耕之，形同农奴。③ 此时虽云"溥天之下，莫非王土"，但王（天子）并不实际占有分封给诸侯的土地，而是由诸侯及其卿大夫依次占有、交由庶人耕种（使用），并沿着士—卿大夫—诸侯—王的次序依次上贡，以分享土地的产出收益。我们可以说，从国家产生伊始，中国的土地产权便分立为国家与其他所有者分享土地所有权。

所谓井田制也不是完全"子虚乌有"，乃儒者以西周的采地制为基础，所做的一种理想的规划："将每方里之地，划成井字形，即等分为九方，每方百亩，中为公田，余则分授八夫，各私百亩，同养公田，不另纳税。成年受田，老死则还"；"儒者所以歌颂井田者，为其均贫富也"。④ 儒家的井田论发端自孟子，乃是孟子参照西周旧制为滕国所做的理想规划："民之为道也，有恒产者有恒心，无恒产者无恒心。……乡田同井，出入相友，守望相助，疾病相扶持；则百姓亲睦。方里而井，井九百亩，其中为公田。八家皆私百亩，同养公田。公事毕，然后敢治私事。"（《孟子·滕文公上》）⑤ 中国古代拥护井田制的思想，大致包括如下几类：土地公有思想；均分思想；孟子所谓"相互扶助"的思想；防止土地兼并；强调"不耕者不有其田"，以避免贫富悬殊、社会分化。⑥

（二）对土地兼并问题的补救与对井田制的追思

井田制一经废除，"土地可归个人私有之后，分割既成原则，集中又随之而起，兼以货殖兴家，战国已然，强梁兼并之风，遂不可遏制"。秦汉以

---

① 参见陶一桃：《产权虚置的历史追踪》，《学术月刊》2000年第3期，第52页。
② 有学者据史料论述，秦实行的土地改革是"严格的国家授地制"，而非土地自由买卖。（参见秦晖：《公社之谜——农业集体化的再认识》，载秦晖：《传统十论——本土社会的制度、文化及其变革》，复旦大学出版社2003年版，第315页）
③ 陈顾远：《中国法制史概要》，三民书局1977年版，第307页。
④ 万国鼎：《中国田制史》，商务印书馆2011年版，第52、56页。
⑤ ［汉］赵岐注，［宋］孙奭疏：《孟子注疏》，廖名春、刘佑平整理，北京大学出版社1999年版，第137—138页。
⑥ 参见长野郎：《中国土地制度的研究》，强我译，袁兆春点校，中国政法大学出版社2004年版，第11—12页。

后，为谋求补救，"关于土地问题之立法设策"，"均以原始的井田制为最理想之制度焉"；纵使井田制只是后人子虚乌有的想象，但孟子"井田制"的观念已深入后人之心，"无论主张模仿与反对者，要皆视为黄金时代之圣制"。①

"孟子曰：夫仁政必自经界始。经界不正，井地不均，谷禄不平，是故暴君污吏必慢其经界。"②汉代"富者田连阡陌，贫者无立锥之地"，其酷烈有甚于秦。"当时贫富悬殊，民不聊生。水旱之灾，复乘其见，数次人相食。学者目击时艰，思有以救之。推本求原，盖由于土地分配之不均。于是有均产运动。"③武帝时董仲舒首倡"限民名田"之说，对于百姓豪强占有田地的数额作出限制，他认为，"古井田法虽难卒行，宜少近古，限民名田"。他的建议没有得到采纳。④汉哀帝时，大臣师丹、孔光等建议"限民名田"，"诸侯王以至吏民名田不过三十顷"，但由于权臣的反对，未能实行。⑤

汉王朝解决人地冲突的方法有二：其一为移民，允许或鼓励过剩人口从人口稠密地区迁移到拥有较多可耕地的地区；其二为授地，将公地（包括皇家所有的林苑等土地和地方政府所有的土地）"假"（出借/出租）给贫民⑥，《汉书》中一共记载了11次授地活动。但政府的土地资源是有限的，当政府耗尽了自己的土地资源后，就不得不要求皇亲国戚和高官显贵交出部分土地以安置无地的贫民，这意味着汉朝土地政策的根本转变，"即从创造更多的可耕地转向更合理地分配现有土地"。⑦

王莽篡汉后，他在"胜利的乐观、信古和自信之余"，缺乏董仲舒、师

---

① 陈顾远：《中国法制史概要》，三民书局1977年版，第307页。
② ［唐］杜佑：《通典》，中华书局1988年版，第6页。
③ 万国鼎：《中国田制史》，商务印书馆2011年版，第88页。
④ 董仲舒上书内容如下："古者税民不过什一，其求易共；使民不过三日，其力易足。……至秦则不然，用商鞅之法，改帝王之制，除井田，民得卖买，富者田连阡陌，贫者无立锥之地。又颛川泽之利，管山林之饶，荒淫越制，逾侈以相高；邑有人君之尊，里有公侯之富，小民安得不困？又加月为更卒……三十倍于古；田租口赋，盐铁之利，二十倍于古。……汉兴，循而未改。古井田法虽难卒行，宜少近古，限民名田，以澹不足，塞并兼之路。盐铁皆归于民。去奴婢，除专杀之威。薄赋敛，省徭役，以宽民力。然后可善治也。"（《汉书·食货志上》）董仲舒全文的意思主要是重农抑商、抑止兼并、轻徭薄赋、与民休息。
⑤ 董仲舒、师丹等人的建议，参见吕思勉：《中国制度史》，上海教育出版社2002年版，第437页。
⑥ 在少数情况下是将土地送给农民。
⑦ 参见许倬云：《汉代农业：早期中国农业经济的形成》，程农等译，江苏人民出版社2012年版，第25—30页。

丹的审慎，认为孟子提倡的井田制"可卒行"，"他要依照先圣的启示，理性的唤召，为大众的福利和社会的正义，去推行一种新经济的制度"。他下诏：田地国有，不得买卖；男丁八口以下之家占田不得过一井，即九百亩；占田过限的人，要将其余田分给宗族乡邻；无田的人，由政府授田。王莽的这一"新政"实行未久，便遭遇障碍，才三年，便在欧博的进谏之下，下诏废除了。欧博的谏言如下："井田虽王法，其废久矣。……今欲违民心，追复千载绝迹，虽尧、舜复起，而无百年之渐，弗能行也。"①

王莽改制失败之后，后世虽仍不乏将井田制作为理想的人，但在现实操作上常仅退而求其次，追求"耕者有其田"的均田制。东汉末年荀悦第一次提出"耕而勿有"即土地占有使用权与所有权分立的主张："诸侯不专封，夫人名田逾限，富过公侯，是自封也。大夫不专地，卖买由己，是专地也。或曰：复井田欤？曰，否。专地，非古也；井田，非今也。然则如之何？曰，耕而勿有，以俟制度可也。"②关于"限民名田"，荀悦论证说："且夫井田制，不宜于人众之时，田广人寡，苟为可也。然欲废之于寡，苟为于众，土地布列在豪强，卒而革之，并有怨心，则生纷乱，制度难行。……既未系备井田之法，宜以口数占田为之立限。人得耕种，不得卖买，以赡贫弱，以防兼并，且为制度张本，不亦宜乎！"③

东汉政府的农业扶贫政策逐渐萎缩，从授人以渔（土地）到授人以鱼（食物）。"最初，是将皇家直接掌管的土地授给穷人。然后，皇帝不得不转向地方官吏，要他们将地方官府控制的土地分授出去。再后，皇帝的恩典仅限于允许人民在皇家林苑中采集食物和其他物品。最后，政府只能靠分发食品来救济穷人了。"究其原因，首先是东汉朝廷不像西汉朝廷那样拥有大量未开垦的荒地；更重要的是，东汉政府通常是将土地分配，不像西汉政府那样只是借给贫民耕作，而授给贫民的土地又常常遭遇私人兼并，以致政府控制的土地有减无增，扶贫行动不可持续。④

（三）均田制的兴衰

西晋时，政府总结前人的理论与实践经验，颁布了《品官占田荫客令》和《占田令》，规定官员和百姓占田的数额限制，以抑制土地兼并，其官第

---

① 王莽改制参见张荫麟：《中国史纲》，商务印书馆 2003 年版，第 223—225 页。
② 转引自赵俪生：《中国土地制度史》，齐鲁书社 1984 年版，第 261 页。
③ ［唐］杜佑：《通典》，中华书局 1988 年版，第 13 页。
④ 参见许倬云：《汉代农业：早期中国农业经济的形成》，程农等译，江苏人民出版社 2012 年版，第 31 页。

一品50顷，每品减5顷，依次递减至九品官占田限额为10顷；百姓则男子限占田70亩，女子10亩。①是为北魏均田制之先声。

北魏孝文帝于太和九年（485年）首颁均田制，以后北齐、北周、隋、唐前后相承，均田制延续了约300年。北魏因长期战乱，人口逃亡、土地荒芜，留居农民亦不堪沉重赋役，多荫附士族豪门。针对这一状况，政府颁布《均田令》：15岁以上男子受露田（植谷物）40亩，女子受露田20亩；男子受桑田（植树）20亩，女子受桑田5亩；产麻区则男受麻田10亩，女子5亩。奴婢与良人一样授田；4岁以上耕牛（"丁牛"）每头受露田30亩，以4头牛为限。露田所有权归官府，人到法定纳税年龄则由政府授给耕作，必须用来种植谷物粮食，不得改种其他经济作物，更不得买卖或抛荒，待其年老免役或死亡时则归还政府；因拥有奴婢、耕牛而分得之田则随其奴婢与耕牛之有无以还受，桑田则"皆为代业，终身不还"。又，土地的还受时间为正月（农闲时），以避免影响庄稼正常的耕作与收获。"诸人有新居者，三口给田一亩，以为居室；奴婢五口给一亩"。至于各级地方官，则由政府在其任职处附近依官等高低拨付一定数额的公田，但严禁买卖，此为后世"职分田"之始。②均田制在"均田"与国家控制土地所有权（处分权）的大原则之下，也充分照顾了民间的实际情况。例如，对于"桑田"，由于树是多年生植物，由栽培到收获须经过多年时间，等到开始收获的时候，一旦需还给政府，由其转授他人，必然会造成栽培者的损失，故而《均田令》规定桑田不必退还政府，而可以传给后代，北齐则称桑田为"永业田"。③因桑田可以传给子孙，经过数代之后，在一家之中桑田便会越积越多，对此，《均田令》明确规定："有盈者无受无还，不足者受种如法。盈者得卖其盈，不足者得买不足。"④但是卖者不得卖过其分，买者不得买过所足。同时，由于各地人口密度不一，人田之多寡不能相符，田多人少（"宽乡"），若不增加授田量，则造成多余田地的荒芜；田少人多（"狭乡"），若不减授，则供不应求。北魏《均田令》也充分考虑到以上情况，政府在授露田时，常常加倍授予，一丁男往往可受露田80亩，女子可受40亩，称为"倍田制"，唯地狭人众时不倍授。⑤

北魏均田制比较好地实现了荀悦"耕而勿有"的精神，通过土地还受

---

① ［唐］杜佑：《通典》，中华书局1988年版，第15页。
② 北魏均田制详参［唐］杜佑：《通典》，中华书局1988年版，第17—19页。
③ 萨孟武：《中国社会政治史》（二），三民书局2007年版，第302页。
④ ［唐］杜佑：《通典》，中华书局1988年版，第18页。
⑤ 萨孟武：《中国社会政治史》（二），三民书局2007年版，第303页。

的制度将大量土地（露田）的所有权收归政府，农民只有占有权和使用权（占耕之权），而无自由处分土地（如买卖）之权。通过土地所有权与占有使用权的分立限制了土地的买卖与过分集中，在一定程度上实现了"耕者有其田"的理想。但是我们必须看到其局限：一方面，北魏实行均田制的物质基础是长期战乱之后农民流亡、大量土地抛荒，这一现实让政府有田可授，而随着人口的增殖造成的人多地少的矛盾必将再度出现；另一方面，均田制在使百姓均田的同时赋予官员更多的职分公田，进而在北魏宣帝时又改职分公田为永赐，"得听买卖"，国家放弃了对于职分田处分权的控制，这严重破坏均田制下产权分立的格局，使职分田主拥有土地的完全产权，造成土地的兼并与集中。更严重的是，很多官僚打着"买卖职分公田"的旗号，大量买入或强占百姓的土地，农民便无法维持小土地的占有。"北齐政权在事实上允许了土地的卖买，而出卖者当然是贫民，收买者则是大土地所有者。这就造成'强弱相凌，恃势侵夺，富有连畛亘陌，贫无立锥之地'的现象，均田制度，不易维持了。""自北魏末到隋末八九十年中，均田制上所存在的问题，主要是农民对小土地的占有能否稳定的问题。……他们的问题，不是增加耕地的问题，而是保持不住耕地的问题；在土地买卖中，他们是出卖者而不是买入者"。① 其中的根本在于国家是否有田可授，而授田之后又是否控制得住土地的处分权。

唐初继续实行"均田制"，在授田时还特别规定"老及笃疾者、废疾者，人四十亩，寡妻妾三十亩；当户者，增二十亩"，以保证社会弱势群体的生存权；同时对以上弱势群体免予课税，"若老及男废疾、笃疾、寡妻妾"，"不课"。② 但唐朝对于土地自由处分（买卖）的限制更宽，其授予百姓的土地包括口分田、永业田两部分，另有私田作为宅地。口分田，少壮受田，老死后要还给官府；永业田，可以继承。从理论上讲，二者都不可自由买卖，《唐律·户婚律》规定有"卖口分田"之罪。但依成书于永徽年间的《唐律疏议》，在家贫无以供葬时可以出卖永业田，在自"狭乡"迁往"宽乡"时可以卖口分田，还可以卖充宅及碾硙、邸店，所赐之田与五品以上勋官永业地均可自由买卖。③ 土地自由买卖导致了土地兼并的盛行，均田制日趋破坏。唐开元年间，"农民受田不足的问题已经十分突出，在京

---

① 徐德嶙：《均田制的产生和破坏》，载《历史研究》编辑部编：《中国历代土地制度讨论集》，生活·读书·新知三联书店1957年版，第445、447、450页。

② 《二十五史》第6册《新唐书·食货志》，上海古籍出版社1986年版，第4273页。

③ 唐律及疏议条文参见［唐］长孙无忌：《故唐律疏议》卷一二"第一五"，商务印书馆1936年版，影印本。

畿地区，'民户殷繁，计丁给田，尚犹不足'"，①加之"天下户籍久不更造，丁口转死，田亩久易"，再经历安史战乱，"祖宗的善政，至此已扫荡无余。加以节度使割据地盘，政权不能统一，国家就想整顿，也怎样整顿得来"。②

宋代土地更加集中，北宋仁宗曾下诏"限田"，可"任事者终以限田不便，未几即废"。③当时的大地主占有全国绝大多数的耕地，小自耕农的数量大大缩减。④更有甚者，政府强迫收购、刮取民田而为官田，放给农民佃种以获利，这样的官田，其实是一种官庄园。⑤"宋元两代的公田则是国家在不同的历史时期籍没部分大土地所有者的私田，或通过强制收购，或通过国家干预的荒地开垦获得的。明朝在此基础上继续扩充，形成了规模庞大的官田。""在明初洪武年间形成了可与宋元两代旧官田相匹敌的大规模的籍没田，富民阶层的土地兼并也因此遭受了巨大的打击。""原本作为这些富民阶层的佃户并向他们缴纳私租的众多的小民，转而成为籍没田——新型官田的纳粮户，被编入里甲组织，与国家结成了直接的关系，由此形成了一种实质上拥有一部分土地、在这些土地上自行从事农业经营、自行向国家缴纳特别高额的税粮这一特殊的自耕农群体。"⑥这样的"官田"是统治集团私有、主要服务于该集团私利的土地，而非真正公有之土地（"公田"），"平均地权"的均田制未能复兴。或者总结说，唐以前国家土地政策的核心在于"均田"，宋之后国家土地政策的核心在于"聚敛"。

三、共同所有权与互助救济

在福利国家建立之前，传统福利救助的最初源泉是小共同体（家庭、家族、邻里）之间的互相帮助，东西方都是如此。"在需要的时候，救助的唯一来源就是对彼此的这种依赖。如果一个家庭种植的庄稼收成不好，或

---

① 陈豪：《古代农村土地制度思想的考察》，复旦大学2008年硕士学位论文，第14页。
② 徐士圭：《中国田制史略》，商务印书馆1935年版，第63页。
③ 萨孟武：《中国社会政治史》（四），三民书局1975年版，第119页。(《宋史》卷一七三《食货志上—农田》)
④ 当时土地兼并的数据可参杨志玖：《北宋的土地兼并问题》，载《历史研究》编辑部编：《中国历代土地制度讨论集》，生活·读书·新知三联书店1957年版，第476—478页。
⑤ 程溯洛：《南宋的官田制度与农民》，载《历史研究》编辑部：《中国历代土地制度讨论集》，生活·读书·新知三联书店1957年版，第489页。
⑥ 森正夫：《明代江南土地制度研究》，伍跃等译，江苏人民出版社2014年版，第426—428页。

者那个养家糊口的人生了重病并且无法工作，兄弟、姐妹或者邻居们就会对他进行援助，因为他们知道，这样等到有一天他们也有需要时，就会得到类似的帮助。"① 传统中国的特色在于，小共同体为公共福利设立了独立于私人的共同所有权，作为民间互助救济的物质基础。

（一）土地私有化前提下的共同所有权

五代至宋，是中国历史上的一个重要转折时期，学术思想由"汉学"变为"宋学"；在土地所有制的形式与实质方面也发生了巨大的变化，这被学者总结为"官田的私田化与官租的私租化"——在此之前，"在东方（亚细亚）特征起作用的时期里，问题是沿着与此恰好倒置的倾向发展的，即私田的官田化和私租的官租化，也就是说，在那段时间里，国家兼有地主的身份，私田在法令上作为'永业'而以国家的名义授予，而国家赋税中则兼备着地租的性质。现在，从五代和北宋开始，事情又来了一个倒置，国家把土地更大限度地下放给普通的地主了……从而地主手里的土地所有权不知不觉就深化了很多。即便封建国家手里还留有一批土地的话，他们也完全按照普通地主的样子来进行经营，执行剥削"②。但由宋至清，土地私有权的深化并不意味着所有的土地产权完全由分立走向合一；在土地私有的前提之下，仍然存在着共同所有权，以实现小共同体的整体利益。

在传统中国，"个人不能由团体而独立，个人依赖于团体而存在。而这些团体中，最紧密坚固、且对人影响最大者，乃乡庄与宗族。……宗族常有其公产，如宗祠、祭田、义庄、族产等；而乡村亦有其公产，如公共樵牧地、公地、义地、乡村公庙及庙产等。这些公产的主体系具有综合人的性质的宗族、乡村。公产系总有，乃组成所有权内容的各种机能，分属于团体及团体成员的所有权"③。族产与乡村的公产，均以土地为主，其所有权也存在产权分立的现象。在五代及宋土地私有化的背景下，政府不再积极地实现为小农平均地权的理想，但人民却不得不谋求私力救济，他们以宗族和乡党为集体，以谋求互助与赈济贫寒。相应地，宗族组织复兴于宋代④，

---

① 黛安娜·M. 迪尼托：《社会福利：政治与公共政策》，杨伟民译，中国人民大学出版社2016年版，第80页。
② 赵俪生：《中国土地制度史》，齐鲁书社1984年版，第387—388页。
③ 戴炎辉：《中国法制史》，三民书局1966年版，第304页。
④ 祠堂古已有之。但已分家的宗族，共同营建宗祠，全体参加一宗一族的祖先祭祀，始于宋代。族谱因门阀而盛行于六朝（谱牒），唐中叶以后渐衰。至宋以降，修谱之风复兴，但以无政治作用，其目的在于纠合宗族，以谋求自卫自立。（参见戴炎辉：《中国法制史》，三民书局1966年版，第192—193页）

祭田、义庄等也创始于北宋。从数据上看，在 20 世纪初、中叶，中国北方地区的族庙公产不超过全部耕地的 1%，为纯粹私有化地区；长江流域如湖南、湖北，族产占全部耕地的 15% 左右；而在广东、浙江、江苏这些传统中国民间小共同体（宗族组织）最为活跃的省份，其全部耕地的 30%—80% 为公田，"与其说这三省许多地方的传统农民是'小私有者'，不如说是宗族公社成员"。① 可见农村土地集体所有制度在中国许多的地区由来已久。即便为一家所私有的土地，在家长的家产管理权与教令权之下，其产权构成也呈现出与西方个人私有产权不同的样态。

（二）三种类型的共同所有权

1. 族产

族产为宗族共有之财产，其典型者为祭田和义庄，两者起源、性质与组织有所不同，但功能类似，都是服务于宗族整体的福祉。②

（1）祭田

祭田又称为祠产（祀产），因其为族人公有，亦称为祭祀公业，或简称为公业。祭田始于宋代。设立祭田的主要目的在于祭祀祖先，亦有周济族人与育才等目的，具有超越个人利益的性质。祭田的设立，有合约字及阄分字两种方式：已分居异财的子孙共同捐资置买田房，或直接捐出财产为祭田，其设立用合约字。一个大家庭分家析产时，独立抽出部分田产作为祭田，其设立用阄分字。也有族内一人或数人出资设立者。祭田的机关，有派下总会及管理人：派下系祭田团体的关系人，即设立人及其子孙；派下总会系派下全体的大会，为最高决议机关。派下权（参与祭祀与管理，对祭田的使用收益权）不得让与派下以外之人，不得请求分割。管理人为祭田的执行机关（代表人），管理人可为特设常任之经理，也可为各房值年（轮流管理）。

（2）义庄

义庄源于北宋的范氏义庄，其设立人为范仲淹。其设立目的在于以其收益，赈济族中贫寒孤寡，兼有祭祖、育才等目的。义庄大率由族中数人捐出财产而设立，也有族人共同出资，或以死者遗产而设立者。设立义庄时，立有义庄规条，据以约束族人、管理义庄财产。此规条为宗族的自治规范，也

---

① 参见秦晖：《公社之谜——农业集体化的再认识》，载秦晖：《传统十论——本土社会的制度、文化及其变革》，复旦大学出版社 2003 年版，第 312—313 页。

② 参见戴炎辉：《中国法制史》，三民书局 1966 年版，第 195—198 页。

有将其报告官府备案,进而由官府予以承认、保护者。义庄由族长管理,或由各房选派代表各一人共同管理。义庄又设有族人协议会,为其决议机关。与祭田相较,义庄更加独立于族人,以其名义拥有财产,为法律行为,以管理人为其代表。除族人共同出资设立者外,族人虽可由义庄受益,但应根据义庄章程决定受益范围、方式,不得仅以族人之身份主张权利。义庄的主要管理工作为出租义田、收租米、分配义米等。

2. 乡村之公产

传统中国,"在公法上,乡村有其独立存在,亦即是法人,乃地方自治团体","乡村为独立人格者,但并不是与互相结合的各乡村人毫无关系、站在第三人地位而与乡村民相对立的存在"。乡村与村民的关系表现在财产上,这意味着乡村公产乃是乡村与村民的总有财产。其所有权的处分及管理权,属于乡村;牧养、采取材薪等使用收益权,属于村民。就乡村(村会、村庙)的债务,村民负连带责任。村民因居住于乡村,而取得相应的权利,负相应的义务;因迁徙他乡而终止其权利义务。①

3. 家产

传统中国的家庭与现代西方所谓核心家庭不同,往往至少三世同堂,祖孙、叔侄、妯娌同财共居。在分家析产之前,家产为家族成员共有的财产,所有家人均在一定范围内享有家产的收益权,在分家或继承时同一世代的男子拥有均分财产的权利;但家产的管理权与处分权却统摄于家长(特别是直系尊亲家长)。在一个家族之内,虽然在实践中可能无法实现绝对的平均主义,但彼此之间的互助与救济是伦理上甚至法律上的义务;更何况在分家之前,家族的财产本来就是共同所有的。

四、小农利益保障与救济

从社会政策的角度看,传统中国土地产权制度有两大特色,它们在今天仍有一定现实意义。

(一)土地公有与小农利益的保障

在中国历史上,公田制是追求的目的之一,所以即使不合时宜,仍总不断有人提倡。井田制在理论上是纯粹的公田制,均田制是在国家拥有大

---

① 参见戴炎辉:《中国法制史》,三民书局1966年版,第305页。

量可授土地前提下兼容土地私有制的公田制。在传统中国,"任何看似私有的产权都会受到国家的限制,历经挣扎,也仍然逃不脱私有产权不完全的困境","国有乃是人人皆有的虚拟化","在中国古代社会,没有西欧中世纪那种国王与各级贵族、商人、市民的'协议'关系,所有的关系都必须由各种形态的'家长'来作为唯一的'法人代表'。各级家长之间又构成纵向往上'统一'的从属关系——最后其顶端就是'产权'的最后家长——国王或皇帝"。[①]

土地公有(国有/天子所有)也是抑制土地兼并、实现"耕者有其田"理想的根本路径。在西周,土地与人民理论上归国王所有,实际上经过逐级分封、层层占有的封建体制,造成土地产权的分割(分立),形成西周时期对于土地特殊的所有权形式。北魏至唐的均田制,是小农的土地长期占有使用收益权与国家所有权分立,土地处分权(自由买卖)受到国家的限制;国家作为地主用赋税的方式向小农收取地租("租税合一")。论其实质,土地公有的理想在井田制与均田制中,乃是通过不同的土地产权分立方式变为现实。而当国家对于土地处分权的控制越来越弱时,产权分立模式被打破,随之而来的是土地兼并的横行与土地公有制的破坏,小农随之遭殃。

近年来,"土地私有化"成为一些法学与经济学研究者津津乐道的选项,认为其是财产权保障的核心问题。但是,在我们这样一个人多地少、"三农"问题具有重要地位的国家,土地的私有化与自由流转是否真正有利于普通民众的长远利益?历史的经验与教训不可忽视。而对于"国家不肯放弃土地国有乃是纯粹基于现实利益考虑"之类的说法,我们比照宋代以后的历史,就可发现其不确之处。朝廷放弃土地公有的模式并不等于其放弃聚敛,它仍可通过增加税赋的方式获得比均田制下更多的财政收入,在这种情况之下,升斗小民将面临大土地所有者与朝廷的双重剥削。

(二)土地集体所有传统与民间互助救济

宋以后的中国南方地区,宗族乡村等团体(集体)所有的土地在全部耕地中占有相当大的比重;在家族之中,家产又为家族成员这个"小集体"所共有。这些集体共同所有的"公田"的产权状态是一种复杂的"总有"模式,土地的管理处分权、使用权、受益权等为作为整体的团体与个人分享;在"安土重迁"的熟人社会,小共同体之内的成员在享受整体福利的

[①] 王家范:《中国传统社会农业产权辨析》,《史林》1999年第4期,第2、5页。

同时，也承担互相扶助的义务。"身份"而非"契约"，是小共同体之内的成员享受整体福利的基础。

研究这一民间传统，对于我们理解当下的农村土地集体所有制度的由来及其变迁有重要意义。对于集体所有这样一种土地产权模式，我们不能简单地给它贴上"产权界定模糊"的标签，应当认识到这一"长期现实存在"的合理性与积极意义。2018年《关于实施乡村振兴战略的意见》首次提出："探索宅基地所有权、资格权、使用权'三权分置'，落实宅基地集体所有权，保障宅基地农户资格权和农民房屋财产权，适度放活宅基地和农民房屋使用权。"资格权的概念承接自村集体经济组织的成员权，是村民请求分配、使用宅基地的前提要件，其兼具私法上的财产权与公法上的福利权双重性质。这也是对中国古代土地制度的传承与创新。

第四章 盐铁专卖与社会政策

《盐铁论》是中国思想史与制度史上的重大事件，盐政是古代中国重要的财政制度，也是重要的社会政策。在《孔门理财学》归纳的六项儒家的基本社会政策中，共有三项与盐政问题高度相关，分别是反对垄断、调剂供求、官不与民争利。本章从盐铁之辩（时间上主要集中于由汉至唐）与盐政之变（迁）入手，重述史料，综述前人的研究成果，进而从思想与制度两方面提出一些问题。①

一、盐铁之辩及其内在矛盾

（一）《盐铁论》之由来

西汉初年中央政府提倡无为而治、务求节俭（"约法省禁"），财权不集中于中央，对地方的煮盐、冶铁、铸钱等民生事务采取放任主义。"从秦始皇到汉武帝一段时间内，统一政府稳定，文治制度成立，政治问题逐渐解决，而农村均产破坏，工商企业大兴，社会经济贫富不均的状况，遂成为一般人目光注意之集中点。"②在重农抑商思想抬头的同时，因为对匈奴用兵的关系，中央财政吃紧，汉武帝为增加财政收入实行盐铁管制（官营），任用商人为吏，管理盐铁。③中国历史上盐铁管制（官营）的制度化始于汉武帝时的孔仅、东郭咸阳，桑弘羊进一步发展了这一制度，他将盐铁作为垄断全国商业活动（均输平准法）的骨干，将应付战时财经的措施推进为

---

① 盐铁官之设与盐铁之辩始于汉，《盐铁论》亦成书于汉，汉代以后，虽然仍盐铁并提，但后世铁禁之限与盐禁相较极宽，故而本章论及汉以后盐铁之政仅及盐政。
② 钱穆：《中国文化史导论》，商务印书馆1994年版，第114页。
③ ［唐］杜佑：《通典》，中华书局1988年版，第227页。

一个由朝廷一统的财经体制。① 盐铁管制（官营）后出现弊病（"县官作铁器苦恶，价贵，或强令民买之，而船有算，商者少，物贵"），影响百姓的福利。首先反对盐铁专卖（官营）的是卜式。②

汉昭帝始元六年（公元前81年），经杜延年提议，大将军霍光以昭帝的名义，令丞相田千秋、御史大夫桑弘羊召集郡国所举的贤良文学商讨时政，贤良文学都说应当废除盐铁和酒类官营，并均输平准法，政府不要与百姓争利。御史大夫桑弘羊反驳贤良文学，说：盐铁和酒类官营及均输平准法都是国家的大计，它们可以充实国库，是国家"制四夷、安边足用之本"，而且盐铁之利在民间很容易被豪强富商垄断，不仅危害中央统治，也造成百姓的贫困。③

---

① 参见徐复观：《〈盐铁论〉中的政治社会文化问题》，载徐复观：《两汉思想史》第3卷，华东师范大学出版社2001年版，第84页。《管子》《商君书》里都有盐铁相关内容，《管子》主张盐铁官营，所以不少学者以齐国管仲为盐政之始，但其史实不可考，且《管子》成书年代本身即存在疑问。孔仅、咸阳时，主管盐铁专卖的官府分属于各郡县，桑弘羊将管理权收归中央，使其直属于大司农，这样方能全国财经一统。所谓均输、平准之法，简单说均输就是调剂运输，平准就是平衡物价。汉武帝接受桑弘羊的意见，由大司农统一在郡国设均输官，负责管理、调度、征发从郡国征收来的赋税物资，并向京师和各地输送。大司农又置平准官于京师，总管全国均输官运到京师的财货，除官需外，作为官家资本经营官营商业，"贵则卖之，贱则买之"。历代均平之法不尽一致，但其目的皆为调节市场物价和增加政府财政收入。

② 卜式，时任御史大夫。徐复观先生认为首先反对盐铁专卖（官营）的是董仲舒，其根据是《汉书·食货志》记董仲舒向汉武帝进言，谓"盐铁皆归于民"。（参见徐复观：《〈盐铁论〉中的政治社会文化问题》，载徐复观：《两汉思想史》第3卷，华东师范大学出版社2001年版，第84—85页）但也有人认为董仲舒反对的是专商制度："秦用商鞅之法，改帝王之制，民得专川泽之利……荒淫越制，逾侈以相高，邑有公侯之富，盐铁倍税，小民贫困，汉因循而未改……"参见欧宗佑编：《中国盐政小史》，商务印书馆1935年版，第12页。笔者查《汉书·食货志上》所引董仲舒向汉武帝的进言，徐复观与欧宗佑的引文都在其中："董仲舒说上曰：'《春秋》它谷不书，至于麦禾不成则书之，以此见圣人于五谷最重麦与禾也……'"又言："古者税民不过什一，其求易共；使民不过三日，其力易足。……至秦则不然，用商鞅之法，改帝王之制，除井田，民得卖买，富者田连阡陌，贫者无立锥之地。又颛川泽之利，管山林之饶，荒淫越制，逾侈以相高；邑有人君之尊，里有公侯之富，小民安得不困？又加月为更卒……三十倍于古；田租口赋，盐铁之利，二十倍于古。……汉兴，循而未改。古井田法虽难卒行，宜少近古，限民名田，以澹不足，塞并兼之路。盐铁皆归于民。去奴婢，除专杀之威。薄赋敛，省徭役，以宽民力。然后可善治也。"董仲舒全文主要是说重农抑商、抑止兼并、轻徭薄赋、与民休息，绝非针对盐铁专卖而言，甚至可能上书在实行盐铁专卖之前，至少与盐铁专卖并无直接关系。《汉书·食货志下》有盐铁专卖的内容，但未引董仲舒的言论；而《通典》在"盐铁"一章中言及董仲舒也仅有一句："董仲舒说上曰：'今盐铁之利二十倍于古，人必病之.'"这都可证明以上推论。我们可以从其上书中看出董仲舒是反对大商人的垄断。从盐政来说，其反对的是商鞅以来的征税制（重税制），所以欧宗佑先生认为董仲舒反对专商制度是合理的推论，而徐复观先生的理解可能有误。

③ 《史记·平准书》有如下记载："于是县官大空，而富商大贾，或蹛财役贫，转毂百数，废居居邑，封君皆低首仰给。冶铸煮盐，财或累万金，而不佐国家之急，黎民重困。"（[汉]司马迁：《史记》，中华书局1982年版，第1425页）

盐铁管制（官营）之利，可以补贴国家军费，赈济百姓，不可废除。贤良文学认为君子应该重义轻利，盐铁民营无害朝廷。桑弘羊认为，均输平准法保证了市场的公平交易，如果废除，将导致豪强富商垄断市场。总之，贤良文学认为盐铁管制（官营）等事是与民争利、刻薄寡恩，桑弘羊则认为这关系到国家的富强和市场的稳定。双方还就德治与法治等问题进行了辩论。最后，朝廷部分采纳了贤良文学的意见，废除了酒类专卖和关内地区的铁器专卖（"罢郡国榷酤，关内铁官"）。①

从现代观点看，汉昭帝时的盐铁之争是一个宪法案例，它关系到国家的财经大计，很像一场国会辩论（听证），桓宽所著《盐铁论》是这场辩论（听证）的记录。②

盐铁是国家的重要资源，也是人们生活的必需品，煮盐铸铁所能获得的丰厚利润显而易见。汉初，国家对盐铁之利并无法律规范，文帝时甚至"纵民得铸钱、冶铁、煮盐"。武帝时，为了解决国家财政困难，将盐铁的开发权、经营权收归国有已成为当务之急。在洛阳商人之子、御史大夫桑弘羊等人的推动下，武帝颁布盐铁管制（官营）法，政府掌握了当时社会的两大支柱产业——煮盐与铸铁。据《汉书·地理志》载，当时全国设铁官48处、盐官38处，这些盐铁机构在中央统筹下，为国家输送了不尽的财源。但是盐铁管制（官营）政策遭到了"重义轻利"的儒生（"贤良文学"）的坚决反对，他们认为这是"与民争利"。这里隐含着儒家"藏富于民"与法家"藏富于国"之争。在昭帝始元六年召开的盐铁会议上，盐铁管制（官营）法受到贤良文学的猛烈批判，以御史大夫桑弘羊为代表的崇尚法制、务实求功的公卿（法家）面对六十余名"不明县官事"的贤良文学（儒家）不得不妥协，废除了酒类官营与关内铁官。然而，引文中丞相上奏时所谓"贤良文学不明县官事"颇耐人寻味，这是说书生们不了解地方上的实际情况、不懂牧民之术、空谈政治吗？那怎么又接受贤良文学的意见，废除了酒类官营与关内铁官呢？欧宗佑先生对此的解释是公卿大夫认为"诸生莫能安集国中，怀藏以来远方，使边境无寇虏之灾，租税尽为诸生除之，何况盐铁乎"（《盐铁论·国病篇》），所以公卿大夫罢以止词，不更与之辩论，姑且奏罢郡国酒沽以敷衍贤良文学，昭帝从丞相言，罢榷

---

① 本段文字为《通典》所记盐铁会议的大意，详参见［唐］杜佑：《通典》，中华书局1988年版，第227—229页。

② 汉昭帝始元六年的盐铁会议留下了会议记录。到汉宣帝初年时，桓宽根据当时留下的会议记录，进行了整理、编纂，成书《盐铁论》。该书采对话的形式，共分60篇，前59篇是记录当时辩论双方的意见，最后一篇"杂论"则是介绍编书的起源及作者自己的见解。参见［汉］桓宽：《盐铁论》，上海古籍出版社1990年版。

沽而盐专卖制度仍旧继续实行。①但《通典》中记载除罢"郡国榷沽"外，还罢废了"关内铁官"。废铁官而不罢盐专卖，一方面可能是铁官伤民更甚，引起民愤更大（"县官作铁器苦恶，价贵，或强令民买之"），另一方面，如果欧宗佑先生"敷衍之说"（弃车保帅）成立的话，则可推知盐在政府财政上的重要性从汉代便远胜于铁，这也说明日后为什么铁禁渐驰而盐禁屡废、终不得废。②

此外，徐复观先生研究两汉思想史，认为盐铁之争背后还隐含着内朝（霍光）外朝（桑弘羊）之争与边疆政策的歧见等种种政治社会文化背景。③对此，本文不再赘述。

（二）《盐铁论》之后之盐铁辩（以盐为中心）

《盐铁论》之后，盐铁管制（官营）与否的问题又反复多次：

> 孝元时，尝罢盐铁官，三年而复之。
>
> 后汉章帝时，尚书张林上言："盐，食之急者，虽贵，人不得不须，官可自鬻。"
>
> ……
>
> 陈文帝天嘉二年，太子中庶子虞荔、御史中丞孔奂以国用不足，奏立煮海盐税，从之。
>
> 后魏宣武时，河东郡有盐池，旧立官司以收税利。先是罢之，而人有富强者专擅其用，贫弱者不得资益。延兴末，复立监司，量其贵贱，节其赋入，公私兼利。……其后更罢更立，至于永熙。自迁邺后，于沧、瀛、幽、青四州之境，傍海煮盐。……军国所资，得以周赡矣。
>
> ……
>
> 大唐开元元年十一月……玄宗令宰臣议其可否，咸以盐铁之利，甚益国用……自兵兴，上元以后，天下出盐，各置盐司，节级权利，每岁所入九百余万贯文。④

---

① 参见欧宗佑编：《中国盐政小史》，商务印书馆1935年版，第14—21页。
② 事实上，《通典·食货志》"盐铁"一章的记载中，汉昭帝之后虽有时仍盐铁并提，但单独提及盐政的次数更多，未有一处单独提及铁政，可见盐铁虽然并提，但在财政上铁却远不及盐重要。
③ 参见徐复观：《〈盐铁论〉中的政治社会文化问题》，载徐复观：《两汉思想史》第3卷，华东师范大学出版社2001年版，第73—131页。
④ 参见［唐］杜佑：《通典》，中华书局1988年版，第229—232页。

汉武之后直至唐代，这一阶段的史料记载似乎有利于盐铁管制（官营）。盐铁管制（官营）除了可以增加中央财政收入，弥补国用不足以外，居然也"公私兼利"。增加的中央财政不仅用于军国大政，还可用以实施社会政策，赞助民生、招募流民（"以其直益市犁牛，百姓归者以供给之。劝耕积粟，以丰殖关中。"）。① 到了唐代开元年间，左拾遗刘彤上书论及盐铁时更着重强调了盐铁管制（官营）之重农抑商功效，并高度赞扬了汉武帝时的盐铁管制（官营）政策，认为其"一则专农，一则饶国"，是善政、是王道，奉为当代楷模（"夫煮海为盐，采山铸钱，伐木为室，农余之辈也。寒而无衣，饥而无食，佣赁自资者，穷苦之流也。若能收山海厚利，夺农余之人，调敛重徭，免穷苦之子，所谓损有余而益不足，帝王之道，可不谓然乎？"）② 尽管儒家在理论上反对盐铁官营，却无法阻碍"国家专盐铁之利"在事实上的发达③；尽管盐铁官屡设屡罢，但越到后来，越可以看出政府财政对盐铁之利的依赖之大。盐（铁）管制（官营）已是欲罢不能了。陈顾远先生论及此事，有如下结论：

> 齐筦山海之利，秦有盐铁之权；汉置盐铁官以筦（管制）其事，又禁人民酿酒，由官家榷（专卖）之；后世相承，至清未改，唯其范围则有广狭也。王莽六筦，金代十榷，皆最广者；清则仅榷盐茶，为最狭者。筦榷之设，其对特定物品之设官专营，古者或以其与民争利为病，尝亦罢其禁，以示与民共之；顾其结果，豪贵之家乘势占夺，强梁之徒肆其兼并，民既不裕，国亦不富，于是屡废而终不得废者此故耳。④

---

① 参见［唐］杜佑：《通典》，中华书局1988年版，第229—230页。
② 同上书，第231页。
③ 吕思勉先生在论及盐政收入时说："租税宜多其途以取之，然后国用抒而民不至于困。然中国政治家于此不甚明了。自隋唐以前，迄认田租口赋为正税。唐中叶后，藩镇擅土，王赋所入无几，不得已，取给于盐铁等杂税。宋以后遂不复能免。至于今日，而关盐等税且为国家收入之大宗焉。然此乃事实上之发达，在理论上则古人未尝认此为良好税源也。"（吕思勉：《中国制度史》，上海教育出版社2002年版，第479页）古代中国政府在理论上一直坚持"重农业、轻工商"的思想，以田租口赋为"正税"，但其事实上却越来越依赖于盐铁等杂项收入。对于吕思勉先生所谓"盐税"，笔者以为可以扩大为盐政收入（包括盐税和盐专卖的收入）理解，吕思勉先生将盐铁问题纳入"征榷"一章（该章不仅论及盐税，也论及盐专卖，而笔者引文为该章之首段），故而笼统将盐政收入称为"盐税"。这正如"榷"在古汉语中既可做政府"征税"解，也可做"专卖"解（《汉书·车千秋传》："自以为国家兴榷之利。"注："榷，谓专其利使入官也。""榷筦"并提时所谓"专其利入官"之"榷"非"征税"可解。）。
④ 陈顾远：《中国法制史概要》，三民书局1977年版，第332—333页。

（三）盐铁辩之吊诡

欧宗佑先生将桑弘羊主张盐铁官营的理由归纳为四个方面。[①]

（1）法律上的理由：普天之下，莫非王土，盐在法律上为君主所有，将其收归官营为理所当然。

（2）财政上的理由：当局欲征外安内、富国强兵，须有巨额之费用。若此种费用求之于盐利，则绰绰有余，人民不感痛苦，上下俱足。此外别无其他偌大财源。

（3）政治上的理由：权利（权利利源之意）下移，大足以危害国权，养成大奸。（可参吴王于汉文帝时煮盐铸钱逐渐坐大，于景帝时作乱的故事。）

（4）社会政策上的理由：制盐非有大资本不可，拥有大量资本者往往囤积居奇、操纵市价，其结果将加大社会上的贫富差距，造成贫富悬殊。

表面上看桑弘羊这四个理由在理论上似乎都站得住脚，其实不然。理由（1）同儒家不与民争利的思想相左，且过于霸道，依此理由可完全否定私有财产与私营工商业的正当性。由盐、铁、酒三者专卖所崛起的以桑弘羊为首的一批经济官僚及其家族的豪富之骄横奢侈[②]（或可称之为官僚资本的垄断）部分否定了理由（4），同理也可部分否定理由（3）。人们甚至怀疑桑弘羊之流整套理论只是借口，进而完全否定了政府参与、干预民间工商业（经济）活动的合法性，"盐铁、均输、酒沽、算缗等政，皆借口于摧抑豪强，然其结果皆成为厉民之政，则以自始本无诚意，徒以是为借口也"。[③]仅余对政府来说最重要最现实的理由（2）——财政方面的理由，但理由（2）也不是无懈可击，至少其所谓"人民不感痛苦，上下俱足"可能为官僚资本垄断导致的盐价上涨所否定，"县官作铁器苦恶，价贵，或强令民买之"也是反例。这些理由中唯一确实的仅余两点：其一，盐（铁）之利可以满足政府的财政需要，这点无须解释；其二，盐铁管制与官营可以收国家管制经济之功效，其目的同理由（3）和理由（4）——管制经济，一则可以巩固中央集权，一则可以打击垄断资本主义、保护消费者与小生产者。古人"筦"（管制）、"榷"（专卖）并提，而非简单地只言"榷"。"取利"之外，"管制"在中国古代政治经济思想中也十分重要。

贤良文学奉行儒家"重义轻利""藏富于民"的思想，反对国家介入社

[①] 参见欧宗佑编：《中国盐政小史》，商务印书馆1935年版，第14—21页。

[②] 可参见徐复观：《〈盐铁论〉中的政治社会文化问题》，载徐复观：《两汉思想史》第3卷，华东师范大学出版社2001年版，第93页。

[③] 吕思勉：《中国制度史》，上海教育出版社2002年版，第483页。

会经济生活,反对以盐铁专卖为骨干的均输平准法,但这在结果上其实鼓励了民间商人的致富、垄断与囤积居奇,又与儒家重农抑商的思想矛盾,所以贤良文学的观点如果用重农抑商这一儒家思想的重要原则来检讨的话,其实是自相矛盾的。用现代经济学观点来看,我们可以带一点夸张地说,贤良文学的做法至少在结果上抑止了国有化,捍卫了自由放任的市场经济或者说商品经济。"在经济政策的形成上,儒法有汇合之点。在政策的目的上,儒家与道家有会同之处。"① 我们当然可以否认重农抑商是儒家专有的思想,事实上它或许是儒、法、道共有的,基于农业社会这一基本社会经济条件而成的共通思想,但它毕竟是荀子以后儒家的重要思想。陈焕章对此的解释是将贤良文学归类为儒家中的"保守派",而将桑弘羊归类为"广义上的儒教徒"。②

汉初政府用税收杠杆调节市场,以重税的方式抑止盐商,结果却"今法律贱商人,商人已富贵矣;尊农夫,农夫已贫贱矣。故俗之所贵,主之所贱也;吏之所卑,法之所尊也。上下相反,好恶乖迕,而欲国富法立,不可得也"(《汉书·食货志上》)。汉武帝时采国家直接介入经济生活,以关系国民经济命脉的产业(盐、铁、酒等)国有化的方式推行均输平准法,操控市场。

就现实的民生而言,双方都是输家。理想主义的贤良文学(儒家)实现不了爱民富民的理想,在客观上鼓励了富商豪强的兼并、剥削与囤积,在结果上也贯彻不了自己的原则(重农抑商)。现实主义的桑弘羊(法家)败给了官僚体制(吏治),也输掉了民心。盐铁的困境也预示了后世(北宋)王安石改革的吊诡——王荆公好言利而终不能利国利民,反王者可解变法之弊却不能兴政府与百姓之利。

桑弘羊以国有化的方式管制经济,在理论上不能说服贤良文学(儒家),在现实上不仅未能造福民生,还损害了百姓的利益。但"筦榷"之制越到后来越变得不可或缺是无可置疑的,统治者现实的财政需要与管制的政治哲学是根本原因。现实政治理由压倒了儒家的教条与民生的理想,其中又以现实的财政需要为首要原因。

盐由政府专卖并非古代中国所独有③,但像古代中国政府这般在财政上

---

① 徐复观:《〈盐铁论〉中的政治社会文化问题》,载徐复观:《两汉思想史》第3卷,华东师范大学出版社2001年版,第86页。

② 参见陈焕章:《孔门理财学》,韩华译,中华书局2010年版,第350、353页。

③ 世界各国盐政沿革和现状,可参见林振瀚编:《中国盐政纪要》上册,商务印书馆1930年版,第7—18页。

依赖盐政收入（所谓"天下利居其半"，直至民国初年，中央政府还以盐税收入为抵押向列强借款）的国家却很少见。这大约与中国资本主义（民间工商业）的不发达有关。相较之下，英国历史上虽然向无专卖制度，但盐税制度也屡设屡废，也曾经"私盐充斥、税入大减，于是设法防私，严为禁止，究则徒累人民，终归无效。其后渔业发达，工业勃兴……至1825年，将盐税毅然废止"。① 乃至晚清，偌大的帝国始终国不富（强）民亦不富（足），这或许是古代中国盐政问题（可能也是财政问题）的"死结"。

二、中国古代盐政制度的变迁

（一）传统盐政制度概要（兼与世界各国比较）

"我国各事皆后于人，独于盐法，则颇可称一日之长，盖于欧西各国不知盐法为何物之时，而我国盐法则早已灿然大备矣。"② 中国古代盐政制度，每朝每代皆有变化，即使在同一朝代，也常常因时因地有所不同。概括而言，其制度主要分为三种。③

（1）无税制。④ 其实行理由是盐为人日用所必需，所以既不应专卖，也不应征税，应听由民间自取自给（实行该制的，只有三代以前及隋代唐初）。

（2）征税制。其实行理由是盐虽不可或缺，但每个人的需求量并不大，所以百姓的税务负担并不大，征税又比较容易。盐税乃国家财政收入之大宗，可以辅军国之用。其征税方式为在产地征收，国家征税以后，听任民间自由贩运买卖，不加限制（实行该制的，为夏商周三代、秦及汉初、东汉、六朝）。

（3）专卖制。其实行理由是盐业为重大产业，不应由商人垄断，而应改由国营，这样既可以防止资本家盘剥、囤积取利（抑商），又可减轻百姓的负担，还增加了国库收入。其具体又可分为5种：一部分专卖/狭义专卖，即民制为主，官制为辅，运销归官（《管子》中记载的盐制）；全部专卖/广义专卖，制造和运销皆归政府，完全国营（汉武帝时的专卖制度）；

---

① 林振瀚编：《中国盐政纪要》上册，商务印书馆1930年版，第9页。
② 欧宗佑编：《中国盐政小史》，商务印书馆1935年版，第2页。
③ 参见曾仰丰：《中国盐政史》，商务印书馆1936年版，第1—2页。
④ 笔者以为，或可称为"自由制"或"无禁制"，比"无税制"更为恰当。

就场专卖/间接专卖，产制归民，由政府收买，专卖于商，归其运销（唐代刘晏、宋朝中叶及金元与明万历以前之制）；官商并卖/混合专卖，将行盐地方划分为二，一由官运官销，一由商运商销，彼此都不越界（五代、宋及辽金元的部分时期之法）；商专卖/两重专卖：政府将收买运销之权授予专商，而居间课其税（明末及清代之制）。其中第3种和第4种在同一朝代的不同地方可能是并用的。

综观世界各国盐政，大致可分为三种，即自由制、租税制、专卖制。[①]

自由制，即无税制（例如英国、比利时）。

征税制分为两种。（1）就场征税制，即在产地征收（例如德国、法国和意大利）。（2）关税制，即对本国出产之盐，不征收租税，而对于外国输入者则征税（例如美国、丹麦、挪威、西班牙、葡萄牙以及革命前之俄国）。

专卖制分为三种。（1）全部专卖制，即制造运销都由政府办理（如一战前之奥匈帝国、瑞士、突尼斯；（2）一部专卖制，其法或制造归民，或官民共制，运销归国，贩卖归民（如意大利、希腊、土耳其）；（3）就场专卖制，即制造归民，收买归国，运销归商（如日本、印度）。

通过对比，我们可以发现，中外盐政制度大同小异。外国有、中国无的为关税制度，这是因为我国古代长期"闭关锁国"，不存在进口盐的问题。"中国特色"一为官商并卖，一为商专卖。也就是说中国到唐代已发展出了关税以外、世界通行的各种盐政制度。五代以后中国独辟蹊径，发展出了独具特色的专商制度。引票制度也为中国古代所独有，其实是与商人参与专卖共生的，不管是官商并卖还是更进一步的政府退到幕后的商专卖，引票（或其雏形）仅仅是方式，其本质是政府通过引票的颁发与引地的划分管制盐业（并获利），商人通过引票制度参与盐的运销。商专卖的实质是政府管制加盐商运销加政府征税，商专卖之所以为专卖制而非征税制，就在于其是政府管制（"筦"）之下的商人专卖，所以又称"双重专卖"。通过引票制度，管制、专卖、征税得以结合，"筦"（管制）、"榷"（专卖和征税）完全结合在一起，也就不再有征税还是专卖的争论。

（二）中国盐政史分期与中国盐政制度变迁的历史轨迹

我国盐法滥觞于管子，推衍于弘羊，挈行于刘晏，其间自汉迄隋，由

[①] 参见欧宗佑编：《中国盐政小史》，商务印书馆1935年版，第1—2页；也可参见林振瀚编：《中国盐政纪要》上册，商务印书馆1930年版，第8页列表。其所述各国情况限于作者写作的年代。

专卖而收税，由收税而无税，洎乎李唐，由无税而变为收税，复由收税而进于专卖。自是以后，盐法浸繁。引地之分，始于五代，续于宋而成于元。专商之兴源于宋、沿于元而极于明清。①

田斌著《中国盐税与盐政》，将古代中国盐政的变迁分为3个时期：赋税专卖循环时期（先秦—汉—南北朝—隋—唐）、引票制度胚胎时期（五代—宋）、引票制度形成时期（金—元—明—清）。②

曾仰丰著《中国盐政史》则将古代中国盐政分为3种：无税制（三代以前。后世隋文帝曾复无税制。"隋，开皇三年，通盐池盐井，并与百姓共之"），征税制（榷盐之制，始于有夏），专卖制、专卖制具体又分为5种：一部分专卖、全部专卖（始于西汉武帝）、就场专卖（始于唐代）、官商并卖（始于五代）、商专卖③（始于明万历四十五年［1617年］）④

上引曾仰丰《中国盐政史》虽是将盐政制度分类，而非将盐政史分期，但其基本是以时间为序的（隋至唐初回归无税制例外），所以本书也将其作为分期的一种方案。

欧宗佑编《中国盐政小史》将古代中国盐政史按朝代分为：先秦之盐政、汉晋六朝之盐政、隋唐五代之盐政、宋元明清之盐政。笔者理解，这主要是以时间进程为序，以制度变化分期：盐政制度化之前（《管子》《商君书》中相关论述或可作为古代中国盐政思想的胚胎时期），以汉武帝时盐政制度化为始的官卖存废反复时期，从隋文帝废盐禁的自由时期起始、直至五代引票制度胚胎的盐政制度发展时期，引票制度形成、成熟时期即古代中国盐政史的最后一个时期。

以上田氏的分类特别突出了引票制度在中国盐政史上的重要地位，但作为同一问题的另一面，它也过于重视了引票制度。另外，将唐以前概括为赋税专卖循环时期似乎不够精确⑤。而曾氏对盐政的分类没有关注盐政制度在历史上的反复问题，且分类过细，故以之对中国盐政史进行分期也有

---

① 林振瀚编：《中国盐政纪要》上册，商务印书馆1930年版，第7页。
② 参见田斌：《中国盐税与盐政》，江苏省政府印刷局1929年版，第1—7页。
③ 根据陈顾远《中国法制史概要》中的解释（"实皆政府关于盐之专卖权，招商缴价承包之办法而已"，陈顾远：《中国法制史概要》，三民书局1977年版，第335页），引票制度所谓商专卖，无非是由商人分包政府的专卖权而已。
④ 参见曾仰丰：《中国盐政史》，商务印书馆1936年版，第2—29页。
⑤ 据吕思勉所著《中国制度史》，至少在唐代以前，朝廷并不把盐税作为其重要税源。我们也知道，汉武帝以前盐税之设，更多的是为了抑制盐商（尽管没有达到目的）。所以，笔者以为，唐以前尽管从现象上说有赋税专卖之循环，但其本质在于专卖的存废，而非赋税之有无，隋代至唐初的128年实行无税制也是一证。

不足。欧宗佑《中国盐政小史》的分期方法或许是最佳的方案，它充分照顾、协调了历史进程（朝代更替、由古及今）与制度变迁这两大要素。

通过检讨中国盐政史分期的问题，我们可以勾勒出中国盐政制度变迁的历史轨迹：盐政制度化之前—汉武帝始的盐（铁）专卖制度之存废反复—隋唐至五代盐政制度的探索（无税、征税、专卖之更替，引票之萌芽）—宋元明清盐政制度之最后发展与定型（以管制取利为鹄，以专商为体，以引票为用）。

（三）传统盐政制度的困境

隋唐盐政为三代以后之首善。隋代至唐初之盐政能采无税主义，可谓历史的奇迹。唐中叶盐铁使刘晏除采就场专卖制外，还实行平准法抑止盐价，堪称善政，但刘晏之后，盐法渐繁渐乱，其间之大要如下。

> 自开皇三年废除盐禁，无税主义，盖自始于此，唐初沿隋旧制，亦免除盐税，计自隋开皇三年至唐景云末年，其间共一百二十八年，概无盐税，此为我国盐政史上一大纪念时期也。自开元初，始议收盐税，旋为议者所阻，不克实行。及开元十年，始行征税制度，但当时征收之权，分隶地方，禁令既阙，未有盐法。天宝末，安禄山反，颜真卿为河北招抚使，时军费困竭，为权宜计，遂收景城盐，输销诸郡，用度遂足。至德乾元年，第五琦①领诸道盐铁使，仿真卿法，略加变通，复行专卖制度……综观第五琦盐法，与管子盐法颇相仿佛，所谓制造归民，运输归官而已。宝应时，又有刘晏之法……综其大要，实不外民制、官收、商运，与所谓就场专卖制，正复相同。管子之后，盐法之善，殆无逾于晏法者……刘晏既罢，盐法渐紊……②

宋以后是古代中国盐政发展定型的最后阶段，它上承五代，发展出以引票为特色的专商制度。引票萌芽自五代，至宋称"钞"，至元始称为"引"，至清则"引""票"③并行。所谓引票，就是商人用一定代价（或"输

---

① 第五琦，人名，曾任盐铁、铸钱使，后任诸州榷盐铁使。
② 欧宗佑编：《中国盐政小史》，商务印书馆1935年版，第25—26页。
③ 售给盐商的凭证为"正引"，"或引多而商少，则设票而售之于民，听其专售，不问所之，是为票引"。参见吕思勉：《中国制度史》，上海教育出版社2002年版，第508页。

粟"，或"入钱"）向政府换取盐的运销权之凭证，每一引换取一定数量的盐。政府对盐商运销的路线与地域有严格的规定，称"引界"。宋初在不同地域有"官鬻"或者说"官搬官卖"（盐业运销归官）以及"通商"（官府在其直接控制下有限制地将盐批发给商人在指定的区域销售）这两种形式的盐业运销制度，统称"官商并卖"。宋徽宗崇宁、政和年间，废止了官搬官销，改用商运商销。"一般讲来，官鬻的利入归于地方政府，通商由于须向朝廷的榷货务请钞运盐，其利入归于中央政府。北宋末年初行新钞法，已将原本以实施官鬻法为主的东南六路，亦即淮浙盐区，改行钞法。此一盐区市场广大，销盐量多，中央政府盐利于是大增。"①后世逐渐发展出由商专卖的制度，盐业商人受到政府严格管制并世代相袭，也称专商。宋元明清盐政之概要如下。

宋以盐铁使属三司使，政和以后，各路置提举茶盐司，掌摘山海之利。其为法也，天下盐利皆归县官鬻，……而尤重私贩之禁。……仁宗时，范祥始为钞法，令商人就边郡入钱四贯八百，售一钞，至解地，请盐二百斤，任其私卖，得钱以实塞下；是为宋代盐钞之始，而又后世盐引之所承也。金之榷货有十，而盐居首，鬻盐以引，行引为界……元盐行引法……凡伪造盐引者斩……犯私者徒二年……行盐各有郡邑，犯界者减私盐罪一等。其设官则以置都转运盐使司于两淮两浙等处为者，明清皆因之。明，诸产盐地皆设盐转运使，或盐课提举；盐仍以引行焉。并有所谓中盐者，则招商输粟于边，按引支盐之谓也。清，盐务所榷有三……一曰灶课，为盐灶盐铁之地税灶丁所纳者。一曰引课，招商就灶买盐，捆包与售，按引抽其正课加课，故又为之商课。一曰杂课，如盐厂房租赃罚帑息之类是。其后又有盐厘者……凡盐以二百四十斤至五百六十斤为一引，盐商须领引券，始可纳税向盐户购盐，故盐称引盐，商称引商，课称引课；而销盐之地则称引地。引商既承认特定地域之引税，在其地界内，则在专卖之权；其已纳引税之盐，曰官盐，未纳者曰私盐。甲引地之盐关入乙引地销售者谓之占销，或在自己引地而销售逾额者，皆做私盐论。山东浙江两淮等处，则盐引盐票并行，由部印颁者为引，由盐政填给为票，实皆政府关于盐之专卖权，招商缴价承包之办法而已！②

---

① 梁庚尧：《南宋盐榷：食盐产销与政府控制》，东方出版中心2017年版，第4页。
② 陈顾远：《中国法制史概要》，三民书局1977年版，第333—335页。

盐政制度无非无税、征税、专卖（榷榷）三种。除不可考的三代以前外，无税仅行于隋代至唐初的128年。大约以隋唐为强盛，特别是在贞观之治、开元盛世的盛唐时期，政府在财政上方可不依赖于盐。①这128年外，综观古代中国盐政，汉武至隋无非在征税与官营之间摇摆，唐中叶以后直至清，则是在政府管制取利的基础上尝试各类产-运-销的方式而已，终归是前门拒虎、后门引狼。制度创设主要源于财政目的，制度废止则主要由于时弊，制度再创设又是因为财政，制度创设与革除弊制遂成为循环，却终不能无弊。

在唐代，中国已经发展出后世各国通行的各种盐政制度，中国盐政制度已渐趋成熟："管子之后，盐法之善，殆无逾于晏法者。"刘晏的盐法主要有两项政策：一是放松管制、政府部分退出市场：改"官制、官收、官运、官销"（全部专卖）为"民制、官收、商运、商销"的通商法（就场专卖），将私商的活力注入盐的运销，借此除去官商的腐败和低效；二是用经济杠杆调节市场价格，使盐价维持在百姓可以接受的水平（"民无淡食之苦"），设立"常平盐仓"，由国家储备食盐，用经济手段打击商人的囤积行为，调节盐价，这样既可控制盐价、保证盐税，又可节制商人，缓解社会矛盾。在以上政策的基础上，刘晏也严厉打击走私。刘晏盐法收效很大，到唐代大历末年，盐业收入占国家财政收入的一半。刘晏盐法的优点在于区分政府取利与政府管制，理性地求得二者的平衡：政策一的目的是取利，政策二的目的是管制市场（通过设立国家盐仓造福民生），二者的目的都能得到实现。由于政治斗争的关系，在当时宰相杨炎的排挤下，刘晏被贬。"刘晏既罢，盐法渐紊"。盐法紊乱的第一个标志便是盐价暴涨，其原因是刘晏的后继者自作聪明，企图简单地通过提高盐价来增加盐业收入，显示政绩。盐法紊乱的第二个标志是盐价暴涨导致的私盐屡禁不止，官盐价格居高不下，私盐有暴利的刺激，自然屡禁不止；私盐不止，官方控制更严、惩罚更重，形成恶性循环。②晚唐以后"盐法浸繁"，发展出了中国独有的引票制度，与此相关的还有官商并卖与专商（商专卖）制度。

西汉在未改专卖之前实行征税制度，其盐税之重，不亚于秦，百姓受苦而盐商专利。用重税的方式抑止盐商，结果是盐商将重税转嫁给普通民众，百姓受苦，盐商却无所损。③汉武帝时因为政府财政的需要，将盐

---

① 杜甫诗云："忆昔开元全盛日，小邑犹藏万家室。稻米流脂粟米白，公私仓廪俱丰实。"

② 唐代盐政之变可参见张中秋：《唐代经济民事法律述论》，法律出版社2002年版，第79—83页。

③ 如之前笔者所引《汉书·食货志下》董仲舒言。由此我们也可知，董仲舒的理想不是废除盐铁官卖，而是盐铁无税（无禁）。

铁收归官营，同时将盐铁管制制度化。之后盐业国营屡废屡设，汉武帝之全部专卖不可行，后遂有就场专卖与官商并卖，最终演变为专卖与征税结合——政府将收买运销之权承包给专商，而居间课其税。其实，这与其说是专卖与征税的结合，倒不如说是管制（"筦"）与征税的结合。政府在财政上依然高度依赖盐税（税种颇多，除灶课、引课、杂课外，清代还征收关厘），盐的运销受到政府的严格管制，但从汉武以来官商之弊始终未除，盐商依然富甲天下。

唐初实行无税制（自由制），唐中又创设善制。参照唐律在中国法律史上的地位——尽管有人认为《大清律例》才是古代中国律典的集大成者，但《大清律例》始终无法企及唐律在中国法律史乃至世界法律史上的地位①——我们或者也可以得出结论说，有唐一代（不包括混乱的晚唐）的盐政堪称中国历史上之首善。

宋代盐政的一大弊端是官商带来的腐败问题。宰执大臣（贾似道、史嵩之等）、主管榷盐的官吏、盐产地行销地的官员等纷纷参与贩卖私盐，还有不少官员借因公外出的机会贩卖私盐，官贩私盐有时甚至达到垄断的地步。②南宋政府在完全掌握食盐的生产与运销的前提下，"以高出成本甚多的价格出售食盐，取得了丰厚的利润，成为所依仗的财源"。可是到了南宋晚期"积弊愈深，整个盐务组织，由上到下已经腐化"。这一方面是因为政府越来越依赖盐利的收入，另一方面是因为私盐盛行，无法有效防治，亭户（生产者）、盐商（运销者）与民众（消费者）均深受其害。私盐盛行不仅影响国家的财政收入，还产生了连锁反应——政府以严禁方式处理该问题，激起仰赖私盐为生的贫民的暴乱。"政府面对此起彼落因私盐而引起的变乱，追求盐利和宽弛盐禁两者应如何取舍，成为难题"，"政策在紧缩与宽弛之间摆荡，而财政压力终究使政策趋向紧缩的一方"③。

至明朝，"本来食盐是工业革命之前的利薮，也为其他国家如法国采用。只是因为明朝全部以官僚主义的精神把持，害多利少。有时弄得产盐之处食盐堆积，原来已付费的商人筹不出额外需索的费用，各处待配盐的地方又缺货，资金冻结，食盐损耗，只有最少数的投机商人和不肖官僚发

---

① 《大清律例》本于《大明律》。《大明律》虽改唐律面目、条文，但其主要制度和基本思想却不出唐律的范围。然而，《大明律》自作聪明、率意更张，常常不免弄巧成拙。参见徐道邻：《中国法制史论略》，正中书局1976年版，第95—99页。

② 参见赵晓耕：《宋代官商及其法律调整》，中国人民大学出版社2001年版，第137—143页。

③ 梁庚尧：《南宋盐榷：食盐产销与政府控制》，东方出版中心2017年版，第1、15—17页。

了一批横财，政府与正当商人一齐与老百姓受罪。这种情况终明季未止"。①

盐政之变由古及今，无税—有税—专卖循环，专卖制度又生出许多花样，最后在政府的管制下，专卖与征税结合（榷②结合），依然是除时弊而不能兴长利。管制的目的却在于抑止盐商、造福民生，专卖与征税的目的却在于政府取利。正确处理政府财政收入（富国）与民间的利益（富民）的矛盾，取得二者平衡，达致"双赢"，科学地管理盐业，是盐政问题的关键。唐代的刘晏艺术性地处理了富国与富民的关系，真正达到了公私兼利。但隋代至唐初颇具儒家理想主义色彩的无税（无禁）制如昙花一现，中唐刘晏"公私兼利"的善政人亡政息。刘晏的善政何以能行于一时却终不能长行，大约也构成了中国盐政史上的"刘晏之谜"。③晚唐以降，普遍情况是政府不能站在社会政策的角度理性地面对盐利、改革盐政，国与民无法实现"双赢"，官与商却打成一片，结合而为官商共同发财。回顾中国古代盐政制度变迁的历程，我们很难认为制度在进步，反对垄断、调剂供求与转移支付、造福百姓的社会政策在大多数时间里无法真正落实。为"救时"（获利或除弊）而"急就章"的盐政制度与落后的以管制而非服务为宗旨的官僚体制共结连理，其结果便是从汉武帝以来此起彼伏、永无休止的盐政之弊，最后除了不法的官商外，其他人都是输家。贤良文学及其"后学"（"重义轻利""不知县官事"者）败给政府现实的财政需要，桑弘羊及其"后羊"（好"言利""务实"者）败给盐政制度运作的现实（败给吏治），盐铁论终成空论。中国古代盐政问题的困境，根本原因并非资本主义（工商业）的不发达，制度本身（包括吏治腐败、缺乏计划、难称"进步"的制度变迁与落后的奉行管制主义的官僚体制）方是罪魁所在。

然而，在反思古代盐政弊端的同时，我们也不能否定盐业专卖制度对于中国古代社会福利事业的贡献。一方面，中国古代以农立国，而政府之所以能够在农业收入（田赋）方面比较克制，落实儒家"轻徭薄赋"的理念，很大程度上缘于"天下利居其半"的盐业收入（盐税）满足了政府的

---

① 明代盐政之弊参见黄仁宇：《中国近代史的出路》，载黄仁宇：《大历史不会萎缩》，广西师范大学出版社2004年版，第67—70页。清代盐政之弊与明接近，在落后的官僚主义体制下，官商勾结与走私盛行。参见吕思勉：《中国制度史》，上海教育出版社2002年版，第508页。

② 此处"榷"是征税、专卖两种意思并用。

③ 笔者猜测，刘晏能够推行善政大约是因为上承隋代以至唐初的无税制传统，政府求利更为克制，管制也比较宽松。刘晏人亡政息，不仅源于其后继者自作聪明这一偶然事实，更大程度上可能是因为中唐以后藩镇割据的现实。但这里还有一个疑问就是：隋炀帝时期横征暴敛，可以说是无所不用其极，为何却没有染指盐利？

财政需求。①另一方面，食盐产业虽然获得了巨大的利润，但盐商与盐业行会也是社会公益事业的重要赞助方。②中国传统思想并不全盘反对国家作为整体"言利"，反对的主要是统治者集团及其个人谋求"私利"。如果刘晏式"公私兼利"的专卖制度"彻底成功地获得了实施"，那么"它将有利于社会"，因为它仅仅限制了大商人的超额利润，却减轻了升斗小民的税收负担，还能进一步通过财政收入的转移支付来增加老百姓的福利。在传统社会的背景下，"如果国家与少数大商人竞争，并减轻多数人的负担，那么，这是一满足国家开支的良策"。③

---

① 以清末为例，当时财政收入的最重要来源还是商业税，包括盐税、厘金和海关税，其中盐税"在19世纪的大部分时间里，年征600万—700万两，到1900年时，飙升1300万两，而到晚清覆亡前，已成为数额最高的商业税种，高达4600万两，这一结果得益于政府对食盐的产销进行统一管理"。参见李怀印：《现代中国的形成》，广西师范大学出版社2022年版，第193页。

② 例如，"雍正朝初年，在清政府的大力推动下，清代出现了以盐商灶民为救助主体的民间粮食储藏系统，雍正帝亲自定其名曰'盐义仓'"。根据"民捐民管"的原则，盐义仓基本由盐商出资兴建和管理，"年底将粮食收支及储藏情况，造册呈报所在地的巡盐御史，接受其监督和检查。每年青黄不接之时，盐义仓按'存七粜三'之例，出陈易新，或于米贵之时，开仓减价粜粮，以平抑市场粮价。"（参见陈桦、刘宗志：《救灾与济贫：中国封建时代的社会救助活动（1750—1911）》，中国人民大学出版社2005年版，第125—127页。）再如：盐业行会的捐助是清代民间慈善组织（如杭州"善举联合体"）的重要财政来源，甚至一度是最主要的财政来源；仅在杭州一地，盐商对善会善堂的捐助数额每年可达数十万两。（参见夫马进：《中国善会善堂史研究》，伍跃等译，商务印书馆2005年版，第485—489页。）

③ 参见陈焕章：《孔门理财学》，韩华译，中华书局2010年版，第350页。

第二编
宪法社会权的探索

绪　　论

在思想史和制度史上，"社会福利"都与"治国"或"安邦"相关联，在法制化的过程中，其上升为了宪法社会权利。近代以来中国在寻求富强的过程中逐渐搭建的器物与制度文明，并非零散、徒劳的现代化努力，而是在新的治国理念指导下建构现代国家的世纪转型。① 近代中国的社会福利立法，就是这个世纪转型中的一个具体而微的努力。

张君劢等人将社会权的引入视为 20 世纪宪法的新范式。在近代中国宪法史中，社会权的争议背后是对国家定位与发展道路的选择。决定现代福利国家建构的关键因素，除了一国现实的财政基础，还有该国的政治文化传统与官僚体制的动员能力。传统中国与普鲁士以来的德国都较早建立了完备的官僚体制，中德两国在政治文化上有国家主导社会福利事业的传统。亦因此，近代中国以儒家大同与仁政思想为基础，结合西方最新的社会权利理念，通过部分移植欧美社会立法来建构政府主导的现代福利国家。

落到更为具体的法律条款上，怎样设计社会权条款、社会权利与其他权利之间有怎样的关系、社会权利与宪法之间的关系都是先贤们需要考量之问题。孙中山提倡的平均地权和节制资本，既与西方社会思想家的理论相呼应，也与中国传统的均田制和盐业专卖制度相契合。中国传统文化中的"大同"理想与民生主义相结合，影响了宪法中社会权的制定。从 1922 年的《宪法草案》到 1946 年的《中华民国宪法》，社会福利权逐渐被纳入近代中国宪法。至 1946 年，《中华民国宪法》设立"基本国策"章节将社会权与自由权区分开来，避免了因财政现实而无法完全落实社会权引发的尴尬，既维护了宪法的权威，也体现了政府落实社会权的政治责任，在处理宪法社会权与自由权的冲突、刚性宪法与柔性权利的矛盾方面，探索出了一条独具特色的道路。近代中国社会立法在救济模式、救济理念与救济

---

① 参见斯蒂芬·哈尔西：《追寻富强：中国现代国家的建构 1850—1949》，赵莹译，中信出版社 2018 年版。

范围三方面实现了重大变革：社会福利由消极的临时性赈济变为积极的常态化救济，由上位者单方面的"恩赐"转变为国家的责任与人民的权利；社会立法在传统公法与私法的"中间地带"蓬勃发展，涵盖了现代社会生活的方方面面，有可能实现所谓全时、全民、全盘的社会救济，而社会福利权也最终上升为宪法位阶的权利。

第五章　近代中国宪法史上的社会法治国建设
——从社会国与法治国的关系切入

"社会主义法治国家"作为现行宪法的国家建设目标，存在结构性的内在张力。具体而言，社会国以实现社会平衡为内核，要求通过国家干预消除人与人的不合理差别，从而维系人的社会性共存；法治国则以个人主体性为内核，着重强调了对于国家权力的限制，以期推动个体人格的自由发展。[①]在国家干预与个人自由之间，如何通过法治框架建设社会主义成为亟待我国宪法学界解决的问题。

这一问题既非中国所独有，也非当下才形成。事实上，作为法治国概念的源头，自魏玛宪法首次将社会国原则引入宪法秩序时，就已经出现类似社会国与法治国之间能否融贯的问题，并在德国学界促成了两种对立的观点。一方面，部分学者持"根本否定说"的立场，质疑社会国原则入宪的正当性基础，认为其与传统的法治国原则分处事实与规范两个维度，无法在同一宪法规范体系中实现调和，因此从根本上否定了"社会法治国"概念。例如，魏玛时期的国家法学者特里佩（Heinrich Triepel）曾指出，"对于社会国的追求无疑将构成对法治国的限制与束缚"，他甚至认为，以社会国为国家建设目标将使国家最终沦为国家社会主义统辖下的所谓法治国。[②]另一方面，也有不少学者持"完全融贯说"的立场，他们肯定社会国的规范性，认为它与法治国之间可以在宪法秩序中实现兼容。由此，社会国也应当以社会法治国的形式实现自身的建构。例如，阿本德罗特（Abendroth）就认为，社会国原则具备法治意涵，并强调应当通过社会权的体系化推动社会法治国的建构。[③]

[①] 参见姜秉曦：《共同富裕与法治——宪法"社会主义法治国家"条款的融贯解释》，《法治社会》2022年第3期，第59页。

[②] VVDStRL 7 (1931), S. 197.

[③] VVDStRL 12 (1953), S. 85ff.

不可否认，上述两种观点在一定程度上反映了社会国与法治国之间的关系特征，但也都存在一定的片面性。一方面，在魏玛宪法与二战后德国《基本法》明文规定社会国原则的背景下，"根本否定说"的解释力愈显不足。随着"社会国"原则入宪逐渐成为20世纪各国制宪的时代潮流，法国、意大利、西班牙等一众欧陆国家也相继在本国宪法中规定社会国原则，①一味否定社会国的宪法意义显然有害于宪法自身的权威。另一方面，"完全融贯说"忽视了社会国不同于法治国的特殊性。正如前文所言，社会国以实现社会平衡为目标，往往以限制部分个人特别是经济强者的自由与财产为前提，与法治国的自由主义底色存在内在张力，即使通过宪法社会权的规定也难以彻底实现两者的兼容。②

不同于欧陆学者在"根本否定说"与"完全融贯说"之间来回摇摆，近代中国的制宪先贤们在面对宪法的社会化潮流时，并未亦步亦趋他人经验，而是基于我国的历史与国情，创造性地提出了一条既承认社会国与法治国的内在张力，又保证在法治国的形式框架内建设社会国的道路，即将宪法社会国条款规定为"基本国策"，实现社会国条款的"柔性化"，从而最大限度地调和社会国与法治国关系的社会法治国建设道路。这一道路在借鉴欧陆最新研究成果的同时，根植于中国的文化传统与民国的制宪实践。梳理并反思"社会法治国"传入我国且成为近代中国宪法中国家建设目标的历史过程，或将为我们思考当下的社会主义法治国家建设与共同富裕法治保障提供一个独特的视角。

一、法治国概念的自由主义底色

"法治国"对应于德国公法中的"Rechtsstaat"，属于典型的德语造词（deutsche Wortprägung）。它形成于18世纪末19世纪初，是理性自然法影响下以维护个人自由发展为内核的"国家类型"（Staatsgattung）而非特定的"国家形式"（Staatsform），③具体来说就是"特定政体所要追求的目标、

---

① 参见李济时：《"社会国家"理念与西方世界的社会主义因素》，《人民论坛·学术前沿》2021年第8期，第49—50页。

② 参见聂鑫：《"刚柔相济"：近代中国制宪史上的社会权规定》，《政法论坛》2016年第4期，第55页。

③ Ernst-Wolfgang Böckenförde, Entstehung und Wandel des Rechtsstaatsbegriffs, in: ders., *Staat, Gesellschaft, Freiheit (2. Aufl.),* Suhrkamp, 2016, S. 65.

保护的价值、前进的方向"。① 根据日本著名宪法学家高田敏教授的考证，最早以汉字译出"Rechtsstaat"的学者系明治时期的日本学者木下周一。他在1882年翻译舒尔茨（Gerhart von Schulze-Gavernitz）的《国权论》时，不再沿用加藤弘之以来的假名音译，而是选择将该德语语词翻译为汉字的"法治国"，至迟在1889年明治宪法颁布期间，这一译法获得日本学界的公认，成为日本宪法学的基本概念。②

关于"法治国"一词首次传入中国的时间与场合，国内学界尚无定论。不过，根据笔者的梳理，该词至迟于1902年便已随着"清末新政"对于德日法政知识的引进，被辗转介绍至我国。同年，梁启超所主办的《新民丛报》发表了多篇使用法治国语词的论作。例如，此年4月，梁氏在其《论中国学术思想变迁之大势》一文中借用"法治国"评价管仲在齐国的改革，指出："管仲借官山府海之利，定霸中原，锐意整顿内治，使成一'法治国'（Rechtsstaat）之形。"③ 同年12月，佩弦生所作的《欧美各国立宪史论》初步对法治国概念作出界定，指出："夫法治国者……令典宪章勒之册府，举一国之君臣上下，齐而纳之规律之中，虽有暴君污吏，亦缚于规条，怵然不敢犯天下之不韪。"④

当然，在法治国概念移植之初，国内学界对其性质与构造的认知相对模糊，甚至出现了根本上的分歧与矛盾。例如，梁启超就认为，法治国只是形式上法律体系完备的国家，并不问国家专制与否。⑤ 与之相对，汉驹强调，不是所有依法而治的国家都可归入法治国范畴，作为欧美的立国基础，法治国的实体在于法律神圣，而其目标在于保障人民之自由与幸福，所以应当被界定为以自由保障为依归的立宪国。⑥ 随着国内学界在继受德日宪法学理论方面的逐渐深入，两种观点的针锋相对最终以梁启超对于"昨日之我"的否定告终。在《晚岁读书录》中，他将立宪国与法治国相等同，否定了自己曾经提出的"只要国家有法即为法治国"的观点。⑦ 盖此种观点混淆了本

---

① 刘刚：《德国"法治国"的历史由来》，《交大法学》2014年第4期，第14页。
② 高田敏『法治国家観の展開——法治主義の普遍化の近代化と現代化』、有斐閣、2013年，王涛译，第352—356页。
③ 中国之新民：《论中国学术思想变迁之大势》，《新民丛报》1902年第5号，第62页。
④ 佩弦生：《欧美各国立宪史论》，《新民丛报》1902年第23号，第19—20页。
⑤ 参见中国之新民：《斯巴达小志》，《新民丛报》1902年第12号，第29页。
⑥ 参见汉驹：《新政府之建设》，《江苏》1903年第5期，第28页。
⑦ 梁启超在该文中指出："近世之立宪国，学者亦称之为法治国。吾国人慕其名，津津然道之。"梁启超：《晚岁读书录》，载梁启超：《饮冰室文集点校》，吴松等点校，云南教育出版社2001年版，第23—25页。

处对立状态的法治国与专制国概念,其危害不言自明。诚如留日学者刘世长所批评的那样:"斯法律有万能力治者,适用之,被治者既毋敢抗违之,是之谓法治国。信如斯言,则无古无今,无中无外,苟有国,必有法,以法治国,即可称为法治国……不知仅以法治国,正如老子所谓法令滋彰,盗贼多有……"① 此后,中国宪法学界在汉驹的法治国观念的基础上,围绕个人自由保障,凝聚形成关于法治国概念的基本共识。民国时期的大律师刘陆民在一篇综述中明确指出:"今日一般人所愿求之法治国","系限制统治为目的,使归于个人的权利保护与自由伸张"的国家,而非"以法律为统治标准的国家"。② 质言之,法治国是以实现个人自由为内核的国家目的。

1912年以后,随着革命告成、民国肇造,中国"以数千年之老大帝国,一跃而为东亚第一共和国,使全国五大族、四百兆人,成一大团体,同享自由之幸福、平等之权利"。③ 在此背景下,以个人自由保障为依归的法治国概念不再局限于学术共识方面,更作为一种常识而"为全国上下所公认"。④ 由是之故,一方面,熊希龄、袁世凯、张东荪等官方要人与社会贤达均极力主张将法治国设定为民国国家建设的基本目标,⑤ 另一方面,法治国也成为指导和评价民国制宪的重要尺度。例如,宪法起草委员会于1913年10月31日拟定并通过的《中华民国宪法草案》(以下简称《天坛宪草》),就在《中华民国临时约法》的基础上,以法治国精神为指导,完善了对于人民权利的保障。《宪法草案说明书》关于"国民"一章的说明从一开始就指明了这一点:"法治国之要义在使全国人民同等受保护于法律之下而各守其分际,而宪法则为之保证也。故宪法之为用,一以防少数之专制,一以保国民之自由者,即各守其分际之谓也。"⑥ 时任中华民国宪法顾问、霍普金斯大学政治学教授韦罗壁(W. W. Willoughby)在对《天坛宪草》进行评述时也指出:"读天坛宪草全案,见其第三章列入人权以法律保障之,而知诸子有使中国建设法治国之决心。"⑦ 除了上述总体性的说明之外,法治国

---

① 刘世长:《中华新法治国论》,中华书局1917年版,第1页。
② 刘陆民:《法治国思想之演变及吾人对新法治国应有之认识》,《中华法学会杂志》1937年第7期,第59页以下。
③ 《共和罪言》,《大公报》1912年3月2日,第1版。
④ 张东荪:《法治国论》,《庸言》1913年第24期,第1页。
⑤ 参见《新总理与国会之接洽》,《申报》1913年9月3日,第3版;《大总统莅任宣言书》,《大公报》1913年10月11日,第2版;张东荪:《法治国论》《庸言》1913年第24期,第1—13页。
⑥ 国宪起草委员会事务处:《草宪便览》,1925年版,第464页。
⑦ 韦罗壁:《天坛宪草论》上,载韦罗壁、韦罗贝:《中华宪法评议》,万兆芝译述,上海中华书局1919年版,第31页。

概念也被用于论证具体的基本权利保障。例如，宪法起草委员朱兆莘在论证人身自由保障为何应参照英国的保护状制度时，曾提出："英国为立宪国鼻祖，早成为完全法治国，而保护状之制至今着于法律。吾国官员滥用法权，蹂躏人民身体自由不遗余力，起草员按照国情将保护状之制规定于宪法条文之中，具有深意。"①

总而言之，从晚清到民国，法治国逐渐从一个经由日本转译的移植概念内化为中国宪法学的基本概念，并对我国早期的制宪实践产生了深远影响。综合当时的通说，近代中国宪法中的法治国概念应当被定位在实现个人自由的国家目的之上。具体而言，它建基于个人主义与自由主义，②旨在通过维持法律来"保障人民的财产、生命、自由的安全"，③并要求"国家对于人民，非依据既存的法律便不能有任何举措"。④

二、社会国概念的社会正义本质

"社会国"对应于德国公法中的"Sozialsstaat"概念。它出现于19世纪下半叶。彼时，第二次工业革命开启，垄断资本主义出现，人与人之间的贫富差距进一步拉大，引发了波澜壮阔的工人运动。这一历史进程在施泰因（L. V. Stein）的社会学说中被清晰地展示出来。为了解决这一人类的历史性难题，施泰因提出了社会国学说，旨在建立一个能在社会经济方面适度干预、保障分配适当的国家，以防止社会不公，实现社会平衡，维护社会正义，扶助社会弱者，从而确保实质的个人自由和法律平等。⑤根据德国社会法学家察赫（Hans Zacher）教授的考察，社会国概念中的"社会"词根体现了对不合理、不平等生活条件的批判，以及将这种不平等向"更平等的"方向的修正。⑥

前述社会国思想最早是通过行政法中的"济贫制度"而被引入中国的。

---

① 吴宗慈：《中华民国宪法史》，于明等点校，法律出版社2013年版，第213页。
② 参见刘陆民：《法治国思想之演变及吾人对新法治国应有之认识》，《中华法学会杂志》1937年第7期，第59页。
③ 萨孟武：《政治学与比较宪法》，商务印书馆1936年版，第15页。
④ 王世杰、钱端升：《比较宪法》上册，商务印书馆1936年版，第50页。
⑤ Ernst-Wolfgang Böckenförde, Entstehung und Wandel des Rechtsstaatsbegriffs, S. 76-77.
⑥ 参见汉斯·察赫：《福利社会的欧洲设计：察赫社会法文集》，刘冬梅、杨一凡译，北京大学出版社2014年版，第17页。

早在1902年，由冯自由翻译出版的德国政治学家那特硁（Karl Rathgen）的《政治学》下卷中就设有"施济贫民"专章，系统介绍了英国、德国与法国的济贫制度及相关立法、政策，指出彼时欧陆国家承担了一定的社会保障义务。① 在此基础上，1913年被引介至国内的法国宪法学巨著《法国宪政通诠》进一步将社会国思想引入了宪法学。在该书中，法国著名宪法学家狄骥强调，以抽象的个人自由为内核的法治国概念"以其蹈于高尚之理论，而不合于实际也"。因此，他根据社会连带理论对法治国概念进行了重塑，将法律对于国家的拘束力定位在"社会上的相互关系"上，要求立法机关不得制定"违反社会上相互关系或使社会上相互关系不得扩张之法律"，从而使法治国家的关注点从原子式的个人转向了社会。②

通过前述梳理可知，社会国思想与法治国概念几乎是同时被介绍到中国的。不过，由于清末民初之际，中国资本主义尚不发达，社会贫富矛盾也不如君主专制压迫尖锐，因此，相较于保障个人自由的法治国而言，追求社会平衡的社会国思想只产生了零星的影响，并不占据主流。直到一战后期，俄国与德国相继爆发的社会革命才真正对中国宪法学产生冲击。1919年，陪同梁启超、丁文江在欧洲考察的张君劢目睹了"十月革命"和"十一月革命"后苏俄与德国的社会现状，随即撰文向国内介绍相关经过，并着重就两国新制定的宪法做了一番文本上的考察。③ 根据他的阐述，苏俄宪法与魏玛宪法分别受社会主义与社会国思想的影响，在维护传统个人自由的同时，专门在生计生活等方面作出了大量符合社会主义精神的规定，从而较大程度地扭转了国家的目标，开创了20世纪世界宪法的最新范式。④ 正是在这一背景下，流行于德国的社会国学说开始大举进入中国。1927年，毕业于日本明治大学的赵韵逸（赵琛）即从社会国的角度对魏玛宪法加以分析。根据其中对于私有财产、契约自由、继承自由的限制及有关劳动问题的规定，他指出，魏玛宪法已逐渐"舍弃从来之个人本位的法治国主义的法律观，树立以国家或社会为本位的文化国（Kultur-staat）或社会国（Sozialstaat）的法律观"。⑤ 到1930年代，同样曾留学于明治大学的汤怡发表了《法治国与社会国》一文，在学理意义上完成了对警察国、法治国与

---

① 那特硁：《政治学》下卷，广智书局1902年版，第39—80页。
② 参见狄骥：《法国宪政通诠》，唐树森译，神州编译社1913年版，第35—44页。
③ 参见《俄罗斯苏维埃联邦共和国宪法全文》，君济译，《解放与改造》1919年第6期，第25—42页；张君劢：《新德国社会民主政象记》，商务印书馆1922年版，第120—165页。
④ 君劢：《德国新社会共和宪法评》，《解放与改造》1920年第11期，第4—12页。
⑤ 赵韵逸：《德国新宪法之一考察》，《东方杂志》1927年第24期，第26页。

社会国的类型化建构，并确立了三者在历史上的递进关系。①

从 1920 年代开始，社会国作为法治国的进化方向，逐渐为国内学界所接纳，并对我国的制宪实践产生了深远影响。据笔者梳理，近代中国将社会国精神纳入宪法的努力较早，始于 1922 年"国是会议"宪法草案。当时，无论是张君劢提出的"甲种草案"抑或章太炎提出的"乙种草案"，都无一例外地用专章规定了"国民之教育与生计"，"具体包括规定专款以促进教育文化之发展，用税收等手段实现社会财富再分配、并限制土地所有权，以保障普通人民之生计"。②同年，北京政府的制宪机关吸收了"国是宪草"的建议，拟在《中华民国宪法草案》中增加"生计""教育"两章。尽管由于草案通过时间紧迫等原因，这两章内容最终未规定于 1923 年通过的《中华民国宪法》，③但此后民国时期历部宪法的起草与制定再未舍弃经济、教育等课予国家干预义务以实现社会平等、社会正义的内容。④

综上所述，一战后，受苏俄与德国社会革命的影响，社会国概念逐渐取代法治国概念，成为近代中国宪法中国家建设的重要目标。在当时的宪法学语境以及制宪实践中，社会国概念通常被解释为法治国的延续与进化。诚如汤怡所言："法治国之观念，为反抗国权之不当干涉与保证个人之自由平等者，但元来自由与平等为势难两立之观念……然不平等愈甚以至发生社会的种种罪恶，所以纯粹的法治国以至逐渐进化到社会国。所谓社会国者，不保护各人经济上之自由与自身，仅于调和社会的利益之限度内保证之。"⑤结合彼时的通说，宪法学中的社会国在内涵上主要包括对于资本与地权的限制、对于经济弱者的集团监护以及公共事业的独占性公营等等。⑥总之，社会国的提出旨在纠正传统法治国对于个人自由的过度关注，要求国家站在社会主义的立场，在文化与经济等领域积极改造人民的生活，使"私人资本不至操纵国民生计，全国人民均得享受人类价值的生活"。⑦

---

① 参见汤怡：《法治国与社会国（一）》，《法律评论》1930 年第 6 期，第 38 页。
② 聂鑫：《"刚柔相济"：近代中国制宪史上的社会权规定》，《政法论坛》2016 年第 4 期，第 55 页。
③ 参见吴宗慈：《中华民国宪法史》，于明等点校，法律出版社 2013 年版，第 1019 页以下。
④ 例如 1931 年《中华民国训政时期约法》分别将第 5 章与第 6 章规定为"国民生计"与"国民教育"；1936 年《中华民国宪法草案》（"五五宪草"）分别在其第 6 章与第 7 章规定了国民经济与教育；1946 年《中华民国宪法》第 13 章"基本国策"中，亦对国民经济、社会安全、教育文化等内容做出了规定。
⑤ 汤怡：《法治国与社会国（二）》，《法律评论》1930 年第 7 期，第 20 页。
⑥ 参见马君硕：《中国行政法总论》，商务印书馆 1947 年版，第 42 页。
⑦ 参见萨孟武：《政治学与比较宪法》，商务印书馆 1936 年版，第 14—17 页。

三、社会法治国概念的形成及其正当性

在近代中国宪法史中，法治国与社会国分别代表 1920 年代前后中国国家建设的目标与方向。在此之前，以自由主义为底色，以规范国家权力、保障个人自由为旨趣的法治国概念代表了国家建设的主流目标。在此之后，以社会主义为底色，以扩张国家干预、最低限度实现人的尊严与社会性共存的社会国概念逐渐取代了传统法治国的主流地位。

根据社会国与法治国二元结合的语义结构，不难发现，近代中国宪法学者所提出的社会法治国概念并未跳出同时期德国学说的窠臼，仍须面临如何处理社会国与法治国之间内在张力的问题。不过，即使如此，当时的制宪先贤们仍坚定地选择将社会法治国作为我国宪法文本中的现代国家建设目标。个中缘由显然无法仅从欧美宪法理论的移植与借鉴中得到充分的解释。在很大程度上，中国的历史文化传统与制宪的实践需求才是促使制宪先贤们作出这一政治决断的关键因素。一方面，我国传统的"大同"理想从社会国的维度赋予了社会法治国建设以历史正当性；另一方面，对于专制独裁的警惕又使得法治在我国的社会国建设中不可或缺，从而在法治国的维度赋予了社会法治国建设以实践正当性。以上两方面共同奠定了近代中国宪法关于社会法治国建设的正当性基础。

（一）社会法治国概念的形成与界定

"社会法治国"一词本非我国所固有，而是移植自德国公法学传统中的"sozialer Rechtsstaat"。据沃尔夫（Rainer Wolf）的考证，该语词最早出现于施耐德（Piloty-Schneider）在 1921 年出版的《行政法大纲》（*Grundriß des Verwaltungsrechts*）。① 当然，作为宪法学基本概念的社会法治国最终形成于 1930 年，由德国著名公法学家赫尔曼·黑勒（Hermann Heller）在《法治国或独裁？》（*Rechtsstaat oder Diktatur?*）一书中提出。根据通说，它特指依照法治国原则课予国家在实现社会平衡、社会安全、促进经济与生存保障等方面的广泛责任，以实现人与人之间的社会性共存。② 这一概念

---

① Rainer Wolf, Hermann Heller, *Kritische Justiz*, 1993, 26（4）, S. 501.

② Hesse, *Grundzüge des Verfassungsrechts der Bundesrepublik Deutschland (20 Aufl.)*, C. F. Müller, 1999, S. 209-215.

在结构上由"社会国"(Sozialstaat)与"法治国"(Rechtsstaat)二词共同构成，系 20 世纪以来传统自由法治国社会化转型的产物。

作为法治国概念的进化，当时的宪法学界主要在以下两个层面使用社会国概念：其一，外在于法治国的社会国，是不以法秩序尤其是宪法秩序为建设前提或框架，而以革命破坏产业之根本组织，废止私有财产制度为依归的社会国概念。彼时，共产主义道路下建立的社会主义国家往往被归入这一类型的社会国范畴。其二，内在于法治国的社会国，即没有脱离法治主义，旨在通过宪法秩序促进社会福利的社会国概念。在张君劢看来，魏玛宪法便是在这一层面塑造社会国形象。[①] 在前述的二分法中，国内多数学者主要从第二个层面理解社会国概念。例如，赵韵逸认为社会国本身就属于一种法律观，[②] 马君硕也曾指出，社会国"并非根本放弃法治主义，不过略加修正或限制而已"。[③] 而林纪东更为明确地强调，"法治国与社会国皆以法为治，社会国并未离开法治主义"。[④] 依循这一意义脉络，刘陆民将社会国称作"新法治国"或"社会主义的法治国家"。[⑤] 这一提法与同时期施耐德、黑勒等人在德国公法学中提出的"社会法治国"不谋而合。

在这一意义脉络中，1920 年代以来我国宪法理论所主张的社会国建设目标，最终落脚于社会法治国。作为社会国的子概念，社会法治国在语义结构上以法治国为形式基础，以社会国为价值内核，同时兼具两者的特征，旨在将"个人主义与社会主义一炉共冶"。[⑥] 一方面，法治国赋予社会法治国以自由与形式属性，要求社会国建设必须在宪法秩序的辐射范围内，不得存在毫无限制的、不受约束的、缺乏固定形式的社会保障领域；另一方面，社会国又赋予社会法治国以平等价值，确立了社会平衡在法治国建设中的价值基础与核心内容的地位，以维系人与人的社会性共存。

（二）社会法治国建设的历史正当性

从社会国的维度来看，近代中国宪法学之所以将社会法治国确立为国家建设目标，并非欧洲社会革命与社会国学说单方面影响的结果。如果仅

---

① 参见黄葆荷：《社会政策的理论与实施》，《东方公论》第 72 期（1932 年），第 9 页。
② 参见赵韵逸：《德国新宪法之一考察》，《东方杂志》第 24 期（1924 年），第 26 页。
③ 马君硕：《中国行政法总论》，商务印书馆 1947 年版，第 42 页。
④ 林纪东编著：《中国行政法总论》，正中书局 1946 年版，第 13 页。
⑤ 刘陆民：《法治国思想之演变及吾人对新法治国应有之认识》，《中华法学会杂志》第 7 期（1937 年），第 67 页；刘陆民：《三民主义的立法原理》，太平洋书店 1929 年版，第 7 页。
⑥ 陈茹玄：《增订中华民国宪法史》，世界书局 1947 年版，第 152 页。

就学说移植而言，当时的宪法学界其实不乏否定社会国建设的呼声。比如，有学者就认为，"社会主义运动未必遂为不可抗力之潮流"，尤其是在我国"工商未盛，无大资本家，无大工场，无多数集聚工作之劳动者……不如欧美各国劳动问题之急切"，当务之急反而是鼓励竞争，振兴商业。^①但在中国，社会国思想的根源其实远不止于欧美学说。

诚如林长民在1922年宪法起草委员会提案增加生计章的理由中所指出的，尽管视"德宪为本法案之渊源固无不可"，但是"国民生计本为吾国古来政治学说之所置重"，并与社会国之精神不谋而合。^②换言之，中国所建设的社会国并非一个"全盘西化"的国家形象，其背后所根植的是中国文化传统中"不患寡而患不均""有恒产者有恒心"等财富观，是"发政施仁""必先富民"的治国之道，也是天下为公的"大同"理想。^③对此，张君劢在其《国宪议》中同样强调了社会国建设的本土背景，认为西方近代社会主义思潮并非新说："孔子已先今日之社会党而言之矣"，"《礼运》大同之论，《论语》不患寡而患不均之言，乃吾国文明之精粹，建国之根本也"。^④不仅如此，孙中山为保障"社会生存、人民生活及国民生计"而提出的以"平均地权、节制资本"为内核的民生主义，也从另一个层面为近代中国的社会国建设提供了本土的理论支撑。尤其是在1927年南京国民政府成立后，随着国民党当局将三民主义奉为指导思想，保护农工，抚恤老弱等一切直接维持民生之规定一直为制宪者所观照。^⑤

1921年以后，得益于中国共产党的成立，以及国民党"联俄、联共、扶助工农"三大政策的影响，社会主义思潮与工人运动在国内此起彼伏，近代中国的社会现实也进一步提出了缓和国内阶级矛盾、维护社会公平正义的需要。根据章渊若的提示，19世纪二三十年代我国政论界对于国家建设的批评虽集中于代议制的虚伪性、认为议会的内耗与腐败是中国混乱的根源，^⑥却"殊不知代议政治之所以虚伪，其症结乃在不知于经济上以求政治

---

① 参见吴宗慈：《中华民国宪法史》，于明等点校，法律出版社2013年版，第1022—1023页。
② 同上书，第1021页。
③ 同上；参见聂鑫：《"刚柔相济"：近代中国制宪史上的社会权规定》，《政法论坛》2016年第4期，第56页。
④ 张君劢：《国宪议》，时事新报馆1922年版，第107、117页。
⑤ 参见张知本：《中华民国宪法起草意见》，《东方杂志》第30卷第21号（1933年），第10页。
⑥ 关于代议制度之衰颓，参见程树德：《宪法历史及比较研究》，朝阳学院出版部1933年版，第44—50页。

问题之解决，不知于经济平等的基础上，确立现代社会之正义"。①至于前述所谓工商未盛等理由，虽有一定的现实合理性，但从另一方面来说，在资本主义发展之初就着手推动社会国建设未必不算是未雨绸缪。正如吴经熊所言："与其走上资本主义的路线，造成未来阶级斗争的惨剧，倒不如慎之于始，避免走这种不必走的路。"②

综合以上种种理由，不难发现，在社会国维度，近代中国的社会法治国建设虽是在域外的影响中逐渐形成，但在根本上仍扎根于我国传统的文化土壤，并非单纯移植西方理论、顺应社会化时代潮流的结果，实有其内在的历史正当性。

（三）社会法治国建设的实践正当性

根据社会国概念的二分，社会国可资借鉴的建设道路主要有二：其一，苏俄通过革命建立苏维埃政权的道路。其二，德国通过法治框架建立社会法治国的道路。其中，前者主张以阶级革命的方式，在法秩序之外完成社会国的建设，被认为是一种社会主义的道路，后者则是在法秩序框架内以国家权力限制自由竞争与私有财产之特点范围，也被称为社会改良主义的道路。③当时的不少政治、法律学者如张君劢主张走第二条道路。

不仅如此，正如刘陆民所清楚地认识到的，苏俄的社会主义建设走的还是法治国道路，即"社会主义的法治国家"道路。④在他看来，俄罗斯于1917年建立苏维埃社会主义国家之后，便重新回归到了常态法治，通过制定"充满社会主义精神"的宪法，在土地、森林、地下财货、河川、家畜、农场的国有化，不劳动者不得食原则以及苏维埃组织的规定中，确立了国家的社会主义目标，并由此开创了"社会主义立法之先河"。⑤即使张君劢也承认，德国1919年制定的魏玛宪法直接受到了1918年《苏俄宪法》的影响。他在《德国新共和宪法评》中明确提道："政府及威玛之国民议会屈于民意，始有承认苏维埃之宣言，追加宪法草案条文，即今百六十五条是也。"⑥于是，在1930年代后，中国宪法学界对于苏俄宪法的研究在整体上

---

① 章渊若：《现代宪法之社会化》，《法学杂志（上海）》1932年第6期，第12页。
② 吴经熊：《法律哲学研究》，清华大学出版社2005年版，第133页。
③ 参见黄葆荷：《社会政策的理论与实施》，《东方公论》第72期（1932年），第9页。
④ 参见刘陆民：《三民主义的立法原理》，太平洋书店1929年版，第7页。
⑤ 同上书，第7—8页。
⑥ 君劢：《德国新共和宪法评》，《解放与改造》1920年第11期，第9页。相关论证还可参见韩大元：《苏俄宪法在中国的传播及其当代意义》，《法学研究》2018年第5期，第205页。

剥离了意识形态的因素，逐渐实现了"宪法学化"，强调通过实施宪法贯彻社会主义价值、建设社会主义国家。①

由此可见，苏俄与德国在社会国建设的道路选择上实为殊途同归，它们都主张通过立宪，在宪法的框架下谋求全社会对于社会正义的共识，在法治国的维度赋予了社会法治国建设以实践正当性。

四、社会法治国建设的方案选择

随着社会法治国被明确证立为我国宪法学中现代国家建设的正当目标，如何在法治国框架内实现社会国建设成为制宪先贤们下一步需要解决的问题。根据实现方式的差异，尤其是对于社会国与法治国内在张力的不同理解，近代中国在制宪实践中出现了关于社会法治国建设的两种方案，分别为"社会权"方案与"基本国策"方案。

（一）"社会权"方案之不可行

"社会权"方案，即通过社会权的入宪，将社会国所追求的社会平衡具体化为各项主观的社会基本权，并以法治国的基本权利保障方案套用其中，使个人得以基于社会权的保护不足向国家寻求给付。

这一方案以魏玛宪法为榜样，旨在从个人权利保障的角度落实社会国建设，试图以"权利"为中介，将社会国与法治国有效地衔接在一起。其背后的理论立场与阿本德罗特等人提出的完全融贯说相一致。在当时，社会权概念广泛涵括了"人在现代社会中所应有的权利"，包括生存权、劳动权、劳动全收权，以及男女平等权、人种平等权、教育机会均等权等。② 伍启元认为："以民生主义为基础的宪法，必须在'人民权利'一章，加入生存权、生活权、受教育权，以及其他符合民生主义的权利义务。"③

但是，学界在一开始并没有注意到，社会权本质上属于一种完全不同于自由权的权利结构。对社会权而言，"当它们被形成、尊重与保障时，并不会由此就成为现实，因为其所包含的社会性内容需要国家通过作为的方

---

① 参见韩大元：《苏俄宪法在中国的传播及其当代意义》，《法学研究》2018年第5期，第196页。

② 参见杨文：《现代宪法与"社会权"问题》，《大学（成都）》1944年第2期，第18—19页。

③ 伍启元：《宪政与经济》，正中书局1945年版，第66—67页。

式来实现","而国家为了实现这些社会性内容所需要的前提条件是有代价的,常常会引起对于他人自由权的妨碍或侵犯"。[1]因此,社会权难以作为一种直接的、可以获得司法保障的主观权利而被证立。如果在宪法规范体系中大量规定作为主观权利的社会权,那么立法机关应当依照公民的请求积极创设社会福利法律制度,实现宪法社会权,其结果要么是国家财政不堪重负,社会上的经济强者承担极大负担,要么导致立法不作为或不充分作为,进而损害宪法权威。[2]对此,以希腊为代表的部分西方国家在后续社会福利发展实践中的惨痛教训也反复证明,单纯用赋予社会权的方式来讨好民众的社会保障方案,带来的很可能不是社会正义,而是效率低下、增长停滞、通货膨胀及收入分配的最终恶化。[3]

综上,"社会权"方案旨在通过对社会权的主观权利定位,从积极自由的角度重构法治国对于个人自由的保障,以达成调和社会国与法治国关系的目标。但理论与事实都证明,这一方案并未真正参透社会法治国内在张力的症结所在,反而导致法治国自由保障内核的消解,不仅难以实现社会正义的目标,还可能陷入平均主义的陷阱。加之,根据中国的社会现实,通过宪法保障人民自由、限制政府对于人民基本权利的侵害,仍为当时有识之士的共识,因此,虽然"社会权"方案在学术上有一定的影响力,但未对近代中国的制宪实践产生重大影响。[4]无论是国是会议宪草、五五宪草抑或1946年通过的《中华民国宪法》,制宪先贤们均未遵循魏玛宪法的先例,以社会权的外观在"基本权利章"对社会国条款作出规定,而是选择以专章的方式将相关条款规定于"生计""教育""国民生计""国民教育""基本国策"等章。

(二)"基本国策"方案的提出及其展开

国是会议宪草以来,近代中国的制宪实践往往在"基本权利"章外规定社会国建设内容,以明确标示其"基本国策"属性。尤其是在1946年《中华民国宪法》的制定中,制宪先贤们将社会国的相关内容明确规定于新设立的"基本国策"一章。其中,第3节"国民经济"、第4节"社会安全"、第5节"教育文化"与第6节"边疆地区",共28条均与社会国原则

---

[1] Hesse, *Grundzüge des Verfassungsrechts der Bundesrepublik Deutschland (20 Aufl.)*, S. 91.
[2] 参见刘馨宇:《宪法社会权性质的教义学探析》,《中外法学》2022年第3期,第794页。
[3] 参见王堃:《社会福利保障的宪法路径选择》,《政治与法律》2020年第4期,第69—70页。
[4] 参见聂鑫:《"刚柔相济":近代中国制宪史上的社会权规定》,《政法论坛》2016年第4期,第58页。

有关。例如,"国民经济"节就明确规定,国民经济应以民生主义为基本原则,实施平均地权、节制资本,谋国计民生之均足;"社会安全"节更是直接引进了二战后欧洲工业民主国家的社会福利制度,如德国的充分就业与社会保险,英国、瑞典的国民健康服务,等等。[1]

不少学者认为,1946年宪法第13章"基本国策"是其中最富特色的一部分,"为世界各国宪法开一先例"。[2]根据通说,该章"将国家之经济、财政、军事、国防、教育、外交等大端归纳一处,并分别作重要方针之指示",[3]系"指示立法行政之目标,无强行之性质,如基于环境,一时未能达到目标者,亦不能指为违宪"。[4]质言之,所谓"基本国策"特指"规范国家整体发展的基本方向与原则"。在性质上,它属于一种"方针条款",落入客观法的范畴,既没有强制性的拘束效力,也不包含可对国家直接生效的主观性权利;在结构上,它超越了传统宪法关于基本权利与国家机构的二分,通常也被称为宪法的"第三种结构"。总之,基本国策代表了现代宪法的一种新的规范形态,具有明显的意识形态与价值判断属性,构成了所有国家权力都必须遵循的国家发展指针。[5]

作为"社会权"的替代方案,"基本国策"方案的提出或许受到了同时期逐渐发达的社会连带学说的影响。后者否定了社会权的主观权利属性,认为它只是一种社会职务。章渊若曾指出,"法律之目的,并非为保护或尊重个人主观权利而定。法律之存,乃以社会组织,社会共存的需要,以及实行社会职务所必要的各种原素为基础","社会共存之原素,存乎社会联立之关系中"。[6]在社会连带关系中的权利保障,不应专注于主观方面,而应"首重客观"。[7]具体而言,就是将对于社会的保障更多交由立法机关立法形成,而非通过个人的主观请求。显然,这一将宪法社会权规定于"基本国策"章而非"人民之权利义务"章的做法,使这些规定不具有任何主观权利属性,而全部成为立法机关的基本方针。

根据"基本国策"方案,民国时期社会法治国的体系化建设主要围绕

---

[1] 参见苏永钦主编:《部门宪法》,元照出版公司2006年版,第280页。
[2] 储玉坤:《中国宪法大纲》,中华书局1948年版,第194页;陈新民:《宪法学释论》,三民书局2015年版,第975页。
[3] 陈茹玄:《增订中华民国宪法史》,世界书局1947年版,第267页。
[4] 林纪东:《中华民国宪法逐条释义》第4册,三民书局1993年版,第245页。
[5] 参见陈新民:《宪法学释论》,三民书局2015年版,第975—976页。
[6] 章渊若:《现代宪政论——中国制宪问题》,中华书局1934年版,第204页。
[7] 章渊若:《人民之权利义务》,正中书局1946年版,第38页。

以下三方面展开。首先，该方案拒绝以主观的社会权为主轴搭建社会法治国的建设框架，防止对于个人自由的过度干预，并要求在自由竞争中为个人自主参与社会财富的创造提供有利条件，从而奠定社会福利建设的物质基础。其次，它要求社会国建设中课予国家的所有干预、给付、分配等任务与责任都"具备一定的形式"，且只能在宪法秩序所授权的范围内活动，使之不会突破法治国家在防御国家权力方面的传统内涵。最后，它明确将社会福利制度建设的主导权交付给立法机关，以避免"社会权"方案下权利保障可能发生的无限制扩张及其给国家经济带来的巨大负担，明确了社会保障的力所能及原则，从而确保了社会国建设的可持续。

（三）"基本国策"方案的宪法意义

中国"基本国策"方案的形成，既离不开制宪先贤们在宪法理念上的创造性演绎，更源于他们在制宪实践中经验教训的深刻总结。"基本国策"方案对于中华人民共和国早期的宪法制度也有一定影响力，基于制宪主体与技术的连续性，它相应传导到了现行《宪法》，对全面依法治国背景下我国社会主义法治国家建设构成重要借鉴价值。

相较于其他几种方案，"基本国策"方案认识到了社会国与法治国之间的内在张力本质上是一种对立统一。该方案既不试图以革命之名将社会国排除出法治国的轨道，也不试图在积极自由中实现社会国与法治国的完全融合，而是创造性地将社会国的相关条款解释为"基本国策"，把社会国建设作为政治责任委托给立法机关。"基本国策"方案在赋予社会国以规范性的同时，又维护法治国的自由传统，不仅避免了社会权对于个人自由的过度限制，也保证了将社会国建设纳入法治国框架。

无独有偶，1949年通过的德国《基本法》，在关于社会法治国的建设方面也采取了相似的策略。《基本法》一方面明确放弃了魏玛宪法对于社会权的具体规定，另一方面在第28条中将"社会国"规定为宪法基本原则，从而在国家目标与基本国策的意义上确立了社会法治国的建设方案。[①] 尽管如引言中所指出的，德国宪法学界也有不少学者，或尝试否定社会国原则的宪法地位，在宪法秩序之外提出社会国的建设方案，或试图从社会国原则中解释出作为基本权利的"社会分享权"，进而引入"社会权"方案，但是后来的宪法实践表明，此类观点未能经受宪法实践的考验，反而是构成

---

① 这一规定方式是《基本法》制定过程中，社民党与基民盟相互妥协的结果。参见英格沃·埃布森：《德国〈基本法〉中的社会国家原则》，《法律科学》2012年第1期，第168—169页。

制宪者原初意涵的作为基本国策的社会法治国建设方案在1950年代、1960年代成为通说。正如萧勒（Ulrich Scheuner）教授所言，社会法治国是一项法律原则或方针，代表了将社会融入自由民主价值的道路，旨在通过立法过程实现"对一般平等的强调，对社会弱者的救助，对社会阶层裂痕的衡平"。① 有鉴于此，自1950年代后，在社会法治国理念的指导下，"德国开始了大规模社会立法，通过不断丰富成熟的立法制度和联邦宪法法院对社会国原则的解释和运用，社会法治国已然成为德国法治国的重要面相"。②

通过对比德国《基本法》对于社会法治国的设计与安排，不得不佩服于近代中国制宪先贤们的先见之明。将社会国条款明确规定于"基本国策"章的制宪方案，无论是从理念上，抑或是技术上，均具有一定的开创性与超前性，至少已经不输于同时代的德国以及其他欧美国家。③ 这一"基本国策"方案也对后来中国共产党领导的社会建设产生了一定的影响。例如，1948年通过的《华北人民政府施政方针》（以下简称《施政方针》）就采取了与"基本国策"相似的形式，对政府的社会保障任务作出安排。尤其是经济方面"中农不动两头平"的土地改革方针，"公私兼顾、劳资两利"的工商业发展方针，以及文化教育方面"建立各种正规教育制度"及"继续加强社会教育"等教育方针，在推进华北解放区的社会改革上发挥了重要作用。在《施政方针》的指导下，华北区人民政府进一步制定了《华北区荣誉军人优待抚恤条例》《华北区年老病弱退伍军人待遇办法》《华北区年老病弱退职人员待遇办法》等一系列社会性立法，以保证相关方针的落实。④ 又如，1949年中华人民共和国成立之际，作为临时宪法性质的根本法，《中华人民政治协商会议共同纲领》（以下简称《共同纲领》）第4章至第7章以"政策"为标题，对经济、教育、民族与外交等四方面的基本政策作出规定，与"基本国策"方案在体例与内容上也有一定的相似性。其一，《共同纲领》第4章"经济政策"第28条"凡属有关国家经济命脉和足以操纵国民生计的事业，均应由国家统一经营"的规定，与"1946年宪法"第13

---

① Ulrich Scheuner, Die neue Entwicklung des Rechtsstaats in Deutschland, in: *Restschrift zum hundertjähriger Bestehen des Deutschen Juristentags*, Bd. 2, Tübingen, 1960, S. 506.

② 张志铭、李若兰：《迈向社会法治国：德国学说及启示》，《国家检察官学院学报》2015年第1期，第42页。

③ 参见聂鑫：《"刚柔相济"：近代中国制宪史上的社会权规定》，《政法论坛》2016年第4期，第59页。

④ 《华北人民政府法令汇编》第1集，华北人民政府秘书厅1949年版，第2—6、8、29—38页。

章第3节"国民经济"中第144条"公用事业及其他有独占性之企业,以公营为原则"的规定高度相似。其二,《共同纲领》第4章第32条中"保护青工女工的特殊利益""逐步实行劳动保险制度"等规定,也与"1946年宪法"第13章第4节"社会安全"中第153条"妇女儿童从事劳动者,应按其年龄及身体状态,予以特别之保护"以及第155条"国家为谋社会福利,应实施社会保险制度"等规定存在一定对应关系。

综上,"基本国策"方案指向的是一条以国家保护为"兜底",以社会互助为中心,并以个人的主体性为动力的社会法治国建设道路。通过该方案,近代中国的宪法学人为我们揭示了另一种社会法治国形象,并成为当前我国进行社会主义法治国家建设的理想参照。它植根于社会国与法治国的对立统一,兼顾社会平等与个人自由,强调在自由与富裕的基础上实现社会平衡与公平正义,旨在实现"社会国下的平等"与"法治国下的自由"的同步保障。

第六章　近代中国社会立法与福利国家的建构

近代中国宪法关于社会福利权的规定受到德国魏玛宪法的很大影响。究其原因，一方面，魏玛宪法是20世纪宪法的新典范，另一方面，制宪者特别青睐德国，也缘于中德两国有类似的政治与文化传统，如官僚国家、父权主义（家长式政府）与共同体主义等。通过进一步的研究可以发现，近代中国与19世纪的德国不无相似，而与英国、法国等老牌资本主义国家迥异，它们在工业资本主义早期社会立法就比较成熟。将社会福利权写入宪法虽然是魏玛宪法的一个创举，其率先把国家实现人民社会福利权的法定义务上升到宪法的层次上，但从另一个角度来看，社会福利权的宪法化也是社会立法发达的结果，近代中国和德国都是如此。本章在之前宪法社会权研究的基础上，透过社会立法这扇窗口来观察中国传统国家福利体系的近代化，并与德国的相关制度与传统做进一步的比较。

一、早熟的官僚国家与家长式的赈济传统

如前所述，古代中国的一个显著特点是它的"成熟老练、中央集权，以及官僚制度的稳定，这一点更能够解释那些周详且制度化的抗灾程序的存在……备荒和救灾的确是官僚制度的头等任务之一，这是中国传统的家长式权力统治的一部分，它体现了儒家的教义：'养民'才能更好地'教民'"。[①] 作为一个超大体量国家，中央政府有责任保证粮食的长途流通与供给，"通过长途运送大量粮食，以限制或补充商业性粮食流动，是国家控制的粮食流通的一个方面"；与此同时，"中国国家在粮食储备方面所作的努力，无论是从计划还是实践来说，都远远超过欧洲国家"。[②] 清代赈灾用

---

① 魏丕信：《18世纪中国的官僚制度与荒政》，徐建青译，江苏人民出版社2006年版，第4页。
② 王国斌：《转变的中国：历史变迁与欧洲经验的局限》，李伯重等译，江苏人民出版社2010年版，第179页。

粮主要有三个来源：仓储、截漕、采买。"其中，仓粮是主要的。这不仅因为清代的赈灾用粮大部分来自于平时的粮食储备，而且就救灾的时效性来讲，直接调集存储于各地仓库中的粮食，相对于截漕和采买的做法，也是最迅速和快捷的"；除赈灾外，"救助贫困农民是'常平仓'的另一项重要功能。在非灾非歉的年份，每到青黄不接的时候，贫穷的农民往往容易出现粮荒……按照清朝的规定，各地'常平仓'应以出借或平价、减价销售的形式，向贫民发放仓粮"；贫民没有现款，最可行的是借粮："春季向贫困户出借粮食，秋季粮食收获后，征粮还仓，所谓'春借秋还'。这是青黄不接时，'常平仓'最常用、最普遍的救济贫困农民的方式"。[①]在 19 世纪中叶以前，尽管家族、宗族、邻里以及私人的善会善堂都承担着社会救济的功能，但国家在社会救济中始终扮演着主导的角色。

与传统中国不同，欧洲中世纪早期首要的社会救济执行主体不是政府，而是教会。究其原因，一方面，教会与信众基于基督教信仰自觉承担起救济的责任，另一方面，当时欧洲的教会并非单纯的社会团体，而是与封建君主政权相较实力更为强大、内部科层体系更加完善（官僚体制更加成熟）的政治力量。受 16 世纪宗教改革与宗教战争的影响，君主、地方领主与自治城市建立了政教分离的世俗统治。相应地，应对饥荒的社会责任也由教会转移给了世俗政权，而政府有效实施社会救济的机制与能力此时还在逐步建构之中。从 17 世纪晚期开始，德语国家颁布了不少管制穷人与施舍，惩罚、驱逐外国乞丐的法令，本来属于私领域的救济、施舍行为受到政府的严格管制，慈善由基于宗教道德理由的私人行为变成国家政权管制与推动的公共事业；各地开始设立"济贫公共基金"（General Fund for the Poor and Alms），慈善事业本身也逐渐被集权到正在逐步崛起的近代国家手中。从 16 世纪到 18 世纪，德语国家世俗政府的行政官僚机制逐渐发展巩固，其对社会的管制也越来越严。在 18 世纪各君主的"开明专制"之下，为了实现城市与乡村、市场与家庭的整洁有序，政府颁布了大量法令来改造社会，内容涉及医生与药剂师管理、公共卫生与健康、对乞讨与施舍的管制、对屡教不改的乞丐强制劳动等。教会与地方的慈善事业（包括医院和其他济贫机构）与慈善基金虽然保留下来，但已经完全落入政府的掌控。在这个过程中，德语国家（特别是普鲁士）建立了非常完备的官僚体制，成为现代意义上的国家。1794 年的《普鲁士国家普通邦法》（General Law

---

[①] 陈桦、刘宗志：《救灾与济贫：中国封建时代的社会救助活动（1750—1911）》，中国人民大学出版社 2005 年版，第 86—87 页。

Code）率先在"国家责任"的意义上规定了照顾贫民的一般义务。①

二、近代转型背景下传统福利思想的再生

社会福利权问题不是高深的法学理论，而是需要具体落实的社会政策。它根源于社会的基本需要，乃是"课予国家义务，来照顾社会经济中的弱者，期能达到所有阶级均有社会经济之基本满足，来为和平之共同生活"。近代中国的社会转型适逢乱世，广大人民饱受天灾与战乱之苦，但传统的民间自力救济模式已难以为继。与德国19世纪上半叶的情形类似，面对严重的经济与社会危机，自由放任的个人主义理念被摒弃，基于父权国家观念与共同体主义的传统社会福利思想获得新生。

（一）转型社会的乱世危机与真空的社会救济

梁启超在清末曾鼓吹重商主义，强调"摆在中国面前最严重的问题不是财富的分配，而是生产问题"，应"以奖励资本家为第一义，而以保护劳动者为第二义"；梁氏的理论前提是他认为当时的中国社会与西方社会不同，在经济上不存在两极分化，故而不需要社会革命与福利国家。②然而，就近代中国的现实而言，梁启超对于中国社会的田园牧歌式的判断实在是过于盲目乐观了。当时的实际情况是在城市与乡村都充斥着生活陷于绝望的赤贫，天灾与战乱交织使更多的人口沦为灾民，亟待予以救济。

如前所述，19世纪以后，由于国家能力的减弱，社会救济越来依靠社会团体和私人的力量。然而，一方面，近代中国的工商业并不发达，社会上有雄厚财力者并不多，另一方面，中国的近代转型造成乡土秩序的瓦解，传统社会救助的基本网络如家族、宗族与乡村，无法再发挥原先的相互扶持、救助的社会作用。在近代中国半封建半殖民地的背景下，工业化、城市化的积极作用尚未有效发挥，其消极作用却已充分展现，传统农业国遭遇了失业、破产、工伤、无家可归等新问题，偏偏这一时期又天灾频现，社会、经济危机一触即发。

---

① Michael Stolleis, *Origins of the German Welfare State: Social Policy in Germany to 1945*, Springer, 2013, pp.30-36.

② 参见张灏：《梁启超与中国思想的过渡（1890—1907）》，崔志海、葛夫平译，江苏人民出版社1997年版，第189—193页。

除了自然灾害，战乱绵延也是导致民国时期灾荒不断的重要根源。尤其是在抗战时期，全国范围的长期大规模战争与天灾交互作用，国民政府在社会治理上危机重重。在此种压力之下，社会救济成为国民政府固本强国、群策群力挽救民族危亡的必要手段："人口之增加与国民之健康，为国防首要因素，必有广大之人口，始有丰富之兵源，必有健全之国民，始有健全之国家，故政府采取各种步骤，以谋人民生活安全与进步，例如卫生行政之推广与充实，学生及士兵营养之改善，救伤恤灾事业之推进，堕胎溺婴之取缔，孤儿弃婴之养育，以及对无力抚育子女者之救济，均当规划实行。"①

（二）传统社会福利思想的复兴与再造

如前所述，19世纪中叶以后中国开始向近代转型，在这个过程中传统的国家赈济制度渐趋衰落，传统的家庭救济模式也无法适应新的社会结构变化，偏偏这一时期水旱灾害频发、战祸连连；为维系社会稳定，国家不得不承担起历代相沿之赈济责任，将福利国家的触角扩展到紧急救济之外的其他社会福利领域。例如，光绪初年，天津地方政府设立"广仁堂"，按照养教并重的原则，在堂内设立六所，分别为慈幼所（收养男孩，分拨各所授事）、蒙养所（设义塾，教育"聪俊者"）、力田所（"雇老农教习""愚钝者"）、工艺所（"留养贫孤男孩中不能耕读者"，"令习编藤、织席、刻字、印书"等）、敬节所（收养青年节妇及无家幼女）、戒烟所。光绪二十八年（1902年），清政府在京师设立"工艺局"，"局内设立了当时农业、工业发展所急需又有助于贫民掌握技艺，谋求生路的工艺科目"。"'工艺局'挑选流民中之强壮者，并移送五城御史处之部分盗窃犯，入局教养劳动，同时聘请'外洋、外省专门工师'教习之"。随后工艺局还设立了女工纺织厂，"特请擅长织手巾、布匹之江南朱姓人家来京传授技艺。'女工以十余人为一班，令其勤加教导，二三月既能毕业'"。除此之外，京师还成立了"教养局"，"主要收留城市无业游民及轻度罪犯，为他们提供生活、劳动、学习的条件，是集教化、生产、救助诸功能为一体的新型社会机构"。②

---

① 荣孟源主编：《中国国民党历次代表大会及中央全会资料》下册，光明日报出版社1985年版，第686—687页。

② 参见陈桦、刘宗志：《救灾与济贫：中国封建时代的社会救助活动（1750—1911）》，中国人民大学出版社2005年版，第364—365页。

与西方崇尚个人主义与自由竞争的理念不同，中国传统文化中历来有"不患寡而患不均"的财富观与大同的理想。近代中国人还将儒家的均平思想介绍给西方，比如1911年陈焕章以儒家经济思想为主题在哥伦比亚大学完成经济学博士论文，其文对经济学家凯恩斯及罗斯福新政时期的农业部长华莱士（后来任副总统）均有启发，中国古代的"常平仓"甚至成为美国新政时期《农业调整法》的核心理论来源之一。[①] 1930年代，时任立法委员、宪法起草委员会副委员长吴经熊撰文鼓吹国民政府社会本位立法："俗言说的好，无巧不成事，刚好泰西最新的法律思想和立法趋势，和中国原有的民族心理适相吻合，简直是天衣无缝！"吴氏总结以德国为代表的西方法律社会化潮流，认为"泰西的法律思想，已从刻薄寡恩的个人主义立场上头，一变而为同舟共济、休戚相关的连带主义化了"，这与中国法律道德合一的仁政传统不谋而合，也为近代中国移植西方近代社会立法提供了"本土资源"。[②] 与此同时，近代社会立法（包括宪法社会权条款）的发展也进一步丰富了社会权利理论，使社会福利（社会救济）在观念上由政府单方面"赐予"的恩惠转变为人民的法定权利与国家的法定责任。

无独有偶，在19世纪上半叶，处于资本主义早期阶段的德语国家也遭遇了严重的社会贫困问题。虽然经济危机的周期性爆发是资本主义的痼疾，但是与英国、法国等相对成熟的工业资本主义国家相较，德语国家遭遇的危机尤其严重。大约从1820年代到1840年代，欧洲中部地区经历了严重的社会、经济危机，引爆危机的原因可能与物价的周期性上涨有关，但其背后还有深层次的社会问题。社会贫困在德意志邦联的大部分成员国蔓延，这段时期甚至被标记为"贫困年代"（the age of pauperism）。[③] 当时经常发生饥民暴动，这也被认为是席卷欧洲大陆的1848年革命的导火索之一。在拿破仑战争之后，奉行管制主义家长式政府传统的普鲁士官僚原已开始接受经济自由放任主义的理念，但经济危机引发的社会动乱与政治危机，吓坏了保守主义者与自由主义者，他们不得不重新思考政府的角色。自由放任的理念因此败给了普鲁士国家日常运作的现实需要，官僚们转而将镇压与管制作为解决社会危机的"万灵药"。为了阻止贫困在城市

---

① 参见陈焕章：《孔门理财学》，韩华译，中华书局2010年版。

② 吴经熊：《新民法和民族主义》，载吴经熊：《法律哲学研究》，清华大学出版社2005年版，第172—176页。

③ Herman Beck, *The Origins of the Authoritarian Welfare State in Prussia: Conservatives, Bureaucracy, and the Social Question, 1815-70*, The University of Michigan Press, 1995, pp.1-4.

与乡村的蔓延，普鲁士官员们不得不对经济与社会施加干预，并一步一步地着手制定社会立法，例如1837年颁布的禁止童工的《工厂法案》与1842年《济贫法》。①

在德国，"社会"（social）这个词汇的普遍使用大约是在1830年代，它明显受到了法国思想的影响。但是与英、法两国对于这个词汇的用法不同，"'社会'一词在德语里有着强烈的规范意义与关键内涵"，德国语境下所谓"社会国"（social state）其实主要指的就是"福利国家"（welfare state）。②"德国传统的政治思想为社会国的发展提供了必要的基础"，"'社会'本身以一种特殊的方式成为德国身份认同的一个部分"。③在资本主义早期阶段，国家照顾下层民众的传统责任被视作德国特色的重要组成部分，在"草根"阶层的拥戴之下得以复兴，而产业工人这一新兴阶层也被整合进了福利国家的民族共同体，这被称为"普鲁士式的社会主义"（Prussian socialism）。普鲁士的官僚国家传统为福利国家的兴起提供了助力，从更严格的意义上来说，高度发达的官僚体制对于德国福利国家的建立是不可或缺的。④于是，基于社会本位的经济与社会立法如竞争法、住房建筑法、租赁法、农地租赁法、劳工法等，都迅速发展起来。一战后，战争及战败带来社会经济危机，进一步推动了社会立法的大发展，其中很多社会立法甚至延用至今。由此，国家与社会、公共与私人之间的法律界限逐渐模糊，社会法在公法与私法的"中间地带"蓬勃发展，国家在社会经济生活中的角色也发生了重大变化。

尽管社会连带主义思潮诞生于法国，但是法国的社会福利制度直至20世纪依然发展相对迟缓，甚至"完全无法与俾斯麦在1880年代为德国工人所创设的医疗、意外、残疾、退休保险制度相提并论"。⑤尽管英国也有社会福利立法——《济贫法》最早就出现在英国，但是其社会立法思想的根

---

① Herman Beck, *The Origins of the Authoritarian Welfare State in Prussia: Conservatives, Bureaucracy, and the Social Question, 1815-70*, The University of Michigan Press, 1995, pp.ix-x.

② Lutz Leisering, "Nation State and Social Policy: A Ideational and Political History-Introduction to the Book Series 'German Social Policy' ", in Franz-Xaver Kaufmann, *Thinking About Social Policy: The German Tradition*, Springer, 2013, p. 4-5.

③ Hans F. Zacher, *Social Policy in the Federal Republic of Germany: The Constitution of the Social*, Springer, 2013, pp.34-35.

④ Herman Beck, *The Origins of the Authoritarian Welfare State in Prussia: Conservatives, Bureaucracy, and the Social Question, 1815-70*, The University of Michigan Press, 1995, p.248, 259.

⑤ Paul V. Dutton, *Origins of the French Welfare State: The Struggle for Social Reform in France 1914-1917*, Cambridge University Press, 2002, pp.1-2.

源是以个人为核心的边沁式功利主义,这与德国特别强调社会政策的集体功能大相径庭。① 德国在福利国家道路上与英国、法国的差异,与近代中国类似,父权主义的传统政府理念与现代福利国家思想"不谋而合",这些传统理念为官僚国家社会福利制度的发展提供了政治文化土壤。

三、近代中国社会福利立法的转型:以《社会救济法》为例

早在民国之初,德国等西方国家的社会保障制度就被译介到了中国。1912年,《东方杂志》刊出《德国待遇工人之种种》,对德国相关社会福利制度有较详细的介绍。② 该杂志于1918年刊载的《劳动者失业保险制度》一文,对西方失业救济立法进行了比较清楚的介绍与分析。③1935年,南京国民政府曾派遣官方调查团赴德、英、美等国考察社会立法。调查团成员陈凌云回国后着书鼓吹移植西方社会救济制度,认为"欧美诸国之长,尽可做我实施参考之助","应认清社会救济事业确为当前之急务,而不容或缓者也","当彻底认清此种实为崇高伟大之一种神圣服务,具有人类互助合作之一种光荣的意义"。④ 西方国家的社会福利思想与立法经验被南京政府借鉴、吸收,立法者甚至直接将部分条文移植入法,使之成为福利立法的重要法源之一。据统计,在当时介绍西方社会福利制度的各类文章、书籍中,关于德国福利保障制度的作品最受国人关注,内容也最为详尽,数目约占所有著作、文章的2/3。⑤

社会福利立法工作在北京政府时期已略见成效,例如,1915年仿照欧美《济贫法》制定的《游民习艺所章程》。南京国民政府时期的社会福利立法,以1943年《社会救济法》为典型。在1943年国民政府颁布《社会救济法》之前,近代中国已经制定了不少关于社会救济的法律规范,比较重要的有《督办赈务公署组织条例》(1924年)、《各地方救济院规则》(1928

---

① Franz-Xaver Kaufmann, *Thinking About Social Policy: The German Tradition*, Springer, 2013, p.123.
② 垦泼番尔脱:《德国待遇工人之种种》(译自《美国科学报》),杨锦森译,《东方杂志》第9卷第1号(1913年),第35—40页。
③ 《劳动者失业保险制度》(译自《日本国家学会杂志》),君实译,《东方杂志》第15卷第3号(1918年),第57—68页。
④ 陈凌云:《现代各国社会救济》,商务印书馆1937年版,第290—291页。
⑤ 参见周建卿:《中华社会福利法制史》,黎明文化实业股份有限公司1992年版,第76页。

年)、《管理私立慈善机关规则》(1928年)、《监督慈善团体法》(1929年)、《救灾准备金法》(1930年)、《中华民国红十字会管理条例》(1932年)等。[①] 由于当时政府的财政能力与行政资源有限,不得不在社会立法规划上将社会上极度贫困的弱势群体与受灾民众作为优先照护的对象,故而南京国民政府在立法实践中以社会救济作为社会福利立法的核心内容,社会保险等立法居于相对次要的地位。

如前所述,在抗日战争时期,面对战乱和自然灾害夹击的严峻形势,国民政府不得不在社会救济领域力图有为,以应对社会危机、收拾民心。1938年4月,国民政府将原来分头负责赈济的机关,包括振务委员会、行政院非常时期难民救济委员会及内政部民政司等机构的相关职能,统一整合到新设立的振济委员会。[②]1940年10月,国民政府将原隶属于国民党中央执行委员会的社会部改隶国民政府行政院,作为经常性社会福利事业的主管机关。"社会部之改隶行政院,意义甚为重大。盖在社会福利事业之中,同时谋民众组织与训练之健全,实为促进社会事业之前提。"[③] 振济委员会与社会部在社会救济职能上的分工不同,前者是负责临时性的灾害救济,后者则负责一般性的日常救济。

1941年12月,国民党五届九中全会通过了《确定社会救济制度以济民生而利建国案》,大致有六大要点,归纳如下:(1)从速订颁社会救济法规,规定救济对象,划一救济设施;(2)调整并统一社会救济之行政机构,不分消极、积极、临时、经常,统一规划与实施;(3)政府应提高救济经费在预算中的百分比;(4)积极整顿、扩充各种救济事业;(5)整理、监督各地慈善团体;(6)奖励个人及团体办理社会救济事业。[④] 国民政府社会部很快完成了《社会救济法》草案初稿的拟定工作,并于1943年2月呈请行政院审核。在立法院法制委员会与经济委员会会同审查、修正《社会救济法草案》的过程中,还充分斟酌吸纳了内政部、财政部、教育部、经济部、卫生署、振济委员会等相关部门的意见。其修正要点包括:"救济事业费用,

---

① 参见谢振民编著:《中华民国立法史》上册,中国政法大学出版社1999年版,第521—530页。

② "振济"委员会本应为"赈济"委员会,但当时社会救济的首要目的是"提振"国民抗战精神,故而国民政府以"振"代"赈"。

③ 荣孟源主编:《中国国民党历次代表大会及中央全会资料》下册,光明日报出版社1985年版,第686页。

④ 《确定社会救济制度以济民生而利建国案》,《社会行政季刊》第1卷第1期(1942年),第5页。

以目前地方财力着想，不宜专令地方负担"，"各有关官署之职权，应为划清，俾免争议"，"本法旨在救济，其救济设施及方法规定，不宜过于简单。如不分时期、地域及事项性质同时举办，想为财力所不许。故于第七条增加'视实际需要及地方经济状况次第举办'等字样，俾留伸缩而便适应"。① 1943年9月29日，国民政府颁布《社会救济法》，该法共53条，分为救济范围、救济设施、救济方法、救济费用和附则五章。② 从传统社会救济制度转型与现代福利国家建构的角度来看，《社会救济法》大致有以下三个特点。

（一）由消极趋于积极：社会救济模式的常态化

传统中国政府的社会救济措施以救灾（荒政）为主，一般为灾害发生之后被动的、临时性的事后救济。政府的目标仅仅是暂时纾解灾区和灾民的紧急危难，在理念上可谓是救急不救穷、治标不治本。至于对社会上普遍存在的弱势群体的日常救济，虽然国家经常性救济的理想可见之于《礼运大同篇》所谓"矜、寡、孤、独、废疾者，皆有所养"③，但在实践中，传统政府并未主动承担起日常救济的责任，反而主要依赖社会力量的自力救济。"中国传统的救助方式比较重视对被救助对象的救济，强调物质上的帮济与扶助，突出了所谓'养'的内容，而忽视了对被救济者摆脱贫困、择业谋生能力的培养，忽视了对他们综合素质的提高。这样一种救助方式，没有发挥被救主体的作用，其救助效率及效果，均因此受到局限。这也是传统农业生产方式下，社会救助形式的一个重要特点。进入晚清社会，随着西方资本主义国家思想意识的传播，人们逐渐认识到'教'在社会救助中的重要地位和作用，'养''教'不可分离。随着中国近代工业的出现和发展，以及社会经济结构的变化，在社会救助中实施'教'的内容，也具备了应有的社会条件。在这种情况下，清末的官方救助出现了变化，开始注重其个人素质及生产技能的培训。"④ 与中国传统的救济模式相较，1943年《社会救济法》作为近代化的社会福利立法，改采以临时性的灾荒救济为辅，以对弱势群体的经常性社会救济为主，同时养、教并重。通过立法，国家积极承担起常态化社会救济的责任。根据《社会救济法》，由国家主

---

① 《立法院公报》第128期《审查报告》，第21—22页。
② 参见《国民政府公报》渝字第610号《法规》，第1—5页。
③ [汉]郑玄注，[唐]孔颖达疏，龚抗云整理：《礼记正义》，北京大学出版社1999年版，第658页。
④ 陈桦、刘宗志：《救灾与济贫：中国封建时代的社会救助活动（1750—1911）》，中国人民大学出版社2005年版，第363页。

导规划常设的救济设施,对社会上普遍存在的弱势群体予以经常性的照料,具体包括安老所、育婴所、育幼所、残疾教养所、习艺所、妇女教养所、助产所、施医所等(《社会救济法》第 6 条)。其规定的救济方式多种多样,具体包括救济设施处所内之留养、现款或食物衣服等必需品之给予、免费医疗、免费助产、住宅之廉价或免费供给、资金之低息或无息贷予、粮食之低息或无息贷予、减免土地赋税、感化教育与公民训练、技能训练、职业介绍等(《社会救济法》第 14 条)。可以说,《社会救济法》在救济模式上与帝制时代的荒政相较,有了质的飞跃。

(二)由慈善易为责任:社会救济理念的现代化

从国民政府对于《社会救济法》设定的立法要旨及其具体规定来看,社会救济在当时已成为政府基本的行政职能与法定义务。在理念上,作为政府主动、主导的积极行政责任,社会福利事业已由传统政府自由裁量的恩惠措施转变为国家的法定义务,社会福利权也由此成为人民的法定权利。法律明确了社会救济的主管官署:"在中央为社会部,在省为省政府,在市为市政府,在县为县政府。"涉及医疗救助的中央主管官署为卫生署,"关于临时及紧急之救济,由振济委员会主管"(《社会救济法》第 50 条)。除办理救济外,救济资金的筹集也是社会救济事业中政府至关重要的责任,对此该法明确规定:救济事业的经费应列入中央及地方预算(《社会救济法》第 44 条),"救济经费之募集,不得用摊派或其他强制征募办法"(《社会救济法》第 47 条);"救济设施由县市举办者,其费用由县市负担;中央或省举办者,其费用由中央或省负担"(《社会救济法》第 42 条);社会团体及私人举办的救济设施如确有成绩的,"得由主管官署酌予补助"(《社会救济法》第 43 条);中央政府可以对县市办理的救济事业予以补助(《社会救济法》第 45 条)。强调社会福利事业的国家义务,可以说是民国时期社会权法制化的一大进步,这也是该法的一个明显特点。与前述德语国家传统上对于民间慈善事业的管制相似,该法规定"团体或私人亦得举办救济设施,但应经主管官署之许可"(《社会救济法》第 8 条),"主管官署对于前条之救济设施有视察及指导之权"(《社会救济法》第 9 条),这充分体现了《社会救济法》对福利事业实行家长式管制的一面。

(三)全民救济、全面救济:社会救济范围的最大化

传统荒政的救济对象以灾民、流民等受灾人群为主,《社会救济法》则进一步将社会上的一般弱势群体(包括所谓老幼病残孕、无家可归者及无

业、失业人群等）都尽可能地纳入其救济范围（《社会救济法》第1条）。即使对传统中国社会所唾弃的从事不正当职业者、"懒惰成习或无正当职业之游民"，法律也规定予以教养与救济（《社会救济法》第31、32条）。这充分体现了现代福利国家思想中惠及全体公民的理念。为照顾多子女家庭，该法甚至规定："生育子女逾五人者，如因生活困难无力养育，得请求主管官署给予补助费，或将该子女送育婴所或育幼所留养之。"（《社会救济法》第20条）国民政府社会部在提交行政院审查《社会救济法》草案及其原则的解释呈文中，对社会救济范围最大化的理念有明确的阐释："除贫穷老弱残疾之救济外，他如孕妇婴儿之保护、幼童之教养、生理缺陷者之救济、劳动者之救助，乃至房屋租赁、经济合作、家庭消费与夫国民生活上之需要，苟有待于救济，无不并顾兼筹。以前限于实物及金钱之救济，今则扩大至医疗救济、教育救济、职业救济等。盖并世各国对其人民之救济，以时间言自出生前以至死亡后，以范围言包括其生活需要之全面；是其对象已由少数而推至全民；其范围亦由局部而扩至全盘。"[①]

可以说，至少在规范层面上，1943年《社会救济法》已经符合现代福利国家社会立法的基本精神了。略早于《社会救济法》的颁布，1943年9月8日举行的国民党五届十一中全会通过了社会部长谷正纲领衔提出的《战后社会救济原则案》，该案规定了社会救济的原则，包括："战后社会救济，应与国家复员与生产建设计划配合进行，以减少受救济人之数量，并培养其自力更生之能力，以发挥救济之最高效能"；"对于遭受战事或天灾及其他非常灾变之灾民难民，流亡在外者，应由政府资助其回籍，或移送人口稀少地区，及配置于各种建设部门，辅导其复业、就业或改业"；"对于穷苦无依之老弱病残难童孤儿，或资送回籍，或留养当地经常救济设施"；"对于受灾农民及失业劳工，应大量举办农贷、工贷、合作贷款等，必要时，予以生活必需之救济，并举办耕牛种籽农具之贷与，及普设职业介绍机构，举办失业人员调查、登记、训练及调剂事宜"。该案还特别提出，"对于遭受战事破坏之城乡市镇，致无适当住所之居民，应予以合理之住宅救济，由政府出资或贷款，普遍倡办各种卫生经济住宅"，其涵盖范围之广在一定意义上已超越了传统的社会救济。[②] 到1947年《中华民国宪法》颁布时，国民政府社会福利立法的基本精神已浓缩为宪法社会权的基本规定——国

---

① 《立法院公报》第126期《公牍》，第66页。
② 参见浙江省中共党史学会编：《中国国民党历次会议宣言决议案汇编》第3分册，浙江省中共党史学会1980年版，第364—365页。

家为谋社会福利,应实施社会保险制度。人民之老弱残废、无力生活及受非常灾害者,国家应予以适当之扶助与救济。①

时任国民政府社会部次长洪兰友曾特别著文说明,《社会救济法》的立法精神"一本礼运大同篇之所示'老有所终,壮有所用,幼有所长,矜寡孤独废疾者皆有所养'之旨","在于安老育幼,周恤废疾,拯救穷困,师恺悌之遗意抱饥溺之同情,毋使一夫之不获其所,毋使一人之陷于不义,观念由慈善易为责任,实施则由消极趋于积极,以实现三民主义之社会政策,完成礼运大同篇所示之理想社会"。②

尽管国民政府在社会立法与社会救济实践中取得了一些成绩,但是当时社会福利的现实与纸面的规划相去甚远,经费短缺是其中主要的问题。关于近代中国的法制建设,传统上有两种极端的观点,一种是用当时少数的精英和精致的上层建筑来过度美化当时的现状;另一种是用现实的挫折来否定现代化建设的努力与成绩。在这两种观点之外,也有一些学者把中国国家体制的现代化看成一个较长时段的、连续的、累积的进程。无论晚清政府、民国北京政府或南京国民政府,在现代国家建设过程中,都要面临大致相同的"根本性议程"。③

---

① 夏新华等整理:《近代中国宪政历程:史料荟萃》,中国政法大学出版社2004年版,第1116页。
② 洪兰友:《社会救济法的立法精神》,《中华法学杂志》1944年第6期,第1—2页。
③ 参见孔飞力:《中国现代国家的起源》,陈兼、陈之宏译,生活·读书·新知三联书店2013年版,第1—2页。

第七章 "刚柔相济":近代中国制宪史上的社会权规定

一、宪法社会权:"强宪法"下的"弱权利"

宪法上的权利条款始终面临两难的困境:一方面,与一般的法律规定相较,刚性的宪法典作为高级法,赋予人民更高的权利保障;另一方面,宪法保障的人民权利难免会受到国家立法、行政与司法权的限缩。"有的宪法,一手赋予权利,一手又撤销权利,这方面经典的例子是《爱尔兰宪法》第43条①关于财产的规定",这可能损害宪法条文的内在一致性,有学者据此认为,"理想的宪法应该少规定或不规定权利宣言,尽管理想的法制会确定和保障很多权利"。②众所周知,美国联邦宪法制定之初并不包含权利条款,只是在反对者的压力下,为保证宪法顺利通过,制宪者才不得不在宪法生效时增加了10条宪法修正案(即所谓的"权利法案")。即便如此,美国宪法也仅是以模糊的术语规定这些"权利法案",甚至给相互冲突的宪法解释预留了极大的形成空间。至于社会权利条款,在美国宪法文本上至今付诸阙如。"罗斯福新政"提出的所谓"第二权利法案",在"宪法原教旨主义"者看来只是空中楼阁。与美国宪法相反,20世纪以来的"新经典"宪法,如德国魏玛宪法、当代南非宪法等,都用了大量的条文具体详尽地规定了人民权利。然而,纸面上的权利宣言并不必然带来人民权利的实现,特别是宪法社会福利权规定的落实更为困难。

---

① 该条规定如下:"国家承认,人,鉴于其是理性存在,对外在物的私所有权,享有先于实在法的自然权利。国家保证不通过任何试图废除私有权或转让遗赠继承财产普遍权利的法律。然而,国家认为,在公民社会,该条前述规定提到的权利行使,应当受到社会正义原则的管制。因此,国家可基于情势需要,用法律限定上述权利的行使,俾其与公共物品之急需相协调。"

② 参见 K.C.惠尔:《现代宪法》,翟小波译,法律出版社2006年版,第40—46页。

社会福利权问题首先并非高深的宪法理论，而是需要具体落实的社会政策，它根源于社会的需要，乃是"课予国家义务，来照顾社会经济中的弱者，期能达到所有阶级均有社会经济之基本满足，来为和平之共同生活"。① 由于社会权的实现并非免费的，贫者福利的增进难免要以对富者财产权的限制为代价，政府为平衡人民积极社会权与消极自由权，在施政上难免会对人民宪法上的权利（通常是社会权）大打折扣。有不少学者由此认为宪法规定社会权可说是"吃力不讨好"，政府如积极实现社会权，难免会发生以"公益"为名恣意妄为、侵害人民基本权利的危险；但宪法社会权的规定若流于形式，则会伤害整部宪法的威信。尽管有以上种种担忧，可即使在魏玛共和国倾覆之后，仍有不少国家在宪法中规定了社会权利，以因应20世纪以来的法律社会化潮流。制宪者是否可以将相对"柔性"的社会权条款纳入"刚性"的宪法典，熔社会正义的理想与法治的现实于一炉，近代中国宪法史为我们提供了一个独特的视角。

"在我国当前背景下讨论的福利权和在西方语境下讨论的福利权是两个不同的问题。西方语境下讨论更多的是福利权理论如何应对福利国家危机，如何在对理论自身的反思中发展和完善等问题。而我国当下面临的是如何在宪法和法律层面确认福利权，如何实现福利权的平等保护，如何完善福利权的救济机制等问题。"② 2021年，我国如期完成了新时代脱贫攻坚目标任务，为全面建成小康社会作出了重大贡献。保障基本生存需要，完善社会就业、失业、医疗、教育、住房等各方面福利保障，离不开一套科学、系统的社会福利保障法律体系。当前我国在社会保障法制领域的研究与实践尚有不足，在推进城乡基本公共服务均等化、社会主义现代化国家建设中，亟待建立与完善公平、效率的社会法体系。在此背景下，研究近代中国社会福利权"入宪"的问题，并与同时期西方的宪法做比较，有一定的现实意义。

二、魏玛宪法的新范式：宪法社会权与社会革命

如前所述，宪法社会权正当化的根本障碍源自财政现实。在政府资源有限的前提下，对于弱者的额外照顾意味着社会财富的再分配，具体方式如对富人加税并将由此增加的财政收入转移支付给穷人，更极端的方式是

---

① 陈慈阳：《宪法学》，元照出版公司2004年版，第236页。
② 陈国刚：《福利权研究》，中国民主法制出版社2009年版，第7页。

工业的国有化与农业的土地产权革命。将社会权宪法化,这在一定意义上是与以美国宪法为代表的近代宪法观不兼容的,只能通过阿克曼所谓"宪法革命"来实现。从美国制宪史来看,开创性地确立超越一般国会立法的高级法,以保障"人民"的自由权不受政府的侵犯,其经济背景是精英有产者对大众民主的恐惧,制宪者担忧大众将团结起来"使用自身的力量借以挽救自身的贫困",选举产生反映平民意志的代议机关,通过国会立法实现包括土地在内的社会财富再分配。[①] 如果以上解释成立的话,这便意味着从美国宪法的立法目的来看,作为高级法的宪法本身与社会权是不兼容的。社会权得到宪法的明文确认,源于19世纪末20世纪初资本主义的转型,随着社会连带主义等思潮的兴起,个人与社会的关系以及政府的角色都由此而改写。最早在宪法上系统规定社会权的是1919年的魏玛宪法,具体反映在其第2编第5章"经济生活"之中。20世纪中叶,在宪法中明文规定了社会福利权的还有爱尔兰1937年宪法、意大利1946年宪法、印度1950年宪法等。

在限制私有权的同时,魏玛宪法详尽规定了土地、住宅、天然资源的使用与分配,劳动力的保护与劳工法的制定,为保护和增进劳工条件及经济条件之结社自由保障,社会保险与劳工保险,劳动权的保障与失业救济,中小企业之保护,劳工和受雇者对于工资、劳动条件及其他切身相关的公共决策之参与(劳动会议与经济会议)等。具体规定举例如下:"经济生活之组织,应与公平之原则及人类生存维持之目的相适应"(第151条)。"重利应禁止之,法律行为之违反善良风俗者,视为无效"(152条)。财产所有权负有义务,其使用应同时有益于公共福利(第153条)。国家可依法对于继承财产征税(第154条)。"土地之分配及利用,应由联邦监督,以防不当之使用,并加以监督,以期德国人民均受保障,并有康健之住宅"。"土地价值之增加,非由投资或人工而来者,其福利应归社会"(第156条)。国家得为公共利益之需要而征收财产,或将适合社会化的私有企业公有化(第156条)。"为保护康健及工作能力,保护产妇及预防因老弱衰弱之足生活经济生影响起见,联邦应指定概括之保险制度,且使被保险者与闻其事"(第161条)。"劳动者及被佣者,得以同等权利会同企业家指定工金劳动条件及生产力上之全部经济发展之规章。双方所组织之团体及其协定均受认可……区工会、联邦工会为履行其全部之经济任务及为执行社会化法律之协助起见,得与企业家代表及其余有关系之人民各界代表集会于区经济会

---

① 参见查尔斯·A. 比尔德:《美国宪法的经济观》,何希齐译,商务印书馆2010年版,第53页。

议及联邦经济会议……关系重大之社会或经济法律草案,应由联邦政府于未提出议会前,提交联邦经济会议审核之;联邦经济会议亦有自行提议此项法律之权"(第165条)。①

近代中国将社会福利权纳入宪法的较早努力,始于1922年国是会议宪法草案,不论是张君劢主稿的"甲种草案"还是章太炎主稿的"乙种草案",其政体设计虽然迥异,但是均专章规定了"国民之教育与生计",具体包括规定专款以促进教育文化之发展,用税收等手段实现社会财富再分配、并限制土地所有权,以保障普通人民之生计等项。②将社会权详细列举于宪法,这似乎是受了当时的欧陆思潮及1919年颁布的魏玛宪法的影响。魏玛宪法颁布之际,张君劢正在德国游学,他第一时间即看到宪法文本,并很快将其翻译成中文于1920年4月在国内发表。张君劢明确指出魏玛宪法与18世纪美国宪法、19世纪法国第一共和宪法相较,代表了20世纪世界宪法的最新范式,顺应了当时社会革命的潮流:"美宪法所代表者,十八世纪盎格鲁撒逊民族之个人主义也;法国宪法所代表者,十九世纪民权自由之精神也;今之德宪法所代表者,则二十世纪社会革命之潮流也";"社会主义之精神安之乎?吾以一言蔽之,则尊社会之公益,而抑个人之私利是矣。唯其然也,故重社会之公道,而限制个人之自由;故废私有财产,而代以社会所有制;故去财产承继而以遗产归之国有;故欲化私人营业而归诸国有。德宪法第五章之生计的生活,社会主义精神所寄,而此次革命之成败所由决也。考其各条之规定,无非个人自由主义与社会主义之兼容并包。既曰生计生活之秩序以公道为原则,而同时则曰工商之自由,以法律保证之;既承认私有财产矣,而同时则曰为公益计,可没收之"。③

三、民生主义与"大同"的理想

与近代资本主义崇尚个人主义与自由竞争的理念不同,中国传统文化

---

① 魏玛宪法条文参见立法院编译处:《各国宪法汇编》第2辑,1933年自刊,第229—235页。除"过渡规定及终结规定"外,魏玛宪法共分两编,第一编为"联邦之组织及其职责",第二编为"德国人民之基本权利及基本义务"。

② 参见夏新华等整理:《近代中国宪政历程:史料荟萃》,中国政法大学出版社2004年版,第749—769页。

③ 张君劢:《德国新共和宪法评》,载张君劢:《宪政之道》,清华大学出版社2006年版,第254、270页。

中历来有"不患寡而患不均"的财富观与"大同"的理想。近代中国人甚至将儒家"均平"的思想介绍给西方,甚至对于凯恩斯主义与"罗斯福新政"发生过一定影响。①以梁启超、张君劢为代表的中国学者在第一次世界大战后,对于个人主义的英美哲学产生反思,开始结合欧陆哲学与中国传统儒家思想("新宋学"),他们通过对西方物质主义的批评,来强调人的价值以及人民幸福的优位性;反映在宪法上,则是对魏玛所创设的宪法社会权的鼓吹。②梁启超作为民国北京政府委派的巴黎和会中国代表团的会外顾问,在旅欧后撰成《欧游心影录》,该书以专章介绍凡尔赛合约中有关国际联盟与国际劳工盟约之内容,批评当时中国人在社会权问题上"民智未开",表现出作者对当时欧洲流行的劳动保障与社会安全议题的热切关注。③随同梁启超旅欧的张君劢,则将梁氏提出的社会权议题具体化到宪法领域中,其为国是会议宪法草案所作说明书《国宪议》,即结合中国传统的大同思想与西方近代社会主义思潮,专篇宣扬宪法中"社会主义之规定":"敢告国人,《礼运》大同之论,《论语》不患寡而患不均之言,乃吾国文明之精粹,建国之根本也。欧美之人私其富,国私其富,内成阶级之争,外酿国际之战,不足法者也";"欧美百年来文化之方针,所谓个人主义,或曰自由主义……而演成欧洲之大战……此为工商立国之结果也";"工商不能不发展,自然之势也。然工商之发展,要必与社会伦理相调和";"一国之生计组织,以公道为根本,此大原则也";"本案中生计一章,大体以德宪为蓝本。然原案中本有大工业国有省有地方公有一条,而会中同人均反对之,故已取消"。④

"欧战发生了之后,各国社会的进步很快,世界潮流已经到了解决社会问题的时期;凡事从前不理社会主义的人,在此时也跟上社会主义的路来走……欧美近年来之经济进化可以分作四种:第一是社会与工业之改良;第二是运输交通收归国有;第三是直接征税;第四是分配之社会化。这四种社会经济事业,都是用改良的方法进化出来的。"⑤其实,早在辛亥革命与

---

① 参见陈焕章:《孔门理财学——孔子及其学派的经济思想》,翟玉忠译,中央编译出版社2009年版。
② 参见薛化元:《民主宪政与民族主义的辩证发展:张君劢思想研究》,稻禾出版社1993年版,第38—39页。
③ 参见郭明政:《社会福利与社会保险》,载赵永茂等:《中华民国发展史:政治与法制》下册,联经出版公司2011年版,第670—671页。
④ 参见张君劢:《社会主义之规定》,载张君劢:《宪政之道》,清华大学出版社2006年版,第85—92页。
⑤ 参见孙中山:《三民主义》,三民书局1965年版,第180—187页。

一战之前，孙中山即将"平均地权、节制资本"作为民生的核心，与民族、民权共同构成其三民主义的思想："民生主义的办法，中国国民党在党纲里头，老早是确定了的，中国国民党关于民生主义，定了两个办法：第一个是平均地权；第二个是节制资本。只要照这两个办法，便可以解决中国的民生问题。至于世界各国，因为情形各不相同，资本发达的程度也是各不相同，所以解决民生问题的办法，各国也是不能相同。"[①] 所谓"平均地权、节制资本"不仅与亨利·乔治[②]等社会思想家的洋理论相关，也与中国传统若合符节。就平均地权、实现耕者有其田来说，公田制是儒家的最高理想，"均田制"从北魏至唐施行了上百年。虽然传统中国工商业不其发达，节制资本的观念却古已有之，盐业专卖制度就是典型的例子，早在西汉的《盐铁论》中，御史大夫桑弘羊就提出节制资本的主张与理由：制盐非有大资本不可，拥有大量资本者往往囤积居奇、操纵市价，其结果是将加大社会上的贫富差距，造成贫富悬殊；反之，将盐业国有化，则可以在不增加人民负担的基础上大幅度增加国家财政收入，同时打击豪强、实现人民的均平与社会的安定。[③] 事实上，盐业国有化带来的中央财政收入不仅可用于军国大政，还可用以招募流民、赞助民生，实现社会福利的目的。[④]

　　有人认为，孙中山提倡的民族主义（"驱逐鞑虏、恢复中华"）击中了晚清民族矛盾尖锐的要害，故而有极强的号召力[⑤]；但就国民党的政治、社会基础而言，孙中山的民生主义则是具有理想主义色彩的思想。尽管如此，1927年南京国民政府成立后，当局仍奉包括民生主义在内的三民主义为指导思想，其颁布的宪法与法律也包含了不少民生主义的因子，例如，1930年《土地法》及1946年《中华民国宪法》"基本国策"一章。从《土地法》尝试对于土地产权进行再分配来看，立法者是有心实现平均地权的理想的。尽管纸面上的法律革命并未落实为现实的社会革命，但也不能由此完全否定国民政府实现民生主义的初衷。其实，作为社会革命的宪法榜样，魏玛宪法中规定的社会权也不具有强制执行力，最终同样流于空文，但其"社

---

① 参见孙中山：《三民主义》，三民书局1965年版，第198页。
② 据说孙中山先生土地"涨价归公"的思想源自亨利·乔治的《进步与贫困》等著作。参见唐德刚：《从晚清到民国》，中国文史出版社2015年版，第378—379页。
③ 参见欧宗佑编：《中国盐政小史》，商务印书馆1935年版，第14—21页。
④ 据史料记载，三国时代政府曾"以其直益市犁牛，百姓归者以供给之。劝耕积粟，以丰殖关中。"参见［唐］杜佑：《通典》卷一○《食货第十　漕运　盐铁》，中华书局1988年版，第229—230页。
⑤ 当时"革命排满"的口号"几成为无理由之宗教"。参见侯宜杰：《二十世纪初中国政治改革风潮——清末立宪运动史》，中国人民大学出版社2011年版，第128页。

四、近代中国社会民生权利入宪及其争议

几乎与在野的民间团体拟定国是会议宪法草案同时,作为民国北京政府法定制宪机关的国会于1922年8月复会后,亦开始考虑在宪法中增列社会权条款甚至专章,其理由不外乎注重民生与均平的中国旧传统、德国魏玛的新经验,以及当时中国残酷的社会经济现实:"本章条文多半采取德意志新宪法中关于经济生活之规定,即谓德宪为本法案之渊源固无不可";"然国民生计本为吾国古来政治学说之所置重,孔氏所谓:'有国者,不患寡,而患不均,不患贫,而患不安,盖均无贫,和无寡,安无倾。'直为近世社会主义之根本义";"约法上人民虽有自由平等之规定,然有等地方土地所有者虽数易张三李四,而佃户本身及其子孙仍随土地为转移而世为佃户,俨与农奴无异……世界经济界之压迫中国人,在今日可谓至乎其极,中国人今日生计之凋零,亦可谓有欧美人之所未有"。① 有趣的是,尽管孙中山的三民主义并非民初北京政府的指导思想,仍有宪法起草委员建议将宪法社会权的章名定为"民生":"标题曰:民生,取其含义广而明确。有题为财计者,有题为国民生计者,于生活之义皆不能包举。至用'经济制度'四字,似较妥善。但'经济'二字乃日本名辞,于我国固有经济之义则大异。且生活之义非仅指衣食而言,凡人活动于何种职业及其自由皆括于生活之内,故德国宪法第二章关于婚姻自由集会结社自由选举自由等,其标题则曰:共同生活。其与此章相同之,第三章则题曰:生计生活,亦以非经济二字所能包举,此章内固注重生计生活上之自由及一般失职业失能力者之救济也。……故本席对于此章之标题斟酌再三,仍取'民生'二字。"②

当时参与制宪的吴宗慈认为宪法生计、教育两章极其重要,甚至比中央与地方的分权问题还要意义重大:"全部宪法,其重要关键在地方制度,其全部精神则在生计教育两章。"③ 可尽管有多位宪法起草委员鼓吹设立宪法

---

① 吴宗慈:《中华民国宪法史》,于明等点校,法律出版社2013年版,第1021、1074页。
② 同上书,第1076—1077页。
③ 同上书,第1019页。

社会权专章并提出多种草案，1923年通过的《中华民国宪法》最终未将其列入宪法。有学者解释这是因为议员们面对曹锟贿选丑闻的压力，急于通过宪法"遮羞"，所以来不及审议教育与生计两章。① 但如果简单地作结论说"宪法社会权章因为'来不及'就被放弃了"，这是否反而意味着在大多数制宪代表看来，宪法社会权条款并非不可或缺？与之相对照，既然制宪时争议最大、曾引发议场大斗殴的地方制度（也即中央与地方关系）一章能够最终达成妥协、列入宪法，那么为什么在吴宗慈看来更为重要的生计、教育两章却被牺牲掉？这是否意味着制宪者对于社会权入宪问题仍有较大争议，短期达不成妥协，所以才将其搁置？考虑到直至今日，宪法社会权之正当性在世界范围内仍存在争议，这应该不是一个伪问题。事实上，当时确有人在制宪时提出反对意见。究其理由，其一是经济上的考虑，他们认为近代中国资本主义不发达，如"节制资本"将有碍工商业的生存与发展；其二是对基本权利保障的担忧，他们认为政府积极落实宪法社会权难免侵害人民消极的自由权："我国实业不发达，因此需要提倡资本，万不可压制"，"我国并无资本家压迫劳工的事实，宪法若规定国民生计问题实属'无病而呻吟'"，"所谓的公共利益漫无标准，若照此规定，则'宪法公布之日，人民之土地所有权有动摇之虞，危险孰甚'"。②

1927年成立的南京国民政府奉"总理遗教"为根本指导思想，为民生主义（社会福利）思想入宪奠定了政治基础。1931年5月国民会议通过《中华民国训政时期约法》，专门设立了第四章"国民生计"与第五章"国民教育"，"将国家对于这两项的根本政策列举出来"，"其根据则为三民主义"，"它们多少带有宣传的作用，是制定者利用《约法》向国内及国外宣传国民政府的政纲政策"。③ 在随后《中华民国宪法草案》（"五五宪草"）的起草过程中，宪法社会权在从初稿到定稿的历次修正草案中都被单列为一部分。在吴经熊和张知本各自试拟的初稿中，该部分直接定为"民生"篇（章），具体包括国民生计与国民教育两部分内容；最后定稿的"五五宪草"将其分为"国民经济"与"教育"两章，在宪草总共148个条文中占了23条，比重不可谓小。宪草涉及了土地改革、国营经济、劳动保障、妇女儿童的特别保护、社会救济、免费义务教育、教育经费的固定比例预算

---

① 参见王世杰、钱端升：《比较宪法》，中国政法大学出版社1997年版，第388页。
② 参见杜强强：《民生与宪法：社会权规范在我国宪法史上的缘起》，载谢立斌主编：《中德宪法论坛2014》，社会科学文献出版社2014年版，第131、136页。
③ 参见陈之迈：《中国政府》，上海人民出版社2015年版，第26页。

保障等广泛的社会领域，其中很多条文都有魏玛宪法的影子，以下摘录数条：“中华民国之经济制度，应以民生主义为基础，以谋国民生计之均足”（第116条）；"中华民国领域内之土地，属于国民全体，其经人民依法律取得所有权者，其所有权受法律之保障及限制"（第117条）；"附着土地之矿及经济上可供公众利用之天然力，属于国家所有，不因人民取得土地所有权而受影响"（第118条）；"土地价值非因劳力资本而增加者，应以征收土地增值税方法，收归人民公共享受"（第119条）；"国家对于土地之分配、整理，以扶植自耕农及自行适用土地人为原则"（第120条）；"国家对于私人财富及私营事业，认为有妨害国民生计之均衡发展时，得依法律节制之"（第121条）；"公用事业及其他有独占性之企业，以国家公营为原则；但因必要，得特许国民私营之"（第123条）；"劳资双方应本协调互助原则，发展生产事业"（第125条）；"国家为谋农业之发展及农民之福利，应充裕农村经济，改善农村生活，并以科学方法，提高农民耕作效能。国家对于农产品之种类、数量及分配，得调节之"（第126条）；"六岁至十二岁之学龄儿童，一律收基本教育，免纳学费"（第134条）；"教育经费之最低限度，在中央为预算总额百分之十五，在省区及县市为其预算总额百分之三十；其依法律独立之教育基金；并予以保障。贫瘠省区之教育经费，由国库补助之"（第137条）。[①]

"关于'国民经济'各条孙科氏说明其用意在'保障三民主义国家之建设'，不致走错了资本主义的老道路，同时在经济立法上的老道路，同时在经济立法上不会违背这些原则。"[②] 针对中国资本主义不发达、孙中山"节制资本"的民生主义太超前的提法，时任宪法起草委员会副委员长吴经熊反驳说："中国是产业落后的国家，在革命改造之初，与其走上资本主义的路线，造成未来的社会阶级斗争的惨剧，倒不如慎之于始，避免走这种不必走的路。"所以孙中山才"主张民生主义以节制资本的方法，去防止私人资本太发达来支配国民的生计。同时以平均地权的方法，来防止私人大地主的土地权"。正如魏玛宪法所说，"经济生活的组织，必须适合正义的原理，其结果应令全体人民的适宜生活都得保障"，"五五宪草"所保障的，乃是"国民生计之均足"（宪草116条），也就是"一般人既均且足的生活"。[③] 立

[①] 参见夏新华等整理：《近代中国宪政历程：史料荟萃》，中国政法大学出版社2004年版，第990—991页。

[②] 陈之迈：《中国政府》，上海人民出版社2015年版，第626页。

[③] 参见吴经熊：《中华民国宪法草案的特色》，载吴经熊：《法律哲学研究》，清华大学出版社2005年版，第133—135页。

法院在宣讲"五五宪草"时特别说明民生主义之重要意义:"民国元年,国父在各处演讲,注重民生主义。当时浅见之士,谓推倒满清、建立议会与责任内阁,于斯已足,不必讲民生主义。国父乃力斥其非,谓'如果不讲民生主义,我就不革命了'。可见,国父实行民生主义之决心。今我国所需之宪法,为三民主义之宪法,则国民经济之宪法,实为当然。有谓国民经济非宪法之重要效用、宪法不必备载,诚属误解……民生主义之实行,为平均地权与节制资本,所以充分发展人民之生产力,同时逐步改革经济之组织,防止后来之社会革命。故以民生主义为基础之经济制度,乃节制私人资本、发达国家资本,以达到全民共享之目的。同盟会宣言有云:'文明之福祉,国民平等以享之。俾家给人足,四海之内,无一夫不获其所'。此即国民生计均足之真谛。"①

五、"基本国策":刚性宪法与柔性权利的调和

正所谓"此一时也彼一时也",在孙中山民生主义体系之外,基于中国儒家传统与德国魏玛经验率先鼓吹宪法社会权的张君劢,到了1946年参与政治协商会议拟定宪法草案时,却放弃了社会权优位性的主张,这在很大程度上源于当时的人权状况。②究其根本,宪法社会权的伸张必须以宪法基本权(自由权)的限制为代价,而通过宪法保障人民自由、限制政府对于人民基本权利的大肆侵害,乃是当时有识之士的共识。③1946年制定的《中华民国宪法》对人民基本自由权利采积极保护方式,逐条取消了"非依法律不受限制"及类似字样,以防政府滥用立法权剥夺人民权利,这与以往宪法文本明显不同;但是,宪法第23条"以上各条列举之自由权利,除为防止妨碍他人自由,避免紧急危难,维持社会秩序,或增进公共利益所必要者外,不得以法律限制之"。④"增进公共利益"是限制人民自由权的法

---

① 参见立法院宪法草案宣传委员编:《中华民国宪法草案说明书》,正中书局1940年版,第97—98页。
② 参见薛化元:《民主宪政与民族主义的辩证发展:张君劢思想研究》,稻禾出版社1993年版,第99—101页。
③ 参见聂鑫:《宪法基本权利的法律限制问题——以中国近代制宪史为中心》,《中外法学》2007年第1期。
④ 参见夏新华等整理:《近代中国宪政历程:史料荟萃》,中国政法大学出版社2004年版,第1105—1106页。

定理由之一。与此同时，宪法设立了"基本国策"一章，其第三节"国民经济"、第四节"社会安全"、第五节"教育文化"、第六节"边疆地区"，共28条与宪法社会权有关。本来，张君劢草拟的"政协宪草"将"五五宪草"的"国民经济"一章大为简化，并且将其与"国防外交"等问题合并为"基本国策"一章，冲淡了宪草作为国民经济宪法的特色；但在制宪国民大会审议"五五宪草"的过程中，由于占制宪代表多数的国民党代表对于孙中山民生主义的坚持，最后通过的宪法文本由社会权问题上的"相对价值中立"回复到"五五宪草"的"价值充沛"。在制宪国民大会上，刘振东等代表184人专门提案将原"五五宪草"中"国民经济"一章的规定予以增修、补充并专章列入宪法，其理由如下："国父于建国大纲中，开宗明义，即谓建国之首要在民生。在民生主义中，又剀切昭示民生主义之要义，及经济建国之大道。晚近世界各国宪法，亦多注重社会组织，举凡国民经济建设之原则，国民经济生活、公共福利等，皆为详明之规定，以为推进经济建设之依据……国父遗教，近察世界趋势，认为国家经济制度，必须在宪法中切实规定，若并平均地权节制资本之大经大法，而不列入宪法之内，岂唯宪法本身之缺陷，且将影响建国之前途。"① 制宪国民大会最后通过的宪法，于第十三章"基本国策"之第三节"经济生活"明确指出：国家"经济发展的基本原则是民生主义，亦即国家有义务介入平均地权、节制资本，以谋国计民生之均足；接着第四节社会安全更直接引进第二次世界大战后欧洲工业民主国家先进的社会福利制度，例如德国、瑞典的充分就业与社会保险，英国、瑞典的国民健康服务，法国、比利时、奥地利的家庭政策，以及上述各国自工业革命以来的保护劳工政策"。②

1946年宪法"基本国策"章的"经济生活""社会安全""教育文化"各节吸收了"五五宪草"的相关规定，并予以扩充。其中"经济生活"一节开篇即在根本法上明定国民经济之基本政策，"应以民生主义为基本原则，实施平均地权，节制资本，以求国计民生之均足。"（第142条）在宪法上详细规定国民经济政策，即所谓"宪法之经济化"，"为二十世纪宪法之主要趋势，迨第二次世界大战之后而犹甚"，"宪法经济化之主要内容，为对于私有财产及交易自由之限制"，"宪法经济化之初，其所着重之内容，为对于土地所有权之限制，与国家或地方自治团体，对于公共事业之独占与监督"。③ 笔

---

① 参见国民大会秘书处编：《国民大会实录》，1946年自刊，第833—834页。
② 苏永钦主编：《部门宪法》，元照出版公司2006年版，第280页。
③ 参见林纪东：《中华民国宪法逐条释义》第4册，三民书局1993年版，第269—270页。

者将 1946 年宪法与"五五宪草"相较有所增加的条文,选列数条如下:"中央为谋省与省间之经济平衡发展,对于贫瘠之省,应酌予补助。省为谋县与县间之经济平衡发展,对于贫瘠之县,应酌予补助"(第 147 条);"金融机构应依法受国家之管理"(第 149 条);"国家应普设平民金融机构,以救济失业"(第 150 条);"国家为增进民族健康,应普遍推行卫生保健事业及公医制度"(第 155 条);"国家应保障教育、科学、艺术工作者之生活,并依国民经济之进展,随时提高其待遇"(第 165 条)。①

总的来说,1946 年制宪的首要争议是政体问题,宪法自由权的法律限制问题也引发了较大关注,而宪法社会权条文的修改与通过可说是波澜不惊,这或者与以张君劢为代表的制宪者在社会权入宪问题上"半推半就"的心态相关。需要特别指出的是,与魏玛宪法将社会权规定于宪法第 2 编"德国人民之基本权利及基本义务"不同,近代中国宪法关于社会权的规定,无论是 1922 年国是会议宪草、"五五宪草",还是 1946 年宪法,均将社会权规定于"人民基本权利义务"专章之外。所以学者通常也将这些社会权规定(不管它叫"国民生计""民生"还是"基本国策")区别于宪法关于人民基本权利(自由权)的规定。从语义解释来看,社会权不是"基本"的权利;以经济现实(目的解释)来说,社会权是昂贵的权利;就体系解释来讲,1946 年宪法"人民之权利义务"章紧随第 1 章"总纲"之后,位列宪法关于政府组织的规定各章之前,而第 13 章"基本国策"则是倒数第二章,仅列于终章"宪法之施行及修改"之前,这是否暗示着"基本国策"尴尬的宪法位阶与实际效力?依学界通说,1946 年宪法将社会权列入"基本国策"章,其目的乃是指示政府之"基本方针","本章即定名为基本国策,则仅指示立法行政之目标,无强行之性质,如基于环境,一时未能达到目标者,亦不能指为违宪。"尽管宪法所规定之社会权仅为"宣示性权利",无法完全强制实现,但这并不意味着这些规定是伪善或无意义的添附,宪法社会权的引入乃是"反映福利国家之要求,亦为现代法治观念之表征,意义已极重大。如专就宪法言之,由于现代宪法增加此一部分之结果,使宪法在昔专以消极的保护个人权利,防止政府专制为任务者;并以积极的促进整个社会进步发展,及督促政府努力为民造福为其任务;宪法之精神与面貌,乃与前大不相同"。②

---

① 参见夏新华等整理:《近代中国宪政历程:史料荟萃》,中国政法大学出版社 2004 年版,第 1116—1117 页。

② 参见林纪东:《中华民国宪法逐条释义》第 4 册,三民书局 1993 年版,第 245—248 页。

与魏玛宪法相较,近代中国在宪法社会权规定的体系安排上独具巧思,这使得社会权在宪法的文义与体系上区别于自由权,避免了宪法社会权因为财政现实无法完全落实的尴尬,维护了宪法的脸面与权威;与此同时,制宪者不忘将社会权的理想规定于宪法,课以政府落实社会权的政治责任(而非法律责任),这不失为将"大同"理想照进社会现实的一种办法。约略与1946年中华民国宪法同时,有不少国家尝试在刚性的宪法中融入柔性的社会权条款,并直面这一"刚柔相济"的现实。爱尔兰1937年宪法第45条"社会政策的指导原则"开头便说,宪法规定的(社会政策)原则只能由国会具体细化为法律,而不能由法院通过司法审查强制实现。[1] 与此类似,在联邦德国,宪法社会权"不能作为一种直接的、能够获得司法保护的公民权而被证立,这一点对于看待基本法中的基本权是非常重要的。"[2] 二战后的德国《基本法》一方面废弃了魏玛宪法关于社会权的具体条文,另一方面却将"社会国原则"作为宪法的基本原则之一,并在事实上建成了福利大国。与爱尔兰和德国的经验相较,我们可以说,1946年通过的中华民国宪法在立法技术上已经超越同时代的"欧美先进",在宪法文本与体系上妥善处理了宪法社会权与自由权的冲突、刚性宪法与柔性权利的矛盾,兼顾了理想与现实,探索出一条与外国经验有所区别、独具特色的道路。

---

[1] Vicki C. Jackson & Mark Tushnet, *Comparative Constitutional Law*, 2nd ed., New York: Foundation, 2006, p. 49.

[2] 康德拉·黑塞:《联邦德国宪法纲要》,李辉译,商务印书馆2007年版,第162—163页。

第三编
"昂贵的权利"

绪　　论

回到最初的"制宪救国"主张中,近代中国需要一部宪法,来擘画一个充满公平正义、没有绝对贫困、公民可以有尊严地参与社会生活的美好未来。要实现这样的社会图景,就需要全方位地提高社会福利水平,高昂的财政支出显然超出了当局的实际能力。在不同学派、政党的辩论下,保障弱势群体、贫困人群的呼声愈来愈高,使得不同权力分支不断调整自己的管辖范畴,在社会现实与正义理想之间寻求平衡,逐渐复杂化了转型宪法的安排与设计。

一个民族的法制选择难免与其固有文化有关,父权主义与共同体主义的传统为福利国家的"大政府"提供了政治与社会资源,德国便是如此。从这个角度讲,近代中国似乎也可以安然披上位阶所谓无缝之狐裘,不必如王伯琦般担心水土不服、"热得发骚"。公民的基本权利也是可以有位阶之分的,面对现代福利国家的潮流,限制财产权的社会立法之发达,似乎与社会上发生的公民自由权与生命权的侵害案件并无直接因果关系。

作为公共福利政策形成的社会权有私财产属性的一面,而以私属性著称的财产权随着其宪法化概念的传播与巩固,形成了"财产权社会义务"秩序,与公权力产生纠葛的时刻越来越多。社会权与财产权的交织,在某种程度上可以为公私主体协力提供社会福利保障的行为提供一种宪法解释。财产权的社会化与社会权的财产化并非巧合,而是在社会发展过程中双方意涵扩张后形成的重合区域。在理解这部分重合区域时,固然应避免将社会权利代入财产权中寻求保障,但也不应过度以公共利益为由限制财产权。

宪法社会权的实现是一个渐进的过程。诸多美好的社会经济权利的实现,不在一朝一夕,而应与社会经济发展状况相匹配。以受教育权为例,在近代中国,受教育权被写入宪法,足见制宪者对于国民教育之重视,然而在"庙产兴学"系列案件中,可以看到在保障受教育权的同时,可能对僧侣的基本生存与财产权利造成侵害。对其他基本权利挤占的后果，这显非制宪者之本意。

财产权在近代中国宪法化进程中的社会福利维度，揭示了财产权从绝对私权向承担社会义务的转变。通过对中西法律传统的比较，我们可以一窥中国近代宪法在理想与现实之间的张力。

第八章 宪法社会权的困境
——以"庙产兴学"诉讼为例

"教育之状况,兴学为唯一之要图,兴学之要义,首在开民智,扫除弊俗,转易风习,崇尚道德,使人之受同等之教育,以共赴大同之正轨。"① 教育权是社会权的重要组成部分,在民国时期的宪法文本中,均可以看到与国民教育相关之规定。

全民享有和平等享有是宪法社会权的两大特点。在宪法层面设立一项社会福利权利,比如受教育权,就意味着要让全国范围内的每一位适龄儿童平等地接受教育,这无疑将为财政带来巨大压力。囿于央地教育经费不足而普及国民教育之目标迫切,民国时期曾经发起两次"庙产兴学"运动,将寺庙及庙产收归公有,改办学校,这在一定程度上提升了国家教育能力、缓解了教育经费的不足。

对地方、宗族团体乃至个人庙产的强行征收,使"庙产兴学"运动不可避免地引发系列纠纷。国家为保障国民教育权,以强制性命令的形式征用庙产,虽是作公共利益之用,但仍需要回应公民受教育权和僧侣财产权、生存权的冲突问题。这种冲突的存在及其产生的深层原因,是财政经费不足引发的对不同类型公共利益的取舍,是多数人与少数人利益之间的权衡,而这恰恰也是民国时期宪法社会权面临的困境。

一、"庙产兴学"运动引发的诉争案件

"庙产兴学"运动的兴起可追溯至1898年。张之洞在《劝学篇·设学》中提出:"大率每一县之寺观,取十之七以改学堂,留十之三以处僧道。"光

---

① 嵇翥青:《庙产兴学议》,《教育评论》1928年第8期,第2—4页。

绪帝受此影响，下旨将寺庙除用于祭祖仪式之处，悉数改成学堂。"百日维新"失败后的十数年间，清政府对"庙产兴学"政策时用时弃，最终不了了之。民国时期曾有过两次大规模的"庙产兴学"运动，一次与1915年袁世凯颁布《管理寺庙条例》有关，另一次与1928年"训政"以后南京国民政府将"庙产兴学"与"破除迷信"作为政治性任务有关。

虽然每次运动都在佛教组织的大力反对下归于平静，但仍然引发了诸多涉及庙产之纠纷。仅大理院便曾就庙产相关案件审判作出二十余个判决例，平政院则受理过将近二十件标的为庙产的案件，更多的庙产诉讼停留在初审或是诉愿过程中，未至最高审判机关。南京国民政府成立最高法院与行政法院后，法院处理了颇多涉庙产的民事诉讼与行政诉讼。这些诉讼的争议焦点较为集中，在实体权利上多与庙产的所有权、使用权和管理权相关，在程序问题上则集中于是否属于行政诉讼或民事诉讼的受案范围判断。

（一）公产与私产性质之争

"庙产兴学"有两种形式：对于性质为公产的庙产，可以直接更改其使用方式；对于性质为私产的庙产，需要先征为国家或地方所有，再改为办学场所。这就涉及如何判断庙产的公私性质，其是否能够被视为公产或者某一部分是否可被充公，如果一处寺庙本为公产，由官方掌握产权，改变其用途自是合法正当。因此，在征用庙产时，官方大多主张其为公产。既关乎两造之利益，在诉讼中，庙产的性质就成了首要的争点。

1. 庙产的所有权

庙产通常由一方民众集资建立，由历代信众捐献财产、集合而成。庙产的类型多样，庙宇屋舍、善款、善徒捐助之膏田或其他物品，种类丰富，经济价值很高。从庙产的所有人来看，其更像是由"集体法人"持有，而不能由个体单独处分。这些特点增加了对庙产权属认定的复杂性。庙产之纠纷多与"庙产兴学"运动相关，儒释道三家的庙产皆有涉其中。

1912年中华佛教总会成立，联合全国寺庙说服北洋政府，最终促使北洋政府颁布大总统令："约法颁布以后而当各教会未成立之先，凡未经查明确系宗教所私有者，其庙产仍无独立形式，斯时国家或团体仍得适用习惯视该庙为公有而随意处分之。"即以《临时约法》颁布时间为界，此前已备案的、规范的寺庙产业属私产，不得提充办学，《临时约法》颁布之后建立的寺庙及佛学协会，其财产属国家公用，并非私产。1913年颁布的《寺院管理暂行规定》将寺院财产类型分为三类：归国家所有，所有的寺院财产须逐级报送后交由国库接收管理；归寺院所有，所有人不得强取寺院财产；

归私人所有,由私人自行建立、自行管理和使用。① 在袁世凯统治时期,各地军阀觊觎丰厚的庙产,常以办学之名义,趁机将庙产充公或攫取其管理权。1914 年《管理寺庙条例》颁布,加强了对庙产的管理。据此条例,寺庙财产由各寺庙住持管理,但其不能变卖、抵押、处分,各寺庙的住持归县公署管理。安徽蒙城县公署曾于 1918 年援用《管理寺庙条例》筹措教育经费,提出有庙无僧或有僧而不通晓经典之庙,其产全部征用,有僧且通晓经典之庙,则酌量征收大部分庙产的"庙产充公"方案,拟将全县 253 所寺庙征为公用。② 但是,"一刀切"的政策没有解决庙产的历史遗留问题,也未能就庙产属于公产还是私产给出明确答复。浙江温岭县崇善寺僧人雪山等因案被县知事将庙产充公改办学校遂诉于浙江巡按使公署案为例。③ 更何况"庙产兴学"运动中,还涉及诸多宗族或宗派所有的宗祠,私产属性显著,难以一概而论。

南京国民政府成立后,于 1929 年 1 月颁布《寺庙管理条例》,其内容大多源自《管理寺庙条例》,所不同的是增加了寺庙兴办公益事业的硬性要求,包括兴办各级小学校、民众补习学校、夜学校等。此前法律并未对寺庙筹办之教育公益事业的类别提出过强制性的限定。此条例虽然规定庙产的所有权归属于寺庙,但是由市县政府、地方公共团体、寺庙僧道组成的庙产保管委员会共同管理,产权的公私性质愈发模糊。1928 年僧人太虚在《海潮音》杂志的"佛学通论"栏目中发表《佛教僧寺财产权之确定》一文,认为庙产一大特殊性在于除去固定的不动产外,还需考虑云游僧人之财物,包括出家财产和在家财产,应属于僧人之私产还是地方公产。太虚指出:"也故寺院财产之有所有权者必限于有中华民国国籍之僧众。僧众团体者即专以修学宣扬办理佛教为职业之佛教分子所组成之住持佛教教团也。"④ 也就是说,得到官方认定的僧人,其出家前的财产归个人所有,但带来出家的财产则归属于寺庙同业团体共享,性质为集体财产构成部分,不应属于地方可处分之公产或个人可处分之私产。1929 年 12 月,《监督寺庙条例》出台,该条例规定将由政府机机关、地方公共团体或由私人建立并管理的庙产排除出国家管理范畴。

大理院曾就庙产的性质作出过多个判决例。"三年上字第 161 号民事判

---

① 丁菁:《民国时期寺庙管理法规剖析》,《社会科学战线》2019 年第 2 期。
② 东初:《中国佛教近代史》,东初出版社 1984 年版,第 28 页。
③ 黄源盛纂辑:《平政院裁决录存(1914—1928)》,五南图书出版股份有限公司 2007 年版,第 837—840 页。
④ 太虚:《佛教僧寺财产权之确定》,《海潮音》1928 年第 6 期,第 5 页。

决例"宣布:"公立寺庙之财产经施主以一定目的捐助之后,其所有权即不属于原施主,而属于寺庙。若以施主所捐财产供其他目的之用,固应得施主之同意,然经国家以一般法令指拨一定庙产充以某项用途,则固无庸更问施主之意思。"① 以庙产充公作为学堂,可以被视为"国家法令"。信徒对于庙产的去留、用途没有决定权。庙产虽由信徒捐赠而来,但其有独立的"法人人格",须承担社会义务。

个人所建造之"私庙"在诉讼中被定性为"个人财产"。从程序上看,此类财产之纠纷由民事诉讼处理。大理院"七年上字第1163号判决例"认为:"关于施主住持身份、庙产是否私有与处分庙产曾否同意及管理用益之争执,皆属司法范围。"② 从实体权利来看,如果财产确系个人所有,对于庙产之投献非捐赠行为,则为私人财产。据"四年上字第2379号民事判决例","私人建立之佛堂与由公众募集而为地方公有者,截然两事"。"六年上字第98号民事判决例"亦认为:"私庙,除有特约或规约外,原建主得自由处分。"③ 据此,宗族祠堂、个人佛堂为私产,不得随意充公。1935年最高法院作出的一份"民事裁判要旨"中提道:"私人建立寺庙必以私人非捐出为目的,而以个人私有财产建立者始得主张为私人建立之寺庙。"在该案中,上诉人石耀祖提出涉案的普门寺为石家家产,法院认为庙产之公私性质可以按照募集而成还是独资所建来判断,并依据捐款字据将该庙产视为是公共庙产,认为不属一家所有。④ 审判机关秉持保护私产的态度,尝试依据当时所行法律规定维持财产权秩序。如最高法院"十九年上字第976号民事判决例"明:"施主以一定目的捐助庙产,在该庙未经政府明令废止或合法变更目的以前,不得任意违反捐施之目的,而别为处置。"对权属问题愈加谨慎,关注庙产公私属性,对非法侵占庙产者、非为公共利益侵占庙产者施加惩罚,在一定程度上限制了行政权的滥用。

2. 庙产的占有与使用

庙产的性质与所有权直接相关,但是在特定的情况下,所有权的移转并不显著,而庙产又在事实上被侵占。

在江苏灌云县云台山法起寺因庙产拨充学产事件行政诉讼案⑤中,原

---

① 郭卫:《大理院判决例全书》,中国政法大学出版社2013年版,第477页。
② 同上书,第479页。
③ 同上书,第478页。
④ 《行政诉讼裁判:石耀祖等因普门寺寺产事件行政诉讼案(二十三年五月三十日行政法院判决,判字第十五号)》,《司法公报》1934年第128期,第20—22页。
⑤ 《行政诉讼裁判:江苏灌云县云台山法起寺因庙产拨充学产事件行政诉讼案(二十三年度行政法院判决,判字第五一号)》,《司法公报》1935年第42期,第40—43页。

告因犯案被捕，刑满释放后原寺庙已被充公作为学堂，庙产收益用于办学。原告认为，寺庙产权清晰，有印契证明交易过程。虽然因为辛亥革命的缘故，产权证明无存，但是凭借长期的占有，其已经形成了对庙产的所有权。建造小学之举系侵占庙产，且在此期间庙产还有所增值，即使按照中华民国建立后的新办法，原产不再为私人所有，增值的部分也不应充公。与此相对，被告认为：虽然法起寺及其庙产在1928年以前由原告等僧人管业，但其实际上是在辛亥革命期间趁乱恶意占有，因此不能取得所有权；对于屯庄田，即使有增值也应充公，不属于庙产的构成部分。

除了长期占有形成所有权的说辞，还有以"代管"的方式直接占有庙产的案件。在"民国二十五年第18号案"中，张苎棠等因管理庙产事件提起诉愿。原告认为寺庙住持空缺后，庙产属当地六姓人家共有。被告认为庙产既由地方官署代管，属公产，可处分。行政法院认为，应由当地佛教会遴选住持管理庙产，县政府仅为代管，不得侵占该庙产，且"寺庙及其财产法物除法律别有规定外，该管官署有监督之权，而寺庙之财产及法物为寺庙所有，应由住持管理之"。①

随着民法体系的完善，所有权与使用权的分离愈发明显。即使庙产已由学校占用，其所有权的纠纷也不必然因此偃息。1930年，淮阳县教育局和太康县教育局因为一处庙产的所有权产生纠纷，历经行政诉愿、行政诉讼后，转而开启民事诉讼。太康县教育局希望取得该处庙产的所有权。然而据前期行政机关派员调查，已将诉争庙产平分并作为教育基金分给两县。河南高等法院认为，使用权纠纷已然解决，但是所有权应当由财产的正当权利人另案诉讼进行主张，不能依据现有的使用权分配方案来决定所有权之归属。②河南高等法院没有认可太康县教育局独占庙产之请求，选择了维持原状和另案诉讼，绕开了对庙产权属问题进行回应。这是因为从实体上判定行政行为违法可能招致行政机关的"反扑"或陷入司法越权处理行政事务、决断行政政策的泥潭，而从程序合法性切入既能使不合理的行政行为得以撤销，又能避免插手行政机关事务，是更为安全的选择。

在庙产兴学相关的诉讼中，许多案件的裁判方式并非直接要求政府撤销命令，而是以非属本院诉讼范围撤销原决定的方式进行。例如，前述云

---

① 《行政诉讼裁判：张苎棠等因管理庙产事件行政诉讼案（二十五年度行政法院判决，判字第十八号）》，《司法公报》第175期，第32—35页。
② 《河南高等法院民事判决：二十年控字第六一号（中华民国二十年六月三十日）》，《河南司法公报》1931年第7期，第157—160页。

台山法起寺案，行政法院认为庙产权属的认定是民事诉讼，此案的争议焦点在于行政机关是否有权裁决纠纷。法官认为，经占有是否取得物权、增值利益是否归属原主、法起寺与某小学之间有无权属变更，皆是民法管辖范围，行政官署决定庙产充公实为越权裁判，不应支持，故裁定撤销原决定。又如"二十三年判字第51号行政判决例"明确"关于私权之争执原属民事诉讼范围自非行政官署所能处断"。在"二十五年第36号行政判决"中，法官认为："本件双方所争执者为庙产之所有权及租谷之究应谁属，显系民法上私权之争执，属于民事诉讼范围，应由普通法院依法裁判。"从结果上看，虽不直接承认权属，但也在事实上撤销了官署占财的决定，判决以程序法的形式否定了学校占用庙产之做法。但未触及根本问题。

（二）"公共利益"的正当性

据民国时期的宪法和法律，如为公共利益之所需，政府可以征收征用公民财产。而"公共利益"的解释权又被公权机关掌控，由此引发了诸多僧侣状告县政府以"公共利益"之名、行侵占庙产之实的诉讼。

从裁判文书来看，各地的尼姑庵也在"改学"之列。战乱年代的尼姑庵是缺乏独立生活能力的女性的避难所，[①]将庵堂改为学校，强行使尼姑还俗，很可能招致生存之困。在1921年合肥县大观音庵尼姑妙贞因庵舍拨充学校不服安徽省公署之决定案中，大观音庵所属土地先后被用作女子师范学校、三育学校和女子国民高等小学校。原告妙贞根据《保护庙产条例》要求返还庙产，经县知事批准，决定在三年借用期满后返还庙产。然而到期后，教育会会长提出该庙产是充公而不是租用，且涉案地块已经长期用于办学，变更产权会影响教育事业。安徽省公署支持了这一主张，认为庙产已然充公，无法发还，从公共利益的角度来看，征用庵舍改办学校似属正当，但未给予相应的补偿。此时若再争其是否为"公益"之所需，在法理上已经没有解释空间。妙贞等人遂诉愿至平政院，巧妙地以三年租期为由，区分了庙产的所有权和使用权。法院认为学校拥有的是庵舍的使用权，所有权并未移转，当前没有可以替代的办学场所，故支持延长租用时间。判定女子国民高等小学校可以继续使用大观音庵，但需要与妙贞签订租赁合同并支付租金。如此，在无法改变庙产被征用的状况下，法院为尼姑争取了一定的收入。

对"公共利益"的解释缺位，使官府可以更加便捷地以合法的方式取

[①] 蔡鸿生：《尼姑谭》，中山大学出版社1996年版，第117页。

得庙产。1930 年，邰爽秋组建"庙产兴学促进会"，不以公产或私产论，在全国范围内有组织、有计划地开展没收庙产运动，大量的寺庙因此被改为学堂。①这一次的"庙产兴学"运动在全国产生了很大影响，地方小庙无力抵抗，多被政府强制征收。一些大的庙宇也在征收征用之列，甚至曲阜孔庙也被卷入了这次"庙产兴学"运动。据 1929 年 10 月的《审查改革曲阜林庙办法报告》，"所有原拨祀田，一律改拨为办理纪念孔子各项事业之基金，由教育、内政两部会同组织一委员会管理制度"。孔庙之性质大体符合"私庙"之特征，但因其信徒众多，在事实上已经超越了"家庙"。孔氏后人认为将庙产收归国有之行径属于非法处分，是强行占有孔氏后人所继承的庙产，呼吁全国同胞援助。至 1931 年南京国民政府重申保护寺院财产之规定，此轮"庙产兴学"运动才逐渐平息。最终，《改革曲阜林庙办法》未得到核定，随后束之高阁。②在两次"庙产兴学"运动中，"公共利益"之概念本是为了公民财产免受公权侵害，却隐隐成为官方强占庙产的合法"外衣"。

更有甚者，以"公共利益"之名中饱私囊。据《佛教日报》报道，1931 年庙产兴学后，江苏省镇江各寺庙纠纷迭起。一些小寺庙以场地狭小、难以容纳多人，不宜作为教室为由，封锁校舍，不许教师和学生前来上课，并私自搬运教学用具、盗窃公物、破坏设施，部分行为已然触犯《刑法》。当地教育厅要求县政府严予追究。③《新闻报》亦曾刊登《争庙产酿成刑事案》的消息，寺庙经理人、地方市议员参与了强占庙产、毁损文物等违法行为。④1929 年，佛教杂志《海潮音》曾刊登一则教育局局长非法驱逐寺庙住持抢占庙产案件的判决书：江苏省宝应县有一处缘净居寺，庙产有屋舍数座、膏腴秧田六十余亩，该地教育局局长范学桢以创办通俗教育馆的名义，借用行政势力将住持驱逐出寺，将庙产悉数占为己有；住持受驱逐后向省政府民政厅请求救济，在省政府明确要求返还庙产后，范学桢仍违抗省令，"声言庙产是不交的"；江苏宝应县政府刑庭依据《刑法》第 356 条判处范氏侵占罪、有期徒刑十个月。⑤判决之后随附一份文件，提到因兼理

---

① 《中央消息：中央大学教授发起组织中华民国庙产兴学促进会》，《湖北教育厅公报》第 2 卷第 13 期（1931 年），第 110—111 页。

② 吴佩林、姚志良：《"封建遗存"的近代境遇：1928—1930 年曲阜孔庙祀田的国有化争端》，《近代史研究》2021 年第 2 期，第 100 页。

③ 《庙产兴学案：镇江各寺庙迭起纠纷》，《佛教日报》1926 年 2 月 19 日，第 1 版。

④ 《争庙产酿成刑事案》，《新闻报》1926 年 11 月 28 日。

⑤ 《江苏宝应县政府判决教育局长侵占庙产予以刑事罪全文（十八年判字第 1003 号）》，《海潮音》第 9 期（1929 年），第 9—10 页。

司法县长王官献羁押范氏，省政府控诉其非法拘押、妨害公务。此时"庙产兴学"运动正在开展，该佛教杂志特地刊登这一判决并附省政府批示，表达了信徒对各地政府无理强占庙产的愤怒。但这一判决也反映出，司法机关在庙产纠纷中并不必然偏向政府，反而有保护庙产之功。涉及庙产的刑事案件，通常是假借兴学之用，行个人占有之实。南京国民政府时期最高法院"二十年上字第828号刑事判决例"还就侵占庙产既遂与否给出了评判标准："上诉人对于庙产据为己有，私自标卖，虽房未卖出，而其侵占行为已不能谓非达于既遂之程度，原审认为未遂，自属未当。"此类刑事案件从侧面展示出了官府在"庙产兴学"运动中的权力。掌握行政权力的人可以指定征用的庙产、解释"公共利益"的概念，并以此为由将庙产充公，中饱私囊。在宪法与法律相对缺位的情况下，个体很难对抗强权。

至南京国民政府后期，关于"公共利益"的阐述日渐明晰，行政权力得到了较好的制衡，这种情况有所缓解。在"民国三十三年度行政法院判字第六号案"中，原被告就祠堂之地能否用于校舍建造产生纠纷，对此，法官强调了"公共利益"的必要性，认为校舍已有足够面积地块用于建设，并无再征收原告祖祠基地之必要，对于需征收之土地应予补偿。①

二、不同社会权利之间的冲突

宪法规定的社会权内容广泛，劳动权、救助权等皆在其列。在"庙产兴学"运动中，社会权主要表现为国民的受教育权，其得益于庙产，教学有场地开展和经费支持。但若转换视角，从"财产"转移到参与诉讼的"人"，从"客体"望向"主体"，会看到庙产诉讼的背后有一般民众受教育权与僧侣信仰权和生存权的冲突。同时，径直将私产收归公有，虽有"公共利益"之动因，却仍造成了对公民财产权利的侵害。

（一）少数人的信仰权

"庙产兴学"将僧侣与信徒的信仰场所转为保障受教育权的办学场所，很难完全适用为公共利益实行征收征用之理论，因其二者皆可称为公益之所在。

"教育之状况，兴学为唯一之要图，兴学之要义，首在开民智，扫除弊

---

① 行政法院编：《行政法院判决汇编》，上海法学编译社1948年版，第1—5页。

俗，转易风习，崇尚道德，使人之受同等之教育，以共赴大同之正轨。"①受教育权是宪法社会权的重要组成部分。国家对教育寄予了很高的期待。嵇翥青在解释"庙产兴学"的"学"的含义之时提道："我们所谓学，不是普通的学，不是研究哲理的学，不是仿照中国那样萎靡不振的敷衍门面的学，教出来的学生，最低限度要他能得一职业来生活，要他能在社会上做一个平平正正的人，要他能了解三民主义的大要及那一地方一时间的社会人情的状况。"②

在宪法中，宗教信仰自由亦为公民之基本权利。"今世各国，保障人权之宪法，无不保障宗教自由。"③自《临时约法》起，宗教信仰自由成为公民基本权利之一，而"自民国以来，佛教各团体对于庙产，除了请求政府保护之外，始终无以切实办法。因为政府尊重先总理遗训，顾全民意，所以命令保护，不为已甚"。④

邰爽秋作为"庙产兴学促进会"的发起人之一，在为其行动辩护时声称此举并不反对宗教信仰自由："在今日革命时代，人民固应有完全之信仰自由，但不应持以反对庙产兴学。因自由信仰为一事，拨庙产以兴学又另为一事。自由信仰不再聚千百之众，拥巨万之财。"⑤这一观点未能回应"庙产兴学"运动所造成的两种权利、两项公共利益之间的紧张关系，但在二者之间明确地作出了取舍。

为了国民教育和保障公民信仰自由而使用一处房产，皆可视为出于"公共利益"。无论占用该房产建造的是学校还是寺庙，都是普通大众可进入或参观的场所，非属私人之利益。在"庙产兴学"中，若要给作为基本权利的信仰自由权与社会经济权利的教育权评个高低，恐怕将对宪法基本权利体系的建构带来直接损害。虽然办学是公益事业，但留庙也有保护信仰自由之功能，如果是"为公共利益之所需占用私产"，则此处之"公益"不应是公益与私利的对抗，而应是两种不同的公共利益的权衡，"受教育权"与"信仰自由权"难分伯仲。

（二）僧侣的生存权

生存权与教育权均属于社会权的组成部分。朱显祯认为："第一有生存权之要求者，为未成年人，尤其是幼儿或婴儿。这个要求的内容一为扶养，

---

① 嵇翥青：《庙产兴学议》，《教育评论》1928年第8期，第2—4页。
② 嵇翥青：《庙产兴学运动的解剖》，《教育评论》1928年第8期，第2—3页。
③ 王骧陆：《佛事评衡：对于庙产兴学之意见》，《海潮音》第12卷第2期（1931年），第6页。
④ 同上书，第8—9页。
⑤ 邰爽秋：《庙产兴学的理由》，《中央日报》1931年7月21日，第15页。

二为教育。"① 单就两种权利而言,它们没有可比较性,但若是在少数人的生存权与多数人的教育权两者之间进行选择,便需要另做权衡。

在"庙产兴学"运动中,不少支持者从历史、文化等多个角度细数僧侣之贪腐、教育之正当,如"他们的金钱,可以拿出十万百万来贿赂官厅;他们的骗术,可以蛊惑无知的妇女;他们的假斯文,可以博得骚人逸士的同情……积财成富,奴使佃农,虐待僧徒,摧残人道,综其罪恶罄竹难书"。② 主张"庙产兴学"者提出,要"先调查僧侣的罪恶,尽量地把它宣传,僧侣爪牙,驱逐僧侣走狗,监视贪官污吏的庇纵,并各处组织打倒僧侣联合会,力求贯彻"。③ 也有人认为应解放僧尼,令其还俗,学习技能,参加工厂建设,解放生产力,促进经济发展,这样还能一改僧尼腐败之风,实为一举两得之事,不存在侵害僧尼生存权之事。

圆瑛法师曾经回应这些控诉。他认为中国佛教的庙产,并非出自国家,皆由僧尼道行所感,施舍而来。募化所积:"产若被夺,僧尼之生计,自然断绝,何得谓为不是剥夺僧尼之生计?"④ "生存之所需"确有可能是僧人提告的动因之一。尤其是对于年长的尼姑,庙产之于其为生存之必需,此外别无去处,也没有财产傍身。这些阐述既可被视为"情",也可用"法"来解释。宪法保护公民的生存权,纵然在破产清偿、卖货偿债的情况下,也可以留取相应份额以保持相关人的基本生活。虽然庙产案件大多是以财产侵占为案由,实则攸关僧尼生存。不过,因其没有相关之法律可予援引,故仅为"情",难谓于法有据。

发展教育本系国家之责任,不应占用庙产,此举不过是由私产代为承担办学之成本。圆瑛指出:"各国教育之发达,全不闻有掠夺庙产之举。除国家教育外,多由教育家或独方创办,或募集基金而成立,或担任年捐以支持,学校邻里,人才济济。"⑤ 王骧陆同意这个观点,认为:"兴学是政府和大家的责任,不是佛教团体偏面的责任,只要政府减少兵费百分之一,

---

① 朱显祯:《生存权与中国立法问题》,《社会科学论丛》第 1 卷第 6 期(1929 年),第 1—16 页。
② 邱爽秋:《庙产兴学运动——一个教育经费政策的建议》,《中华教育界》第 17 卷第 4 期(1928 年),第 1—5 页。
③ 程楣:《民众教育与庙产兴学》,《教育研究(上海)》1933 年第 3 期,第 145 页。
④ 圆瑛:《庙产兴学促进会主张庙产兴学之理由五种逐一驳斥如下》,《观宗弘法社刊》第 18 期,第 60 页。
⑤ 同上。

教育界就大放光明了。"①

在少数僧侣生存权的另一面，是国民的教育权。宪法意义上的教育权具有平等性、国家责任性，人人可以接受教育，且适龄儿童必须接受教育，不必因贫困而失去受教育之权利。"民众教育的对象是谁？……凡事有国民资格的民众，或不识字或识字而缺乏公民常识，国家观念，社会观念，与不能解决自身生计问题的人们，正式学校教育无法帮助的，都有享有民众教育的权利。所以民众教育，就是全国国民的教育。"②

社会权利的权利主体的普遍性与广泛性使得法律在作出限制时需要非常谨慎，既要考虑财政问题，也应关注在实现过程中可能出现的不平等问题。"庙产兴学"固然增加了教学场所，分担了本该由央地财政支付的教育经费，使更多国民能够有接受教育之机会，但这不意味着教育权的平等能借助这一运动实现。从诉讼案件中可见，不少僧侣在失去庙产后难以存活，诸如"学习技能，进入工厂"的建议在现实中难以操作，而所征收之庙产亦不必然用作"兴学"，甚至可能有人中饱私囊。少数人的生存权难有保障，多数人的教育权也不见得全然能够得到实现。

（三）受限的财产权

法国大革命所强调的"私人财产神圣不可侵犯"在一战后发生了转向，随着德国魏玛宪法的颁布，社会主义立法思潮逐渐成为主流。就财产权条款的设计而言，民国时期的宪法文本皆采纳了这种社会本位理念，在保护财产之余要求主体承担相应的社会义务。

《中华民国临时约法》第六条第三款规定"人民有保有财产及营业之自由"，在第十五条又补充道："本章所载人民之权利，有认为增进公益，维持治安，或非常紧急必要时，得依法律限制之。"如此行文，留下了巨大的行政权介入缺口。类似的，虽然"天坛宪草"在第十二条规定"中华民国人民之财产所有权不受侵犯"，但后半段即有"公益上必要之处分，依法律之所定"。至南京国民政府时期，《中华民国训政时期约法》第十八条规定："人民财产因公共利益之必要，得依法律征用或征收之。"1936年的"五五宪草"把"袁记约法"中"于法律范围内享有权利自由"的规定改为人民的权利自由"非依法律不得限制"，转正面限制为负面清单，却仍然未能明

---

① 王骧陆：《佛事评衡：对于庙产兴学之意见》，《海潮音》第12卷第2期（1931年），第6—9页。

② 程榾：《民众教育与庙产兴学》，《教育研究（上海）》1933年第3期，第143页。

确何为"公共利益"、何为"法律限制"。直到1947年《中华民国宪法》颁布，其第二十三条规定，"以上各条列举之自由权利，除为防止妨碍他人自由，避免紧急危难，维持社会秩序，或增进公共利益所必要者外，不得以法律限制之"。彼时经过半个世纪的现代化探索，法律制度已然较为成熟，形成了以"六法全书"为代表的法制体系，对限制事由有了较为清晰的阐述，缩减了可解释空间。

"社会公益"与"法律规定"的限制过早地出现，使民国时期的财产权立法跳过了"绝对自由主义"时期，进入了"社会化"阶段。一个典型的代表即借助行政处分完成对土地之征收。据朱采真在1932年出版的行政法教材《现代行政法总论》，当时的土地征收吸纳了普鲁士的一般指定征收制度，即在征收法律上列记公共事业的种类。[①] 但是，因立法的随意性和滞后性，暂无法律释明如何认定"公益"与"公用"之概念，在列举中也未对此予以明确，因而通常仅能在个案中予以评价。在法制不健全的时期，仿照德国在财产权上设置"社会义务"，虽然契合集体主义和社会本位的传统，却将"限制"和"公益"的解释权交给了执行机关，而在军阀混战、地方势力大、行政权强势的社会中，财产权保护的宪法依据反有可能成为正当化侵占财产行径的理由。

办学校不可谓不是"公用"，确有公共利益之理。从诉讼案例来看，在平政院时期，尤其是袁氏政府统治期间，庙产的权属判定以行政命令、总统指令划界，通过司法裁判承认其为效力判定标准。实际上大总统令亦可直接限缩依据"人民于法律范围内保有财产"之宪法条款中的"法律范围"。而在南京国民政府时期的"庙产兴学"诉讼中，也有多地出现"以私为公"之现象。虽然依据《庙产管理条例》，部分庙产有公共之性质，"寺庙应按其财产情形，举办公益或慈善事业"，但这不应成为其因行政命令而丧失财产之理由。

即使因公共利益之故征收征用私产办学，也应予以公正补偿，但在民国时期的财产权条款中，并未有此项规定。即使进入诉讼程序，当事人也难以取得相应的赔偿。如1914年《行政诉讼法》第三条规定，"平政院不得受理要求损害赔偿之诉讼"。1932年的《行政诉讼法》第二条规定，"提起行政诉讼得附带请求损害赔偿"，赋予了人民通过行政诉讼请求损害赔偿的权利。尽管在行政法院时期放开了赔偿请求，但若无确凿的证据和明显

[①] 参见朱采真编著：《现代行政法总论》，世界书局1932年版，第196—198页。

的违法，通常不会判定行政机关应承担赔偿责任。① 何况"庙产兴学"为自上而下的运动，得到了当时中央政权的默许乃至支持，故难有求偿之说。

三、近代宪法社会权的困境

"教育为一国文野所系。各国无不重视之。唯昔时各国对于教育之方针，只限于小学教育，人人有就学之义务，至应以何种方法，使义务得以履行不问也。"② "庙产兴学"是为实现社会教育权利而做的较为激进的举措，学界对"庙产兴学"运动的评价不一，在事件发生的时空里，支持与反对的声音亦产生了激烈的对抗，很难单一地去定义这场为全面实现国民受教育权的行动是好是坏。"庙产兴学"集中体现了宪法社会权的困境——政治层面的财政之忧，以及法律层面的概念错位。

在少数僧侣的信仰自由、生存权、财产权与多数人的受教育权之间，通过不够完善的法制与直接有效的政治命令，大量庙产以公共利益之名被收归公有。在相关诉讼中，关于"公共利益"和"社会权利"的阐述称不上充分。一方面是庙产诉讼中的"公共利益"大多指办学之目的，且不论其目的是否达到，这一社会权利实现的供给方应为国家，而非寺庙；另一方面，庙产以财产权之诉的形态出现，背后实有不同群体关于不同类型宪法权利的考量，社会权虽然没有直接的司法救济路径，但因其社会属性而在其他宪法权利中得到转译。以这两者为基点，可见近代宪法社会权所面临的挑战。

（一）社会权的成本

近代中国的宪法与法律大多习自德国。20世纪初的德国面临着一战失败和帝制崩溃的局面，社会主义和共产主义思潮兴起，工人阶级和普通民众要求更多的政治参与和社会权益。在这一背景下，立法者试图通过更新、完善宪法权利的方式来应对国内的社会经济问题。参与魏玛宪法制定的代表之一卡岑斯坦（Katzenstien）提道："早期的宪法只包含关于保护个人的消极条款，但这只是一个过渡。随着'人民'的发展，新的必要组

---

① 赵勇、王学辉：《民国北京政府与南京国民政府行政诉讼制度比较》，《行政法学研究》2015年第5期，第37页。
② 汪馥炎：《比较宪法纲要》，上海法学书局1934年版，第272页。

织和国家一起形成，对国家提出了新的积极要求，这些要求也必须在宪法中表达出来。"①参与民国宪法制定者大多有外国留学经历，他们自然而然地吸收了国际社会对于设置宪法社会权利的思想。在这一时代语境下，福利权是一种积极权利，要求积极地给付，主要由立法机关发挥作为义务，构建保障公民尊严的最低生活保障制度，并通过福利行政的方式使之能够实现和获得保障。②

教育权在诸多社会权利之中，关涉开民智、促共和之事业，尤为重要。吴经熊非常重视社会权利，在其设计的宪法草案中，国民生计和国民教育被纳入第四篇"民生"，对应着公民的生存权与教育权，其中第192条提出了教育经费独立之理念，鼓励中央与地方筹措教育上必需之经费。③张知本的宪法草案同样关注教育问题，其规定中央及地方在教育经费之余，还应宽筹贫民就学补助费、对适应国家教育制度的私立学校酌情给予补助费。④而在薛毓津的草案中，基本权利与经济权利被置于最前，采先权利后权力之架构，但其在教育部分仅简单规定适龄儿童应接受教育。⑤在"五五宪草"中，对教育事项的规定更为详尽，其第132条规定："中华民国人民受教育之机会，一律平等。"并将教育机关分为公、私两种，一律受国家监督，并"负推行国家所定教育政策之义务"；6—12岁儿童免交学费，超过学龄但未受基本教育之人，可免交学费参与补习教育。在各国的宪法中，都专门提及了对教育权的支持与保护。据1936年的苏联宪法第121条，进入高等教育的绝大多数学生可以取得国家津贴。德国魏玛宪法第145条和波兰宪法第118条均表明，义务教育及补习教育一律不收取学费，并且免费供给教育用品。⑥这些权利的实现，离不开财政的支持。

从民国时期数个宪法文件及其草案的内容可知，就教育权这一社会权利而言，社会的共识在于国家亟须普及教育、提升公民素养，但在教育经费问题上各方侧重不一、表述模糊，只说应独立划拨、央地政府应分别负担费用。然而，社会权利的一大困难恰恰在于其不着笔墨的国家财政再分

---

① Verhandlungen der verfassunggebenden Deutschen Nationalversammlung（关于魏玛宪法制宪国民大会的纪录）, *Druck und Verlag der norddeutschen Buchdrucherei*, 1920, 336: 186. 转引自李富鹏：《近代宪法社会权的肇始：以威玛制宪档案为中心》，《法制史研究》第37期，第207—208页。
② 胡敏洁：《福利权研究》，法律出版社2008年版，第66页。
③ 夏新华：《近代中国宪政史料荟萃》，中国政法大学出版社2004年版，第884页。
④ 同上书，第895页。
⑤ 同上书，第901页。
⑥ 汪馥炎：《比较宪法纲要》，上海法学书局1934年版，第272页。

配问题。据"五五宪草"第137条，教育经费最低限度应达到中央预算总额的15%。20世纪中叶的中国面临着战争困扰与发展经济的压力，何以能腾出15%的经费用作教育支出？在宪法中定下财政分配方案，又是否逾越立法之权？之所以对经费问题避而不谈或是抽象概之，大抵是立法者意识到了宪法功能的有限性，而"五五宪草"这般规定，也显示了其不具备可行性。

国家财政如何分配？教育经费在其中占比应如何？中央财政与地方财政应以何种比例投入教育事业？

近代中国法律深受外来性、超前性之困。① 国民性和平等性是宪法社会权的两大特点，使每位国民平等地享受社会福利，需要高额的财政支持。一边是对"各区域、各龄段国民应能够平等接受教育"的热切期盼，一边是捉襟见肘的财政状况。在"庙产兴学"相关的诉讼中我们可以看到，办学校被认为是"社会公益"之所在，通过庙产之征用可促进受教育权之保障。

在"庙产兴学"的语境下，"公"的社会权利之实现是以"私"的庙产征用而实现的。"庙产兴学"是国家在财政不足，未能实现教育权之时的举措，其性质偏政治，司法机关难以介入其中。这一背景下，多数的社会权利皆将面临这种政治与司法之间的边界权衡，法院不能代替财产做决定。当时有人提出："筹谋教育经费，应顾及负担均平之原则。我国教育经费，类多来自田赋，监税或苛细杂捐……独有少数僧侣作用巨资，恣意挥霍，对于教费，殊少贡献。两两相比，不平孰甚！"② 然而，宪法社会权本应由政府或者相关机关供给，此举实质上是将供给者由公共机关移转至私庙产权的所有人，不如大方承认："现在社会经济破产，而许多社会事业，又急于筹办，不但民力不胜负担，而且筹集规划，绝非短期所能做到。利用现成寺院，已有庙产，兴办教育，不但惠而不贵，而且手续简，嘉惠人民，诚匪浅鲜，何乐不为？"③ 可以说，这才是"庙产兴学"运动的内在动力。但这种社会权利的实现思路，已全然是政治逻辑了。

从诉讼案例中可以看到，民国时期对于宪法层面的"公共利益"和"社会权利"的解释确有其局限性。公共利益是有主体倾向性的，在没有关于"公共利益"的清晰界定时，掌握了解释权的行政机关可以在多数人与

---

① 张生、孙烁：《法律史学科与建构中国自主法学知识体系：历史检讨与学科使命》，《中国法律评论》2024年第1期，第22页。

② 邵爽秋：《庙产兴学的理由》，《中央日报》1931年7月21日，第15页。

③ 陈光虞：《利用庙产兴学》，《民鸣周刊》第2卷第23期（1935年），第9—10页。

少数人的利益之间作出选择，亦可以假公济私。即使办学符合"公共利益"之事由，保障国民受教育权之举仍应由国家负担，社会权的供给成本不应转嫁给寺庙。

（二）社会权的司法救济

如果说财政问题是不可避免的时代局限性，民国时期宪法文本中社会权的概念、制度设计却是有待省思的论题。就社会权入宪，在权利结构与制度设计时应该注意两个方面：一是不能走得太"远"，致使权利之保障与救济可能会干扰到国家财政机关的决策；二是不能走得太"急"，社会权依托于社会经济状况，在不同的社会阶段对于不同类别的社会权利的保障程度是有所差别的。如此，当宪法内容落入到具体法律时，才不至于成为一纸空文或是剑走偏锋。

民国时期的立法者意识到了社会权的特殊性。在宪法文本中，他们未将社会权放入"基本权利"，其仅为"宣告式权利"，无法强制实现。[1] 即使在当代，诸多国家也未将社会权利视为必须实现之任务或是短期内政府应平等提供之服务。如爱尔兰宪法第45条规定："本条规定的社会政策原则旨在为议会提供一般指导。这些原则在制定法律时的应用应由议会完全负责，任何法院均不得根据本宪法的任何规定予以承认。"在涉及宪法教育权的案件中，法官认为教育权属于社会权，其实现涉及重新分配国家财政资源，不具备"可司法性"。[2] "宣告式权利"的功能在于指导政策制定而不提供直接的法律救济。虽然没有直接的要求和救济，但是这不意味着宪法社会权的规定是无意义的添附。[3] 社会权"入宪"是"反映福利国家之要求，亦为现代法治观念之表征，意义已极重大"。[4]

作为"宣告式权利"，宪法社会权应更多地由政府根据人民的需要来具体实现，而不可过分依赖司法救济，如此方能确保司法机关不会走得太

---

[1] 图什奈特（Mark Tushnet）将宪法权利分为"强权利""弱权利"与"宣告式权利"。"强权利"指法院需要确保这些权利不受政府的侵犯，除非政府有非常强烈的理由，个人的利益不得让位于重大的公共利益。"弱权利"是当公权机关正当理由时，即使某些权利在宪法中被认可，法院也可能允许对这类权利的限制。"宣告式权利"是将权利写入宪法，但仅用于指导政策制定，而没有直接法律救济。参见 Mark Tushnet, "The Rights of Strong, Weak, and Hortatory: Rights in Comparative Constitutional Law", *Harvard Law Review* 123, 2010, pp. 132-138.

[2] F.N. v Minister of Education, 1995, Supreme Court of Ireland.

[3] 参见聂鑫：《"刚柔相济"：近代中国制宪史上的社会权规定》，《政法论坛》2016年第4期，第59页。

[4] 参见林纪东：《中华民国宪法逐条释义》第4册，三民书局1993年版，第245—248页。

"远"。但是，这不意味着社会权的保护全然没有司法路径。在近代中国的庙产诉讼中，财产权的外衣下有多种社会权利的碰撞与取舍。法官在庙产诉讼的处理中，鲜少直接解释是否"公共利益"，而是借用行政诉讼与民事诉讼的程序差异，撤回官方原决定。但行政诉讼法的主要目的在于监督与肃清政务、防止腐败，对于公民财产权之保护仅为次要目的，故对庙产纠纷之解决并无优益。转入普通诉讼既可撤销原行政行为，又能削减其解释"公共利益"之空间，使诉讼完全转入产权归属的确认，无关公益和错综复杂的各方权利。就宪法权利而言，作为"宣告式权利"的社会权利，虽然没有直接的法律救济途径，但是可以转化为其他权利的形态。在庙产诉讼中，通常是转化为财产权之诉。这种转化也使得法官在作出裁决时，要避免对"公共利益"作出过多阐释，否则可能在不同的基本权利之间失去平衡，也易招致行政机关的不满。

第九章　交织的财产权与社会权
——基本权利现代化的一个缩影

在全球范围内，20世纪是一个"转型的世纪"。以保障人能够有尊严地生活为核心的第三代人权观念催生了社会权，在追求公平自由、民族解放的基础上，南非、印度等国家摆脱殖民与种族隔离的桎梏，制定宪法，建成民主国家。这一时期的宪法，财产权与基本社会经济权利条款是其重要的构成部分。南非宪法在第二章"权利法案"中明确了公民享有住房权，获取食物、水和医疗等社会保障权及儿童福利、基本教育权等权利。在欧洲，爱尔兰于1937年颁布宪法，其第45条规定了社会政策的指导原则，为议会立法提供了指引。

在中国，资产阶级改良派于1920年代初期提出了"制宪救国"的道路，试图通过制定一部民主宪法，达到救国治国的目标。彼时军阀掌控着中央和地方的政权，割据之下民生凋敝，人们认为只有制定一部宪法，才能救亡图存、规范政权，争取民主自由。与此同时，"联省自治的拥护者"认为，可以先在省内制定宪法，进而形成国家宪法，走联邦制道路。在这种目的驱动下，中央和地方的制宪尝试者都关注到公民基本权利保护，他们一方面要求国家保障公民财产不受侵害，另一方面要求国家提供公民最低生存所需的经济支持。在张君劢撰写的"五五宪草"中，将财产权视为基本权利，把受教育权、劳动权等权利写入了"国计民生"相关章节。在历次正式或草拟的宪法和省宪文本中，都可以找到与财产权与社会经济相关权利的条款。

随着"新财产"概念的出现，社会权与财产权的边界逐渐模糊。有学者提出，宪法财产权的核心在于保障公民的基本生存所需，维护人的尊严，而不是保障纯粹的经济利益。[①] 这与社会权的初衷是一致的。在社会本位立

---

① Gregory S. Alexander, *Global debate over Constitutional Property: Lessons for American taking Jurisprudence*, Chicago: The University of Chicago Press, pp. 97-98.

法的理念下,"财产权的社会义务"在财产权理论中被广泛传播,其允许政府为了公共利益征收征用公民财产。基于社会福利政策形成的福利受领权及其相关福利收入成为可以交易的"财产",在司法诉讼中法官承认了部分社会福利权的"新财产"性质。

在近现代的制宪尝试中,社会权与财产权一并出现在宪法中,彼此交织但又截然两分。这两种权利在宪法中的地位、效力等截然不同。基本权利的保护向来需要国家财政的保障,如果说"私有财产神圣不可侵犯"的理念自古有之,财产权条款属于宪法的"一般条款",那么社会权条款就是现代社会发展中对"人"的关怀的回归,需要高昂的经济成本,是宪法的"先进条款"。在全球"宪法转型"的浪潮下,孤立地去研究财产权利或民生权利,都有可能掉进片面主义的漩涡,但过于宽泛地解释财产权或社会权,又将使基本权利秩序陷入混乱。

一、民国时期的宪法财产权

民国时期的各部宪法和宪法草案,均在公民基本权利章节规定了宪法财产权,明确宣告对公民财产的保护。但是,这些宪法条款也留下了"公益"的缺口,宪法财产权面临被随意限制的风险。

(一)南京国民政府建立以前

《中华民国临时约法》第6条第3款规定"人民有保有财产及营业之自由",并赋予基本权利的救济途径,公民可基于基本权利请求议会、行政官署伸张正义,也可以通过法院和平政院将公民之间、公民与政府部门之间的纠纷诉诸法律。但是,在同一章的最后设置了法律保留条款,其第15条规定:"本章所载民之权利,有认为增进公益、维持治安或非常紧急必要时,得依法律限制之。"

1912年袁世凯在北京建立北洋政府,至1928年北伐战争结束北洋政府的统治,这一期间革命党人、各方势力达成了颁布宪法的共识,认同宪法是国家权力来源、机构与制度建立的依据,在不同时间的国会中,接连出现了多部宪法和宪法草案。

1913年10月31日,当时的国会组织宪法起草委员会三读通过了《中华民国宪法草案》,即"天坛宪草"。这部宪法采用责任内阁制,在立法、司法与行政权的配比上处理较为科学。"天坛宪草"第12条指出:"中华民国人民之财产所有权不受侵犯，但公益上必要之处分，依法律之所定。"较之于同一"国民"章节的其他基本权利如言论自由、宗教信仰自由，财产权之保护采用了消极保护模式，要求公权力不得随意入侵。对权利的限制方面，"天坛宪章"在所有基本权利条款末尾都附有"非依法律不受限制"，但却没有对"限制"一词做额外的解释，以致生造出一个公权力可以肆意扩张的法律漏洞。在财产权条款上，使用的并非排除性的负面清单，而是引入"公益"之概念，系正面清单，但未列举何为"公益"，因此在适用上极为模糊。

"天坛宪草"构建了一个良好的分权国家模型，但是因其阻碍了袁世凯的独裁野心，很快就被废止。袁世凯于 1914 年 5 月操纵国会通过了《中华民国约法》，改责任内阁制为总统制，史称"袁记约法"。借助这一宪法，大总统得以总揽大权。在基本权利的设置上，该约法以"人民"命名章节，采用列举法，与《中华民国临时约法》颇为近似。其第 5 条第 3 款指出："人民于法律范围内，有保有财产及营业之自由"，放弃了"天坛宪草"中的"公益"限制，传递出"财产权法定"之信息。《中华民国临时约法》尚且给出了增进公益、维持治安、非常紧急必要三种对财产权施加限制的情形，但在"袁记宪法"中只有一个"法定范围"，而立法大权又把控在大总统手中。甚至，若基本权利章节的内容与"陆海军法令及纪律"相抵触，军人还可以获得额外特权或免于惩处，宪法上的财产权与其他人身权利几近成空。

在袁氏主政时期，有诸多法学和政治学名家辅佐，较为重视公民基本权利保护——即使只是纸上功夫。1915 年的《政府公报分类汇编》刊载唐绍仪署名政纲，主题是保护人民财产。《保护人民财产》政纲中写道："共和以法治为基，民权以财产为重，保护财产为世界万国法律所同……须知人民权利载在临时约法，保有财产自由，无故不得侵犯。从前用兵之际虽有将无主财产及官吏私产充公等事乃出于军事上之便宜，断难沿为习惯……各省长官及各军队长官恪遵约法严饬所属，切实保护人民财产，倘再有逞私谋夺情事，一经告发务必按法惩治。"①

1923 年 10 月 10 日，直系军阀曹锟贿赂国会议员当选总统，随后制定并公布《中华民国宪法》，史称"贿选宪法"，此法希望以宪法的形式确立军阀统治的正当性。其在基本权利章节直接参照"天坛宪草"，并增加第 14 条"中华民国人民之自由权除本章规定外，凡无背于宪政原则者，皆承认之"作为"兜底"条款，扩张了基本权利的类型与范围。由于这一宪法文

---

① 唐绍仪：《保护人民财产（中华民国元年五月十一日）》，《政府公报分类汇编》1915 年第 4 期，第 111 页。

本只是对"天坛宪草"的继承，且在实际上不符合宪法制定之程序，没有发挥根本法的作用，在此不予详述。

在北洋政府时期的民事法规范中也有财产权的保护规定。1912年袁世凯宣告"暂行援用"前清施行之法律，《大清现行刑律》中的田宅、钱债以及户部则例"田赋"中的"开垦""坍涨拨补""牧场征租""寺院庄田""撤佃条款""滩地征租"等有关条款均得以在各类诉讼案件中被法官援用，直到1929年国民政府公布新《民法》才被废止。在清末《民事诉讼律草案》基础上，1922年颁布了《民事诉讼条例》，为民事诉讼提供了程序依据。1915—1926年，国家已经完成了民律各编的起草。笔者在案例研究中发现，在被归类为宪法财产权的纠纷中，法官亦常援用此类民事规定评判主要争议，或以之认定争议不属行政法院审核范畴。

（二）南京国民政府统治时期

南京国民政府时期资产阶级统治地位明确，精英阶层极为重视法制建设，逐渐明晰了各项政治制度和产权制度。《中华民国训政时期约法》是"训政"时期制定的具有宪法性质的文件，确认了国民党在全国的统治权，1931年5月12日由国民会议通过，6月1日公布施行，1947年《中华民国宪法》实施后自然废止，其中第16—19条为公民财产权之规定。除财产继承权外，其余类型的财产权利之实现和保护均与公权力相关，如"不被非法查封没收""不妨碍公共利益""为公共利益必要得行征收征用"。

"训政"时期的约法服务于"实现民选，兴办实业"的大目标，突出表现在"国计民生"章节对开办民营、国营工矿与航空企业和发展生产事业、走近代化大工厂机械化发展道路的规定。该约法加强了对财产权保护：相关规定从1条增至4条，第16、17条为宣布了财产权的保护范围和保护方式，包括法律保障和不受非法公权侵害，第18条为财产权增加了"公共利益"之限制，第19条既顺应了中国传统宗族优位的财产积累模式，明确财产继承权，也借助平等原则确认了女性的财产继承权。如此一来，享有宪法财产权的社会主体和客体范围均得到了扩大。

1935年，行政院向各地政府发出一则《国民政府令保护人民生命财产及营业自由令》，在该令中提到：各地应按约法第16条和第37条，保障人民财产及营业自由；此二权利已列入约法保护，非依合法程序不得限制。[①]

---

① 原文的措辞是"不得稍加限制"，体现出约法对此二种权利保护之严格，但现实情况并不理想，此处仅为转述。

行政院令概述了这一时期此二权利受侵害之状况："乃近来地方官吏，时有假借名义，侵害人民营业自由之举，其为弁髦法纪，无可讳言，若不亟加整顿，将何以肃官常而崇法治。"据此法令，各地方官应"依据治权行使之规律时，对于人民之生命财产及营业之自由，切实加以保护，不得任意侵害，是否有当，请公决"。此令清晰地列举了惩处举措："如有以任何理由为查封没收人民财产或限制禁止人民营业自由之请求者，均应加以严重之主义，如其请求处于党部，则该省市政府即应将此请求电达中央，静候核准，依法办理，如其请求出于其他团体，则该省市政府应立即拒绝并加申戒，不可有所瞻徇至斁法治之精神，殆人民以痛苦。"①这一规定将征收征用的适格职权主体范围缩小，将审核权限收归中央。

1936年，历经3年、7次易稿，《中华民国宪法草案》出台，史称"五五宪草"。这部法案未产生实际效力，其"人民之权利和义务"一章，基本照抄"袁记约法"，只是把前者的"于法律范围内享有权利自由"，改为人民的权利自由"非依法律不得限制"，将积极权利转为消极权利，实为玩弄文字，立法大权仍掌握在总统手中。是否限制一类或具体的财产权利取决于国会立法和行政决定，没有稳定的法律保障。

1947年颁布的《中华民国宪法》是1949年以前的最后一部正式宪法，其虽然形式上保持行政、立法、司法、考试、监察五权分立，但集权于总统。在立法风格上，其受德国影响更为明显。如第15条规定，"人民之生存权、工作权及财产权，应予保障"。将生存、工作与财产权相联系，共置一款条文中，较之前几个版本的宪法文件，更清晰地指出了宪法财产权的特殊性与基本性。在行使财产权的过程中，只要不妨害社会秩序、公共利益便受到宪法保障，其采用的是非列举式的排除方法，减少了对积极权利的限缩。

这部宪法的一个重要改变体现在对权利的限制上，明确了"限制"的界线。其第23条规定："以上各条列举之自由权利，除为防止妨碍他人自由，避免紧急危难，维持社会秩序，或增进公共利益所必要者外，不得以法律限制之。"

（三）民国时期宪法财产权的特征

据前述宪法财产权条文分析可知，这一权利的地位、性质以及其承载

---

① 《电文：行政院奉国民政府令保护人民生命财产及营业自由电》，《四川省政府公报》1935年第2期，第71—72页。

的权利义务,但也暴露了各阶段的统治者在制宪时暗藏集权专制私心,它们具体有如下四个特征。

一是财产权属于公民基本权利。放置财产权条款的章节名为"国民""人民"或"权利和义务",大多紧随总纲之后,与生命健康、言论自由等公认的基本权利为并列地位,并非纯粹的某一类经济利益。

二是个人利益与公共利益产生冲突时,后者优先。通过分立条文或合并入同一条文的立法模式,强调宪法财产权"在法律限定范围内行使"、"非经法律不得限制"、"为公共利益所需要可以施加限制",但是对具体的"法律限定范围"没做文字解释,也未明确写出该限制力度有多大,对当事人的财产利益造成怎样的必要侵害才属于"必要之限制",对这种为公共利益而承担的损失是否能申请赔偿。据此,可概括性理解为在价值取舍上,这些宪法中公共利益占据绝对优先地位,缺乏保护之诚意。

三是财产权上被附加了社会义务,但义务不明。从既有的宪法文本来看,制宪者普遍意识到了财产权保护的重要意义,但坚持权利与义务的对等性,在财产权上设定了相应的社会义务。这种义务表现为"不妨碍公共利益"。这一泛化概念被反复使用,却没有做任何列举或解释,也未给出评判"公共利益"的标准或可以对此给出定论的部门机构。这导致在案件中,行政部分以案涉地块建筑妨碍或维护公共利益之需要进行征收,但实际上与公共利益本身无涉,反与地方商帮等利益群体相关,"公共利益"概念常被滥用。

四是征收征用条款忽视赔偿之规定。纵观外国征收征用条款,莫不规定相应的赔偿方案和赔偿核定标准,然在民国的宪法文件中,仅提及"为公共利益可行征收征用",未有任何赔偿之意思表示。在实践中,当时常以产权所有者购置该地块时的原价进行返还,不考虑溢价,或者直接以公权力进行威逼,借助公共利益标准模糊的状态"合法"获得财产,实与盗抢无异。

就政府对公民财产权保护的力度来看,政策规定完整、文本落实到基层,但并无实践效果。在《谈保障人民财产营业自由的院令》一文中,令宜提出了三个疑问:一是为什么约法已经明确要求保障公民财产权与营业自由权,仍需要再加一个院令以强调保护;二是地方官吏不可能不知道约法有此二规定,为什么平时很少见到关于违规没收、侵害财产、妨害营业自由之检举;三是行政院已经知晓地方官吏之作为,为什么没有移交法院或监察机关依法处理。[①] 这三个问题实际上是当局想逃避回答的,归根结底

---

① 令宜:《谈"保障人民财产营业自由"的院令》,《正论旬刊》第1卷第15期(1935年),第8—9页。

是作为根本大法的约法缺乏约束力,且官官相护致使腐败横生,司法权和监察权无计可施。

从整体上看,基于集体主义传统与"先义务后权利"的思维习惯,在公法上,制宪者更倾向于限制公民财产权,强调附加于财产权上的义务,但又因为相关的限制和公益概念不清,为公权力披上合法"外衣"入侵私财产留出了空间。

二、近代宪法社会权的形成

前节已经详细介绍过近代中国制宪史上的社会权规定。1922年8月国会复会后,开始考虑在宪法中增列社会权条款,提出应注重民生与均平的中国传统。并参详德国魏玛宪法的新经验,关怀生活在温饱线以下的贫困人群。在后续的多部宪法中可以看到国家保护民生权益的态度。这些社会权规定有别于宪法财产权利,不属于典型的"基本权利"。考虑到社会权背后高额的财政支出问题,近代中国在宪法社会权规定的体系安排上独具巧思,采用"刚性宪法"和"柔性权利"相结合的思路,将社会权理想规定于宪法,课政府以落实社会权的政治责任,使得社会权在宪法的文义与体系上区别于自由权,而政府也需要承担一定的责任。

本节不再赘述宪法中的社会权款项,而将对社会权形成过程中的思想特点与实现之代价进行分析,在这一过程中可见社会权的风险所在。对比宪法财产权"求私"的一面,社会权的形成具有独特的中国传统思想基础,与"公天下"的理想形态隐约重合。但在转型国家的宪法中要求国家承担社会福利提供之责任,又疏于对警察权的限制,以致社会权可能成为政府进一步限制公民人身自由等基本权利的有力依据。

(一)宣告式权利

近代中国宪法社会权的形成,很大程度是受了魏玛宪法社会经济思想、民生与大同传统思想的影响,社会权与政治思想的同根同源使得宪法社会权的政治性很强,更像一种政治宣扬式的存在。

图什奈特将宪法权利分为宣告式权利、弱权利与强权利,对应不同拘束力的司法救济措施。[①] 其中宣告式权利不具有可司法性,为财政分配问题。

---

① Mark Tushnet, "Social Welfare Rights and the Forms of Judicial Review", *Texas Law Review*, Vol. 82, p. 1896.

宣告式权利的存在，赋予某种权利以宪法层面的身份，有助于引起社会的重视，使立法者在政策制定时永远有一把"利剑"悬挂头顶。法院可以借助宣告式权利的性质来理解和解释具有模糊性的法条，"架空"直接原则或相似的非司法性权利。相反，在承认某种权利可能会损害政府执行能力时，也可以以该权利为宣告式权利为由拒绝承认。宣告式权利具有象征意义，但从效力上看，这种条款无异于"纸老虎"，其执行力源自市民社会中的道德压力。民国时期的社会权即属于此种宣告式权利。

财产权的定位则不止于宣告式权利。在平政院受理的胡庆余堂代表施凤翔诉内务部处分违法一案中，军政府没收了业主志森的祖产胡庆余堂，又对外招投标，施凤翔以20万左右的银元购得并进行营业。南京国民政府成立后，内务部应志森要求返还其祖产，将施氏所出银元作为股份、按年分红，施氏认为其招投标手续齐全，将所有权转为虚名股份侵害了其依《中华民国临时约法》拥有的财产权和营业自由权，诉愿至内务部被驳回后，又诉至平政院。法官在判决中直接援引了《中华民国临时约法》第5条"人民于法律范围内保有财产及营业之自由"，判定由浙江官厅返还施氏银两，胡庆余堂营业权重归志森。虽然直接援引宪法财产权条款判案之做法较为罕见，但这足以说明公民财产权在一定程度上是能够获得司法救济的。

现代社会权内涵丰富，既有保障公民免于饥寒的生存权，亦有为公民提供良好受教育环境和平等工作机遇的发展权等，民国时期的立法尚未到达关注后者的阶段，而在生存权的保障上也不尽如人意。朱显祯指出：任何国家的立法都保障公民的身体生命健康权，暴力侵害他人生命将被绳之以法，"然此等保障，亦只在身体生命受他人之侵占时，而始克见诸实用。至于身体生命如何维持之方法，则毫不积极的过问。即是个人主义、自由主义的近代国家组织，法律制度对于他人以暴力而侵害身体生命之时，虽实行保障，但对于饥寒惨酷不仁的侵害身体生命时，则置若罔闻"。[①]且不说民国时期的宪法仅将社会福利权视为国计民生之所需，并非属于公民基本权利，即使确然将之列为基本权利，恐怕也难以在实践中予以更多保护。

（二）提供社会权的代价

社会权的"昂贵"不仅是经济意义上的，在民主权利保护层面也会付出一定代价。由国家承担提供社会福利的义务可能带来一系列的社会分配正义和社会公共利益限制问题。在社会本位的立法理念下，民国时期的学

---

① 朱显祯：《生存权与中国立法问题》，《社会科学论丛》第1卷第6期（1929年），第5页。

者敏锐地意识到了公权力入侵基本权利的风险。

笔名为"和"的作者在1926年《民大四川同乡会会刊》的创刊号上发表了对财产自由的看法，此文先推倒了财产自由的成立与限制，再推翻财产自由的设想，进而引入苏联全面土地国有的例子，支持对资本做进一步限制。① 在1930年的一次演讲中，潘公展直言："在我国的少数学者，用17、18世纪的思想来宣扬，好似在拾人家的祖宗的牙秽当做宝贝……大家就该起来反对财产自由，反对个人自由主义。"② 1933年中国致公党中央常务委员兼副秘书长陈炳瀚翻译了美国康芒斯（John Rogers Commons）教授的《法律上的财产自由与价值》一文，这篇文章详细介绍了美国对于财产权的保护及其发展进路，以判例展示立法、行政、个人三方之间的关系变动，否定了绝对的财产自由，支持经正当程序裁定后的公权"入侵"。③

在提供社会权的过程中，行政权力有意无意地侵入了私领域。民国时期国库空虚，民生凋敝，教育经费紧张，为促进国民教育，南京国民政府发起了"庙产兴学"运动。将庙产充公，用作办学。这一举措引发了大量庙产纠纷，虽是为公共利益着想，但确然侵害了地方寺庙的土地所有权和寺庙财产权，同时也让一部分僧侣流离失所，生存失去保障。"庙产兴学"运动实为将受教育权实现的经费转嫁给了地方寺庙。另一个例子是抗日战争时期的租房管理。受战事影响，人口集中于后方，房屋需求市场暴增，而供给数量有限，房东坐拥卖方市场，采用提高租金、收取押金、缩短租赁时间等方式牟取暴利，为遏制这一现象，政府出台《战时房屋租赁条例》，限制收取押金的标准，不允许无故终止租房合同等。"庙产兴学"与战时租房政策的相同之处在于，为保障公民的居住或者教育等社会权利，将财政压力转给了民间主体。

行政权在民国时期始终是强势的，这意味着宪法社会权要面对的不仅是财政不足的问题，更要提防行政命令、地方法规等行政权介入的威胁。与此同时，学者对"社会本位"立法的热衷，与善良的官员"一心为民"和强权主义者"集权中央"的目的不谋而合，在整个民国时期营造出一种高尚的"民生"氛围。对统治者而言，民间的学说与专权理念、扩张政府权力相通则采纳，否则弃之。零星的材料也展示出民国底层社会的一个缩

---

① 和：《财产自由》，《民大四川同乡会会刊》1926年第1期，第37页。
② 潘公展：《民生主义与财产自由》，《大夏期刊》1930年第1期，第14页。
③ 康芒期：《法律上的财产自由与价值》，陈炳瀚译，《新广东》1933年第10期，第111—112页。

影——"道高一尺,魔高一丈"。

到了1946年的时候,张君劢为政治协商会议拟写的宪法草案已几乎放弃了社会权优位性的主张。或许是他意识到,宪法社会权将以限制宪法自由权为代价,而在民主程度不够高、行政权较为强势的时期,政府可以借助实现社会福利权而产生的警察权对公民人身自由等基本权利进行大肆侵害,而且难有救济可言。

三、财产权与社会权的"互化"趋向

在社会本位立法理念的影响下,财产权出现了"社会化"倾向,尤为典型的是"财产权的社会义务"及"所有权之社会化"概念的广泛使用。与此同时,社会经济等民生权利被写入宪法,1964年,查尔斯·赖西在《新财产》一文中提出,通过社会保险取得的收入也属于新财产的类型,这一主张在而后的戈德伯格案中得到司法机关的承认,社会权成为一种"财产"。但财产权的社会化与社会权的财产化趋向带来了一个疑问:宪法是基于什么目标保障公民财产权或社会权?

(一)财产权的社会化

1935年钟引森在《学生生活》第3卷第1期发表《财产权之社会化》,系统地介绍了义务本位、权利本位和社会本位的法律变迁路径,认为在现今世界,"个人主义下财产自由无限制之观念,沿至近世,已渐趋没落……各国法律,对于财产权之规定,已趋向社会化之途"。[①] 到1948年的时候,曹绍濂向公众介绍宪法上的各项自由保障制度,提及财产权时,已通篇只讲"社会义务",未见一丝"自由"。[②]

在"民生主义"的影响下,宪法财产权的权利面与义务面被重新审视。财产被认为是一种经济关系,通过人的劳动获得,在公法上,突出限制公权力、保障生存权益的功能;义务指为了维持公共利益,保障大多数人的自由并压制少数人的过分自由,具体表现为基础建设、社会治安、平均地权与节制资本,手段包括征收征用、富人税等。

自魏玛宪法以后,社会本位立法思想贯穿了全球转型国家的宪法实践,

---

① 钟引森:《财产权之社会化》,《学生生活》第3卷第1期(1935年),第9页。
② 曹绍濂:《论自由保障制度(续)》,《自治月刊》第3卷第8期(1948年),第12—14页。

南非、印度在财产权条款的性质和内涵解读上，与社会福利权利紧密关联。

1. 南非：财产权条款的双重使命

南非的宪法财产权条款有显著的后殖民时期的特色，既对种族隔离期的产权进行确认，又有意识地将社会权的保障逐渐纳入其中。社会转型存在一个再分配的过程，转型宪法的财产权条款承担着多重使命：一是让原特权阶级的财产得到平等的保护，虽然对其财产增加了一定的社会义务，但仍不能以非法形式进行剥夺，须依照法律规范征收征用；二是让原贫困阶级得到一定的福利救助，表现在社会权条款的兴起，以及法官趋于将社会权结合财产权条款，使当事人更容易获得公正、具体、及时的赔偿。

在条款的设计上可以看出，殖民时期被剥夺之财产将重归原产权人，当下的财产权不能被非法剥夺，而在长期努力的方向上，各类社会权也将逐渐实现，由公民共享发展福利。财产权和社会权都被纳入了基本权利章节，且紧密相连，并在实践中构成了南非"过去—现在—未来"的财产权保护体系。

南非《宪法》第25条为财产权条款，要求任何人的财产不得被剥夺，除非经过合法申请；没有任何法律能允许随意地剥夺财产，财产仅可以在为了公共目的或公共利益时通过合法的申请并给予相应补偿的情形中可以剥夺，而且这种补偿必须及时、公正、公平，平衡公共利益与受损者利益。针对种族歧视遗留法案对于私人土地或财产的侵害，《宪法》认定受侵害财产的物主享有财产权利。《宪法》第25条第4款将"公共目的"可适用的财产征收类型解释为"一切改革所需的自然资源、并且不局限于土地"，可以反向推断出南非宪法财产权对应的"财产"范围广阔，但是这种"财产"应与纯粹社会性权利有所区分。

宪法的保护并非无条件的。面对一些较为重大的财产侵权案件，尤其是在有紧急、重大的征用需要时，或者为了社会目的之时，国家将获得法律的许可。换言之，财产权本身没有绝对性。比如，在南非的多部法律中均涉及财产征用和管制问题。《驱逐管制法》（Eviction Control）禁止驱逐租房的居住人，直到法院裁定该人有新的住房可供使用为止；《矿产资源法规》（Mineral-Resources Legislation）和《埋葬权利条款》（Burial-Rights Provision）均体现了此类为了"公共利益"或"公共目的"而保护弱势群体的意旨，通过限制具有采矿权的群体，防止采矿带来的土地下沉影响社区居民生活，或者规定特定情况下在个人所属地块内不允许掘地造坟，等等。这在实质上对拥有土地或房产所有权人的财产处分权产生了侵害，但是不被认为是一种"财产征收"，而被视为保护了租住人的尊严、社区生活的整体秩序等"更高的价值"。

此外，南非《宪法》第 26 条规定了住房保障权利、第 27 条规定了医疗健康、食物、水和社会安全保障等社会性权利，这些规定旨在为公民提供最基本的生存保障。这类权利不必然具备可诉性，其性质在主观权利与客观目标之间徘徊，与社会经济发展实力相关。以上基本权利的保障，有时会与财产权发生冲突。以 2004 年的伊莎白港市拆迁案[①]为例，宪法法院法官将财产权与住房权结合，驳回了原法院发出的驱逐令。在此案中，一群无家可归者在伊丽莎白港附近的未开发空地上建立住房并形成社区，居住时间为 2—8 年不等。经协调，这些居民同意搬迁，但认为政府提供的新的居住地犯罪率更高、不宜居住，不愿搬离。市政当局认为这一行为是违法的，向法院申请了驱逐令。依据格鲁德布案（Grootboom case）所确立的准则，如果政府能为被驱逐者提供替代性的住房，且符合公平公正原则，则可以签发对其的驱逐令。宪法法院认为，这群公民已经在无主空地上居住超过 6 个月，形成了一定的社群氛围和私人财产权，如果这一驱逐不具有公共利益上的必要性，则不应进行驱逐。判决指出，国家在宪法上应当承担同时满足财产权和住房权保护的义务，将所有情况考虑在内，以决定是否发出驱逐令、在什么时候要求搬离、能否提供替代住房、怎样标准的住房等。

宪法法院在格鲁德布案中指出，国家侵犯了宪法第 26 条保障的公民住房权，并认为该条款虽然是一个长期努力的方向，但当公民的住房权利受到侵害时，政府也有立即提供保护的义务。基于对公民住房这一社会权的保护，南非政府在转型建设中对非法居住公民的驱逐、对土地的管控等行为引起广泛讨论，并与相邻的财产权条款相互结合，共同指向"保障人生存的基本物质经济基础"。

2. 印度：财产权保护阻碍社会福利推行

宪法财产权在印度的发展可谓"曲折"。印度《宪法》对于财产权有极为细致的规定，且在 1978 年前后的《宪法》第 44 修正案中对财产权条款集中进行过专门修改，使宪法意义上的"财产权利"失去基本权利地位，转而成为一般法律权利，与表达自由、人格尊严等基本权利相区分。

印度最初的宪法财产权条款以权利保护为核心，导致大量重要的社会福利立法难以推行。印度开国总理贾瓦哈拉尔·尼赫鲁在制宪会议上提出，个人财产权与集体利益是宪法财产权的两个集中体现方式。制宪委员会集

---

① Port Elizabeth Municipality v Various Occupiers, 2004.

中、全面地讨论了与财产权相关的社会与经济问题，被视为是印度《宪法》最重要的条款。印度《宪法》第 31 条关于强制性财产取得的规定首先指出任何人的财产不能被非法剥夺。即使是代表民意的立法机关，也不能通过立法的形式在非因公共目的的情况下剥夺个人财产，而且合法的征用须支付相应的公平赔偿。这与当时正在进行的土地改革运动相关，在 1950 年代初印度废除了此前广泛实行于当地的柴明达尔（Zamindar system）土地制度——由中间人柴明达尔代替政府向土地上的农民征收田赋，土地的实质管理权在柴明达尔所代表的旧贵族手中，土地的所有权属于政府。在 1953 年的班纳吉（Bela Banerjee）案、戈帕尔（Subodh Gopal）案以及肖拉尔普尔纺织公司（Sholalpur Spinning & Weaving Co. Ltd.）案中，法官依据宪法对财产权的保护精神，凡被政府征用，便依据财物本身及其在当时的市场价值予以公正赔偿。这对土地改革的推进造成不小阻力，也为后来的宪法修正埋下伏笔。

夫纳（Khanna J.）大法官在 1973 年的巴拉蒂（Keshavanada Bharathi）案和 1976 年的英迪拉·尼赫鲁·甘地诉纳拉因（Indira Nehru Gandhi v Raj Narain）案中指出，如果财产权利与其他基本权利无关，则这一权利不应被纳入基本权的结构之中。随后，1978 年的《宪法》第 44 修正案取消了财产权的基本权利地位，第 31 条第 1 款的"禁止非法剥夺财产"规定从"权利"章节移至 300A 条、放入"财产权利"一章，并做了大量的具体解释，例如"法律授权"被限定为国会或各邦议会立法，而不能是行政规章。彼时的印度已经独立逾 20 年，通过土地改革和系列积极立法，沿着宪法指导原则（Directive Principles of the Constitution）不断完善国家福利、保障公民社会权，但是一系列的立法因涉及对宪法财产权的违背而被法院驳回。基于此，除保留禁止非法剥夺个人财产这一国家义务外，其他的财产权利不再视为根本性权利，新的社会立法从而不至于被法院裁定为违宪。

直至今日，财产权条款未再出现于印度《宪法》"基本权利"章节中，但这不意味着其彻底丧失了基本权利的地位。在 2007 年的雷迪诉雷瓦玛（P. T. Munichikkanna Reddy v Revamma）案中，印度最高法院认为财产权利不仅仅是法定权利（Statutory right）而且是人权。在 2008 年的卡纳塔卡邦财务公司诉那罗辛哈（Karnataka State Financial Corporation v N. Narasimhaiah）案中，法院指出，一个法案中以暗示或推断的形式授权对个人财产进行征用的做法不是合法的"经过法律允许的征用"，法院在解释法规时不能向"征用"方倾斜，应关注财产权的保护，因为它本质上是一种人权。后续的一些最高法院判例中，也有法官承认宪法权利不仅是宪法权利,而且是人权。

印度宪法设立的社会权条款具有主观权利之性质,致使法院可以对财产权与社会权进行关联性解释,甚至可以财产权条款为由宣布国家推行社会福利政策的新政违宪。

3. 财产权条款并非社会权的容器

德国在 20 世纪的前 20 年出现了社会本位与福利国家思想,提出了"财产权社会义务"之说,各国也逐渐走出绝对财产权的思维,国家意识增强,形成了全球范围内的"限制财产权"学说。此时适逢中国大量新派人物赴日、法、德、美、俄留学,这些新派学者把上述思想带回国,将之与中国传统的义务本位与集体主义思想结合,得出"无巧不成事,刚好泰西最新的法律思想和立法趋势,和中国原有的民族心理适相吻合,简直天衣无缝"①之说。这种理论的流行也引发了不少涉财产权的"民告官"诉讼。在平政院处理的案件中,涉财产权纠纷的"官告民"案件仅有完整记录的就已达 187 件。即使到了民国后期,限制财产权之说亦有增无减。1916 年《申报》②曾刊载文章论述自由与法律之关系,文中愤而提道:"中华民国之人民不自由久矣……财产无故被封、营业无端被扰,人民财产营业之不自由也。"

法国大革命中诞生的财产权思想之核心是"人权",强调自由处分、自由获取财富,这种"自由"与言论自由、人生自由同等重要,在公法和私法上,都将财产权视为绝对权。但是,中国的历史上从未经历过诸如法国大革命带来的"财产权革命",也就是说,个人尚未拥有绝对的财产自由即陷入重重限制。对法学界而言,司法一大使命在于争取对外独立,取回近代以来丧失的部分司法主权,司法研究与完善之目的应在于"国家"而非"个体",即司法为国而不为民。在立法与司法过程中以德、日等宪法文件为参照,实际上是在一个应该加大对财产权保护、促进资本发展、完善市场秩序的时期,过早地放弃了以"人权"与"自由"为核心的财产权。

在比较法视角下,财产权与社会权的关系并不相同。南非将社会权利与财产权相糅合,使具有可司法性的财产权承载了部分实现效力较弱乃至宣告式的社会性权利;印度则将财产权"开除"出基本权利之列,为求社会福利政策能够推行,以此种形式对财产权做出严格的限缩,避免"社会权"搭便车。对近代中国而言,财产权的社会化既没有带来真正的"社会

---

① 吴经熊:《法律哲学研究》,清华大学出版社 2005 年版,第 171—177 页。
② 原载于《申报》,后被《大同月报》第 2 卷第 7 号(1916 年)选录。

权",也没能给民众带来更好的福利;相反,有产者的财产权保障状况与陷入极度贫困中、亟待社会施以援手的一般民众相比,并不算特别糟糕。① 作为参照国的德国,魏玛宪法带来了民主社会党的崛起,但未能改善民众的社会生存条件,其所描述的社会权也几近成空。这种社会本位的立法在民国时期也未取得成效。

(二)社会权的财产化

查尔斯·赖希指出:"几乎所有公民的生活都必须、至少部分地依赖于从巨型政府虹吸管流出的财富。"② 他认为,由政府创造的各种福利,也可以被认定为财产,以保护个人利益免受政府的侵害。政府的"赏赐"最初可能是公共财产,但就如封建时期土地政策一样,现在土地也被重新界定为私人财产,那政府福利亦如是。他列举了人民从政府获得财富的几种方式:社会保险金、补偿金及其他福利金;人民根据政府发放的特许证如电视广播特许权、探矿权或与政府的合同获得报酬;部分群体,比如农民,可以获得国家的农业补助或享受特惠政策。③

1924年,刘天倪在《论商号权之性质应属于人格权抑属于财产权问题》一文中指出:"法律为维持公益,保障民权起见,因而明设专条,以卫商人利益;严定罚则,期除盗贼无形,而商号权之名辞,于以立焉。"④ 当时关于商号的性质有两种观点:一种认为商号独立,姓名、自由、名誉等权利受保护;另一种认为经过登记的商号若受到侵害,可以要求经济上的损害赔偿。刘氏支持后者,他认为商号可类比个人荣誉、姓名,若受到诋毁、冒名,需要对造成的损失给予赔偿。由此形成了一套以财产权为"兜底",用对等赔偿转化财产价值的保护思路。这一思路将人格权等基本权利纳进宪法财产权的范畴。1934年的一份南京国民政府时期最高法院民事判例明确指出:"财产权系人格权身分权以外之权利,并不以金钱得以估计者为限制。"⑤ 这

---

① 聂鑫:《财产权宪法化与近代中国社会本位立法》,《中国社会科学》2016年第6期,第150页。

② Charles A. Reich, "The New Property", *The Yale Law Journal*, Vol. 73, No. 5, Apr. 1964. p. 733.

③ 斯图尔特·班纳:《财产故事》,陈贤凯、许可译,中国政法大学出版社2017年版,第340页。

④ 刘天倪:《论商号权之性质应属于人格权抑属财产权问题》,《法律周刊》1924年第53期,第6页。

⑤ 宜亭辑:《最高法院民事判例:财产权系人格权身分权以外之权利并不以金钱得以估计者为限(二十三年五月一日抗字第二二六六号)》,《法律评论(北京)》第12卷第24期(1935年),第17页。

一判例认为，财产权不必然能以金钱计量，也可能不具备常规经济价值，在财产权、人格权和身份权之间存在模糊地带，但财产权也不应该等同于无形的人格权和身份权。在权利认定时承认财产权具备人格与身份特征，不能以是否"值钱"为据判定是否应赔偿和赔偿的范围，这也从侧面承认，财产权既保护有形财产也保护无形财产，并不局限于地块、房产等具体物权。

在1970年的戈德伯格诉凯利案（Goldberg v Kelly）中，出现了社会福利行政中的正当程序问题。纽约州居民约翰·凯利（Kelly）是联邦资助项目（家庭援助计划）的领受者。根据房东提供的信息，纽约州认为凯利现有同居男友，因此不具备只针对单身母亲的该福利项目的领受资格。根据传统的特权观念，领受福利津贴被认为是一项特权而不是权利，因此不能接受美国宪法第14修正案即正当程序条款的保障。据此，纽约州未采取听证程序即终止了凯利的福利津贴发放。凯利上诉至美国联邦最高法院后，最高法院认为纽约州违反正当程序，判决将"福利津贴"这一传统的"特权"纳入"新财产权"的范畴，要求终止福利津贴时应适用正当程序条款的保障，给予当事人事前的听证机会。

布伦南（William Joseph Brennan）法官在裁判意见中指出："对于适格的领受人来说，社会福利为他们获取基本的食物、衣物、住房和医疗服务提供了可能。因此，在有关领取资格的纠纷获得解决之前就停发补助金，可能会剥夺适格的领受人所期盼的赖以为生的唯一营生手段。由于缺乏独立的收入来源，领受人会立刻陷入绝境。"布莱克（Hugo L. Blake）法官对此给出了一个反对意见："今天作出的判决的最终后果可能会是，一旦政府决定发放福利津贴，那么在领受人提起行政和司法审查之前，政府将无法撤回该决定。由于这一过程通常将持续数年之久，此一宪法所课加的负担必将导致的结局是，政府在没有经过彻底而全面的调查确认领受人的资格之前，不会把福利申请者列入有权领受补助金的名册之中。"这将导致穷人们更难获得福利救助资格，在等待政府认定初始资格的漫长过程中，不得不保持贫困状态。此案将福利受领视为"财产"之举，是社会权出现财产化倾向的代表案例之一。

随着财产概念的不断延展，政府的许可、社会保障等也被视为财产权利，比如，社会保险金乃至新近的碳排放量许可权、受益于国家农村政策获得的宅基地使用权等，这些权利虽然在处分、交易上存在一些限制，但都被赋予了财产属性。"新财产"的出现增加了财产类型，也扩张了宪法财产权的内容，导致了社会权财产化的倾向。

四、财产权与社会权的耦合

如果用系统视角看待财产权与社会权的关系，可以看到二者有机耦合。纵然在性质上可能有基本权利与否的差异，或是在司法救济中有可诉与否的区别，但在社会现实中，财产权与社会权彼此交织，乃至可以转化。

（一）财产权与社会权的双向扩张

在司法实践中，法院分别扩张了财产权与社会权的范畴。如在伊丽利莎白港市拆迁案中，南非宪法法院将财产权与住房权结合。又如，印度最高法院借助财产权条款宣布社会福利新政违宪。两项权利范畴的分别扩张使得二者逐渐出现了交叠区域。

宪法财产权条款的设计与国家的意识形态密切关联。[①] 保守派与自由派法官不同的立场也导致对财产权条款作出的解释各不相同。宪法财产权的本意是假定法官能够借助财产权以保障人权、防止个人财产被侵害，但从实践来看，法院经常借助这一条款反对社会改革。在转型宪法颁布初期，财产权条款以保护个人财产自由为核心，促进社会平稳过渡，但在进入后转型时期后，社会转入经济建设为主的阶段，这一条款很可能被用于宣告各种福利性立法无效，其中包括了"基本物质生存条件"的最低保障。如果将"新财产"与传统财产权一并纳入保护范围，那财产权条款限制财产权保护的内在矛盾将更加激烈。印度《宪法》第44修正案的出现即体现了这一点。在某种意义上，宪法财产权条款违背了自由财产的观念，限制了市场改革与社会过渡。

立法中的财产权与社会权直接指向的内容分别是经济利益保障和维持人基本生存需要的物资供给，但在宪法解释与司法实践中，"新财产"概念的出现扩大了财产权的范畴，而不断完善的社会保障体系赋予了社会权以"收入"的属性，使其与财产权保护范畴产生重合。例如，法院在个案审理中解释宪法时，将宪法财产权条款视为基于对个人尊严的保障，从而衍生出自由、安全、隐私等基本权利。在实践中，许多财产侵权案都不需要上升到宪法层次去解决，但当这种财产之侵害已经涉及人的自由尊严保障时，则财产权条款也成为捍卫人的基本权利、保障人的尊严的依据之一。

[①] Frank I. Michelman, "The property clause question", 19 *Constellations* 152 (2012), p. 153.

宪法社会权思想通过法律移植、殖民等形式体现于宪法中，然而对经济基础薄弱的国家而言，首要任务并非"消灭贫困"或"为社会最不利人群提供基本物质保障"，而是巩固民主成果、拨乱反正，避免倒行逆施。宪法需要回应的是人的生存保障问题，也即回到了社会权中的生存权问题。宪法财产权条款的使命，不是保障超过自由、安全等基本人权范畴的财产权，而是要承担起"信号"作用，时刻提醒立法者和各方法律人尊重私人财产及个人基本权利，并指导国家立法保障人的基本生存之尊严。

现代化是一个长期的过程。随着"新财产"类型增加与"福利国家"增多，财产权与社会权的关系还将更加紧密，彼此的重叠领域还将越来越多。

（二）财产权与社会权的边界

如果不能厘清宪法中财产权与社会权的边界，随着社会经济发展，对两项权力的解释就会不断延展，彼此交叠的面积将越来越多，以致二者交织日甚，难以区分其所对应的为何种救济措施。因此，在司法实践中主要采用了限制法官的解释权的方式，来避免财产权与社会权的过度重叠。

就财产权而言，为了进一步限缩法官的解释权并使基本权利得以更真实、直接地反映人民意志，严格依附方案（Strictly Parasitic）被提出——法官不应对宪法财产权做具体解释，而应保持其抽象状态，一项财产是否能够得到保护、获得补偿以及补偿是否公正的判断应交由一般立法决定，以避免"走得太远"。此处有两个问题需要讨论：一是当现行法并未规定某一财产权时，由谁来决定是否予以保护；二是法官能否控制自己，只是对现行法作出解释，而不在基本权利的层次解释财产权条款。在现实环境下，任何判决都有法官个人的价值输出。伊利（John Hart Ely）在《民主与不信任》中批判了对"财产权核心是保障人的自由尊严"的解释，认为法官即使有意将自己置于中立位置，但仍会不自觉地走得太远。[①]

私有财产的保护不是依靠宪法财产权条款单独完成的，而是依托公法与私法并行的一整套体系。在宗教问题上，当前已经积累了足够多的成文法和判例法，可以从实质和形式两个方面提供保护。财产权问题也是类似的，但它本身不如宗教概念明确，没有一个确定的法律关系可以涵盖和完全描述财产权内涵的不同利益的保护目的。[②] 通常认为，宪法上的财产权实

[①] 伊利：《民主与不信任——司法审查的一个理论》，张卓明译，法律出版社2011年版，第15—23页。

[②] Frank I. Michelman, "Process and Property in Constitutional Theory", 30 *Clev St. L. Rev* 577 (1981), p. 585.

际上保障的是人的基本权利,而不是实体财产本身。严格依附模式的提出,是在财产权保护体系构建的一个过程性做法。如果承认这一模式的合理性,财产权的保护将被拆分成两个维度:面对涉财产权的疑难案件,有现行法规范时,借助现行法规解释而不上升到宪法维度;当一个法案确实损害了公民基本权利时,仅在形式上给予正当程序保障,比如提供听证机会,而将最终的决策权交还给行政机构。在这个模式下,可以避免法官将自己的正义观借助宪法审查转化为"人民的正义观",超出《美国宪法》第14修正案的范围去解释"何为正当",转而将目光放到"侵害与否"及"损害严重与否"上。

这一模式的弊端显而易见,尤其是在国家法制不完善或者在面对"政府失灵"时,法院难以及时"拨乱反正"。例如,以色列的《缺席财产法》严重损害了巴勒斯坦人的财产利益,这一法案引起的案例在法院均被驳回,并不认为其违反以色列《基本法》。这些判决很难说是法官还是以色列当局在坚持"犹太复国"的理想。但是,在涉及《缺席财产法》的案件中,法官显然难以在判决中作出纯粹程序性的裁判——面对显失公正的法案,法官并未裁定侵害财产权利,反而借助宪法巩固了犹太裔以色列人的财产权。

在社会权这一端,因为宪法被赋予保护人权的使命,为了体现人民意志,常常要写入一定数量的社会权利条款,这类条款的性质在主观权利与客观原则之间徘徊。以南非《宪法》第26条住房权(Housing)为例,格鲁德布案、伊丽莎白港案等案的审判将这其形塑成了主观权利,并认为无主地上已建成的房屋应被纳入宪法财产权,允许公民借此条款提起诉讼,防止公权力的侵入使之无家可归、尊严受损。但在爱尔兰宪法、印度宪法的类似条款中,被视为是宣告式权利,是国家发展中应遵循之大方向,而不是具体公民权利。这与德国《基本法》中的"福利国家"原则有相似之处,即不承诺具体的社会权利,而宪法法院亦做个案解释。在印度,与市场经济制度密切关联的财产权一度被剔出基本权利,这应是回应不断集权的联邦政府颁布系列政策、加强中央管控的要求。

为了强调公民意识、保障公民的基本权利,在立法时通常将社会权利纳入财产权范畴。米歇尔曼(Michelman)认为应将转型宪法中的全面的财产权保护视为客观目标,指引立法、司法与行政部门在各项工作中减少贫困、避免社会不公或非法剥夺行为的发生。一个财产权条款的存在将时刻提醒政策制定者与国家立法者,人的自由与尊严等基本人权可能在其个人财产遭受侵害时一并被损害,因此在法案制定时应注重保障个人财产。财产权条款还能带来一定的边际效应。比如财产权条款与公平条款并用时,将强调对弱势群体的保护，使诸如劳工等群体的权利能够获得平等保护。米歇尔曼将之称为财产权条款的信号功能。

在一个案件中，公民的私人所有权遭受侵害，而且这种侵害不能直接被归因到宪法直接保障的公民自由、尊严等基本权利上，此时财产权条款或许能够发挥特殊的、具体的法律效果。这类案件极为特殊，即财产权条款的直接效果无法发挥，基于其"信号功能"，立法者和修法者为了保障所有权安全，可以将个人自由、尊严等权利纳入综合考虑。从财产权条款的功能实质看，它不在于为公民财产提供一种救济，而只是在个人基本权利遭受损害时提供防御性保障，所以不能作为财产遭受侵害后提起损害赔偿的依据。

处理财产权与社会权的关系时，不应对大量"新财产"提供直接的保护，因为这类社会权利应被视为客观努力目标，用于指导国家政策制定。如南非《宪法》中的社会权条款大多有合理限度，它们设置了"逐步实现""合理立法""其他手段""在有限的资源前提下"等实现的前提条件。在自由宪政主义的秩序之下推进分配正义，不能只是通过发展新的"社会自由主义"或者其他类型的自由主义以实现，并由此来增加国家的话语权。不断地鼓吹更激进的自由主义或者借助财产权条款的解释以扩大国家可管控的范畴，均是走了歪路。

财产权被期待在个人基本自由遭受国家侵害时能提供保护，导致财产权条款可能被宽泛解释，甚至社会也会借助其加强保护以获取相应的"公正补偿"。司法能动主义者亦可借助宪法社会权利作出扩张解释，结果要么是冒着拖垮国家财政的风险贯彻落实具体的福利，要么就是不明确受益群体、范围和时间，使其在事实上难以执行，无异于纸面权利，既不解决现实问题，也使宪法权威受损。倒不如像民国时期的宪法学者们那般，将社会权利作为政治权利而非法律权利表达于宪法中，既表明态度，又不至于因实现不了使宪法失了颜面。财产权与社会权的交织是社会权利现代化的一个缩影：作为基本权利的财产权要抵抗强势的行政权的侵入，而作为政治宣言式的社会权反复寻找"落地"的可能。在探索限制权力与保障权利的过程中，构建出了现代基本权利的基本范式。

第十章　财产权宪法化与近代中国社会本位立法

1930年代《中华民国民法典》颁布后，吴经熊撰文鼓吹国民政府的社会本位立法："俗言说的好，无巧不成事，刚好泰西最新的法律思想和立法趋势，和中国原有的民族心理适相吻合，简直是天衣无缝！"吴氏总结西方20世纪以来的法律社会化对个人主义的扬弃，认为"泰西的法律思想，已从刻薄寡恩的个人主义立场上头，一变而为同舟共济、休戚相关的连带主义化了"，这与中国法律道德合一的传统不谋而合，也为近代中国移植西方现代民法提供了"本土资源"。① 学者王伯琦在1950年代反思近代中国社会本位立法时，批评吴经熊上述观点说，"这件天衣，虽是无缝，但是件狐裘。西洋的时季已届隆冬，体质已剩了点皮骨，穿上这件狐裘，非常舒适。我们的季候仍是盛暑，体质亦肥浮不堪，穿上了这件狐裘，看来虽是漂亮，终不免觉得发骚……我们固有的道德观念，与他们（西方）道德，根本的不相为谋……他们的社会立法是从个人出发而到社会的，没有个人权利观念，根本就无从谈起社会利益……脱离了个人观念的社会观念是单纯的义务观念，单纯的义务观念近乎奴隶观念"，在近代中国个人权利观念不发达的法律文化背景下，以民生主义为指导的大规模社会本位立法破坏了民法的自治，不利于公民私权的保障与人格的发展。② 实际上，在1920—1940年代民国大规模立法过程中，"法律社会化"几乎是众口一词，王伯琦本人早年也曾高举"法律社会化"的大旗，还翻译了法文版的《权利相对论》。③ 王伯琦晚年对社会本位立法的反思，或许与不尽如人意的私权保障现状相

---

① 吴经熊：《新民法和民族主义》，载吴经熊：《法律哲学研究》，清华大学出版社2005年版，第172—176页。

② 王伯琦：《社会本位法制与传统道德观念》，载王伯琦：《近代法律思潮与中国固有文化》，清华大学出版社2005年版，第51、57页。

③ 参见俞江：《近代中国民法学中的私权理论》，北京大学出版社2003年版，第248—252页。

关。他对近代中国社会本位立法的批评的确有一定道理，但这在某种程度只是"事后诸葛亮""成败论英雄"。近代中国法制必须走西方古典自由主义的老路，逆20世纪西方法律社会化的潮流而动，"刻薄寡恩"地培育"个人本位"的法律文化、维系"私权神圣不可侵犯"的原则吗？本章拟以财产权的宪法化为题，以土地、房屋等不动产的财产权为中心，考察近代中国财产权的社会立法，比照外国理论与经验，回答这一问题。

一、欧美财产权的理论与实践演进

（一）"私有财产神圣不可侵犯"

"古代无所有权思想，及社会稍进步，动产可归私人之所有，而不动产则个人仍无完全所有权，所谓'王土主义'，此征之历史而易知者。认人民有完全所有权者，近世文明之制度也。"① 文艺复兴时期的思想家大都鼓吹财产权，马基雅维利在政治上主张君主专制，在经济上却强调尊重公民的财产权，他认为统治者不能恣意侵夺公民财产或随意征税，如此方能令个人安居乐业进而实现作为整体的国家的发展与富强。② 财产权理论在洛克思想中具有特别突出的地位，他详细论证了财产权（包括获取和保有财产的权利）乃是个人的自然权利，这意味着它不是主权者恩赐的而是天赋权利，自然不能为主权者所恣意侵夺。③ 主权理论的开创者博丹虽将主权归于君主，认为君主不受实证法约束，但他同时强调："君主应受自然法的限制，私有财产不可侵犯，就是自然法之一"，"欧洲国家能由重商主义，而引起工业革命，造成灿烂的文化，就是由于财产权之有保障"④。1789年法国《人权宣言》颁布，财产权作为与自由权、生命权并列的基本权利（古典权利）而"神圣不可侵犯"。⑤ 在美国《宪法》（包括《权利法案》）颁布的时代，

---

① 程树德述，胡长清疏：《朝阳法科讲义》第2卷，苏亦工、何悦敏点校，上海人民出版社2014年版，第524页。
② 参见尼克洛·马基雅维利：《君主论》，潘汉典译，商务印书馆1985年版，第109页。
③ 参见洛克：《政府论 下篇》，叶启芳、瞿菊农译，商务印书馆1964年版，第18—33页。
④ 萨孟武：《中国宪法新论》，三民书局1990年版，第118页。
⑤ 法国《人权宣言》第2条："一切政治上之结合，目的在维持人类之天赋不可让与的诸权利。此等权利，为自由、财产、生命之安全、及对于压制之抵抗"；第17条："财产为神圣不可侵犯之权利，非因依法规定之公共需要，并给予以正当之事先决定之赔偿者，不得剥夺个人之所有权。"

洛克思想为布莱克斯通《英国法释义》所吸收，财产权保护是普通法的核心内容之一。美国《宪法》宣称财产权"不可侵犯"，但征收条款的存在，本身就意味着"个人自主性的要求必须受到日常生活中无所不在的摩擦冲突的节制"；基于公用目的，个人财产是可以被"夺取"（taking）的；尽管宪法规定征收财产必须提供相应的对价，但宪法也暗示财产权"不再受到绝对的保护"（不再"神圣"）。①

（二）"财产权负有义务"：宪法社会权的创设与公、私法界限的崩塌

一直到《德国民法典》颁布的19世纪与20世纪之交，"当时的经济生活完全由一种自由主义所左右，这种思想倾向相信，只要经济力量的作用能够不受国家干预的阻滞而自由扩展，那么普遍的繁荣兴盛就会自然成就"。②但资本主义工业革命在增加社会财富的同时却加剧了贫富两极分化、阶级矛盾日趋尖锐，"这种显而易见的不公平的财富分配以及伴随而来的各种社会邪恶，使得社会主义在西方的兴起不可避免"。③在民法典之外，基于社会本位的立法开始涌现，介于公法与私法之间的单行立法，如竞争法、住房建筑法、租赁法、农地租赁法、劳工法都发展起来。一战以后，新兴的社会法与经济法打破了私法在社会经济领域的垄断地位，例如，关于住屋保障的立法与土地交易的管制，"深刻突破了契约自由与财产利用自由"并消解了私法"内在的统一性"。究其原因，与近代中国类似，德国两种非自由主义（反个人本位）的法律理念，即封建的、父权主义的传统国家理念与现代福利国家思想"不谋而合""天衣无缝"，为社会本位立法的发展提供了土壤。④

1919年《德意志联邦宪法》（魏玛宪法）是西方世界第一部现代资本主义宪法，与民国时期的中国类似，当时德国要同时面对现代化的民主自由要求与现代化的社会本位、福利国家问题。在涉及国民基本权利和义务的第二编中，魏玛宪法囊括了美国宪法的《权利法案》、法国宪法的《人权宣

---

① 理查德·A. 艾珀斯坦：《征收——私人财产和征用权》，李昊等译，中国人民大学出版社2011年版，"序言"第3页。

② K. 茨威格特、H. 科茨：《比较法总论》，潘汉典等译，法律出版社2003年版，第218、226页。

③ 张灏：《梁启超与中国思想的过渡（1890—1907）》，崔志海、葛夫平译，江苏人民出版社1997年版，第190页。

④ 弗朗茨·维亚克尔：《近代私法史》下册，陈爱娥、黄建辉译，上海三联书店2006年版，第524—525页。

言》，还采纳了一些"社会主义"的条文，可说是自由派与社会民主派妥协的产物。①魏玛宪法的颁布具有重大意义，社会本位（社会连带）的思想源自法国，但其在宪法上最典型的产物却是德国的魏玛宪法。在此之前，社会与国家在理论上是分离的。私法通过组织起一个"非政治化的"排除国家干预的经济社会维护法律主体的消极地位，并由此维护法律自由的原则。公法在法律分工上主要是限制政府权利。尽管政府已经开始以权威主义方式实施社会保护的义务，但直到魏玛宪法颁布，"私法据说具有的那种自足性的宪法基础才归于消失"；它标志着私法（个人的消极自由）对宪法（以福利国家的强制力量为背景的公共利益）的实质优越性的终结。②二战后的德国《基本法》虽然废弃了魏玛宪法关于社会权的具体条文，但将"社会国原则"作为与民主国、法治国原则并列的宪法基本原则之一，并最终将德国建成福利大国。以房屋租赁管制为例，它本来只是一部战时的临时性的应急法制，却成为持续性的《社会住房法》的滥觞，历经魏玛德国、纳粹德国的政权更迭而延续到二战以后。

自洛克以来，"自由与财产就成为自由之国家市民社会的守护神"，市民不动产法制的出发点是"所有权人拥有事实上与法律上之自由处分权的土地所有权"。但是，在社会本位立法之下，作为产权之王的土地所有权也必须服从公法管制，"土地所有权所负社会义务所达到的程度，在私财产史中绝无前例"，"经济社会不断整合进公法秩序之内"，这显然并非"古典自由主义所乐见"的场面。③在人民饱受饥饿之苦时，"我们必须实事求是，经济法不是自然法，他们要由人类制定"（罗斯福语）。④美国并非传统意义上的"福利国家"，其宪法中也没有社会权的内容，但其通过罗斯福新政肯定了社会福利权与"有为政府"（positive state）的正当性。1941年罗斯福将"免于匮乏的自由"（freedom of want）列为"四大自由"之一；1944年，罗斯福提出所谓"第二个权利法案"，具体包括足以应付衣食与消遣的收入、充分的医疗保障、体面的居所、好的教育，以及养老、疾病、事故

---

① 参见卡尔·施米特：《宪法学说》，刘锋译，上海人民出版社2005年版，"中译本前言"第2—3页。
② 参见哈贝马斯：《在事实与规范之间：关于法律和民主法治国的商谈理论》，童世骏译，生活·读书·新知三联书店2003年版，第493—494页。
③ 弗朗茨·维亚克尔：《近代私法史》下册，陈爱娥、黄建辉译，上海三联书店2006年版，第524—525页。
④ 参见布鲁斯·阿克曼：《建国之父的失败：杰斐逊、马歇尔与总统制民主的兴起》，江照信译，中国政法大学出版社2013年版，第380页。

与失业的救济等。①

1964年和1965年美国法学家查尔斯·赖希（Charles A. Reich）在《耶鲁法学杂志》上相继发表了两篇著名论文《新财产权》和《个人权利与社会福利：新兴的法律问题》。"在前一篇论文中，赖希主张一切来源于政府的供给都应当被视为一种'新财产权'；在后一篇论文中，他又（P27）明确提出了福利应当作为一项权利的主张。""这些福利在20世纪60年代之前只是被看作国家给予的'恩赐'，国家可以自由决定给还是不给。因此，受益人对这些恩赐享有的不是'权利'，而是'特权'。基于这一理论，国家无须经过告知或听证程序，就可以直接拒绝或撤销这一'特权'。""此外，因为接受政府提供的福利利益，受益者必须接受一般公众无须接受的各种控制。"这些控制包括：（1）对道德品质的管制，受益人可能因"道德败坏"而被剥夺福利；（2）对个人隐私的调查；（3）效忠检验；（4）监督福利使用，不能超出规定的福利使用范围，否则就会面临取消甚至指控。"赖希认为，这些与身份密切相关的政府供给必须被视为权利，即新财产权。这些权利应当和财产权一样，受到相应的政府管制以及民事、刑事法律的调整，而不能仅仅是政府可以随意给予、拒绝或撤销的'恩赐'。"②

1960年代，"围绕宪法是否应包涵工作权、充足收入、医疗保健等社会权利的争论也开始浮出水面。哈佛大学弗兰克·米奇尔曼教授发表《借助第十四修正案保护穷人》一文，揭开了学术讨论序幕。在沃伦法院时代（1953—1969年）和伯格法院时代（1969—1980年）的早期，也开始以正当程序、'新平等保护'条款为依据来支持福利案件中的请求。在1970年戈德伯格诉凯利案中，法院认为福利津贴是有资格领取人的权利而非特权，应受到正当法律程序的保护。"③弗兰克·米奇尔曼等人提出的宪法福利权理论克服了"新财产权理论在权利论证中存在的缺陷"，在两方面实现了突破：其一，"从单纯的程序正义转向分配正义，论证了为什么贫困者应享有福利权，即福利权的正当性证明"；其二，"新财产权理论只强调对福利利益的程序和形式保障，关注于福利机关自由裁量权的控制和中止或撤销福利给付之前听证的权利，对实体性福利权利的司法保障没有涉及"，"宪法

---

① 参见 Vicki C. Jackson & Mark Tushnet, *Comparative Constitutional Law*, 2nd ed., New York: Foundation, 2006, pp. 1661-1662.

② 参见陈国刚：《福利权研究》，中国民主法制出版社2009年版，第26—28页。

③ 胡敏洁、宋华琳：《美国宪法上的福利权论争——学理与实践》，《政治与法律》2004年第3期，第31页。

福利权理论强调福利权作为一项实体权利的价值,与此对应的,是强调国家相应的实现和保障义务"。[1]

随着1970年代中期以来的福利国家的"失败"与社会福利权运动的退潮,美国法院和学术界也趋于保守,今天"罗斯福新政"以来的社会福利立法的合宪性与宪法福利权的正当性,在美国遭到了秉持古典自由主义与经济分析工具的学者的根本性质疑,他们认为公、私法分立在理论与实践上的崩塌,破坏了古典普通法的法制一贯性与智识统一性,为了尊重财产权的基本规则,避免福利政策带来的恶性循环与最终失败,最佳的选择不如说是政府彻底放弃福利政策,"把婴儿和洗澡水一起倒掉"。[2]

二、传统中国的财产权保障及其限制:以土地产权为例

(一)古典成文法的颁布与土地私有财产权的确立

在夏商周三代,中国奉行"王土主义"的土地国有制度。从春秋中晚期鲁国"初税亩"到秦国商鞅变法"废井田,开阡陌",国家逐渐承认土地私有制。并非偶然,几乎在土地私有化的同时,从郑国子产率先"铸刑书"到魏国李悝编纂第一部比较系统的成文法典《法经》,春秋、战国时期各国还发生了公布成文法运动。虽然我们无法确知"刑书"与《法经》的具体内容,但这些成文法无疑为平民(新兴地主阶级)提供了"权利保障书",在下者可以据此对抗在上者的恣意妄为。据学者研究,最早的成文法"刑书"的主要内容便是关于财产与司法等方面的规定。[3] 根据史书记载,叔向对"铸刑书"持反对意见,认为如公布成文法会令民"有争心","权移于法,故民不畏上"[4],我们也可以据此推知成文法保障了平民的基本权利(如财产、生命与身体自由)不再受到政府官员(贵族)的任意处置。由此,中国古代法制虽未对人民财产权提供"神圣不可侵犯"的绝对保障,至少也有了适度的保障。在当时的法家看来,法律的重要作用之一便是通过确

---

[1] 参见陈国刚:《福利权研究》,中国民主法制出版社2009年版,第39—40页。
[2] 参见理查德·A.艾珀斯坦:《征收——私人财产和征用权》,"序言"第1页,正文第345页。
[3] 参见黄东海、范忠信:《春秋铸刑书刑鼎究竟昭示了什么巨变》,《法学》2008年第2期。
[4] 参见《十三经注疏》整理委员会整理,李学勤主编:《十三经注疏·春秋左传正义》下,北京大学出版社1999年版,第1225—1229页。

立财产所有权来"定纷止争","允许人人都有财产所有权,正合乎'因人之情'的'天道',不是立法为私而是立法为公"。①

(二)财产权的"浅化"与"深化"

尽管传统中国的成文法制出现很早,土地私有制的确立也远远早于西欧封建国家,但基于特殊的政治与社会文化背景,古代中国在财产权(特别是土地财产权)绝对化的问题上却始终犹豫不决。土地制度史的权威学者赵俪生先生用私有制的"浅化"和"深化"来描述传统中国土地产权制度的变迁:从土地私有制的"浅化"来说,土地"私有制从一开始就遭遇障碍","古老共同体(公社残余)是私有制深化途程上的第一重障碍;国家权力对私有财产(包括土地私有权)的干预,是第二重障碍"。②从理念上,"言必称三代""扬公抑私"的中国古人,往往将代表古老共同体传统的公田制(井田制)作为土地产权制度的最高理想,在他们看来,尽管因现实局限无法彻底贯彻土地公有理想,土地制度也要向理想一面靠拢,限制私人土地产权。从社会经济的角度来说,中国自古人多地少的矛盾就比较突出,抑制土地兼并、扶助无地少地的农民成为古代中国政府的重要社会政策。古代政府常常试图限制私人土地产权,如晋之限田制、北魏延续到唐之均田制。顽强的古老共同体"基因"与发达的国家权力相结合,使得在私有财产权尚未"深化"之际,中国的社会本位立法就已相当早熟。与西方古典自由主义的理念不同,传统中国国家对人民土地产权的干预不是一种天然的"恶",反倒自始便是一种必要的"善"。可"公田制"的理想终究敌不过有产者私有化土地的经济动力,均田制对土地私有与买卖的限制,逐渐为"贵者""富者"所冲破。宋代以后中国的土地产权已经高度私有化,尽管国家依然拥有大量土地,但此时国家已经"纯乎与私家地主相同的身份"来经营土地,"与私人地主已无大差异",是为土地私有制的"深化"。③

即使在宋代以后土地私有制深化(国家放弃土地社会政策)的背景下,古老共同体的传统依然会对私人土地财产权的绝对化形成重大障碍。传统

---

① 参见张国华:《中国法律思想史新编》,北京大学出版社1998年版,第145页。法家代表人物慎到还形象的举例说:"一兔走街,百人追之,分未定也;积兔满市,过而不顾,非不欲兔也,分定不可争也。"意思是,一只(无主)的兔子在外头跑,上百人都去追抢;集市里有那么多兔子,也不见人争抢;这是因为集市里的兔子产权已经确定受法律保障,所以无人敢争了。

② 参见赵俪生:《中国土地制度史》,武汉大学出版社2013年版,第9—10页。

③ 同上书,第327—329页。

中国"个人不能由团体而独立，个人依赖于团体而存在"[①]，在家族、宗族与乡村范围之内，小共同体的公产仍然与个人的私产并存。[②] 另外，从政府的角度来说，处理民间财产争讼案件的最高原则是和谐共存而非财产权的绝对保障；当财产权的实现威胁到他人的生存权时，传统法律通常不支持，甚至否定财产权绝对化的正当性，"无视邻人生存权主张而试图彻底贯彻自己权利的做法经常会得不偿失"。[③] 例如，地主"夺佃"（收回土地）若造成佃农一家走投无路，佃农作为弱者一方也许会以自杀作为最后的对抗手段，这时根据传统刑律"威逼人致死"条，地主要承担刑事责任——尽管从现代法角度看，地主的财产权行使与佃农自杀并无直接因果关系。

三、近代中国制宪史上的财产权争议与财产权社会化

（一）财产权的法律限制

晚清以来不少有识之士反思近代中国的"积弱积贫"原因，均认为家族主义造成中国民众"一盘散沙"、只知有家不知有国，在传统中国小共同体主义之下，个人权利与国家权力都无法伸张。于是在近代化的过程中，个人主义与国家主义两种看似对立的舶来思想交织在一起，国家主义部分吸收了个人主义，正面对抗传统的家族主义。检视1930年代初完成的民国《民法典》，已在身份法方面大致实现男女平等，并基本破除了个人对于家族等小共同体的依附关系；在财产法领域，其立法精神除提供财产权的保障外，已开始强调社会公益，以预防个人自由权利的滥用。[④] 就制宪史而言，20世纪初中国开始制宪之时，古典自由主义"私有财产神圣不可侵犯"的原则在西方已开始褪色，宪法财产权自引入中国就并非绝对排他的权利。

[①] 戴炎辉:《中国法制史》，三民书局1966年版，第304页。

[②] 从数据上看，直至20世纪初、中叶，中国北方地区的族庙、公产不超过全部耕地的1%，为纯粹私有化地区；长江流域如湖南、湖北，族产占全部耕地的15%左右；而在广东、浙江、江苏这些传统中国民间小共同体（宗族组织）最为活跃的省份，其全部耕地的30%—80%为公田，"与其说这三省许多地方的传统农民是'小私有者'，不如说是宗族公社成员"。参见秦晖:《传统十论——本土社会的制度、文化及其变革》，复旦大学出版社2003年版，第312—313页。

[③] 参见寺田浩明:《权利与冤抑：寺田浩明中国法史论集》，王亚新等译，清华大学出版社2012年版，第223—225页。

[④] 参见谢振民编著:《中华民国立法史》下册，中国政法大学出版社2000年版，第750—756页。

1908年《钦定宪法大纲》规定："人民之财产及居住，无故不加侵犯"，这几乎是照搬日本明治《宪法》的条文。[①]1912年《中华民国临时约法》规定"人民有保有财产及营业之自由"（第6条第2款），但其没有设置美国式的征收补偿条款，而仅笼统授权立法者得限制人民财产权等权利（"人民之权利，有认为增进公益、维持治安，或非常紧急必要时，得依法律限制之"）。[②]在民初国会宪法起草委员会关于"天坛宪草"条文的《说明书》中，负责起草财产权条款[③]的委员何雯认为："私权应否受限制，此系私法上之问题"，"关于人民财产全部有自由权之原则，须在民法规定非宪法上之问题"；此观点在财产权问题上区隔了公法与私法，接近西方法律社会化之前古典自由主义的理论。[④]在对"天坛宪草"关于包括财产权在内的人民基本权利条款审议过程中，有代表主张自由权规定应采宪法保障主义，反对将自由权交由法律限制；但制宪者多数认为对自由权亦有限制之理由，因为"近人多误解自由意义"，"自由既非绝对"，"故必明定限制"，当然法律亦"不能抵触宪法""不能非分剥夺自由权"。[⑤]在这里，近代中国制宪者少数服从多数，原则上接受了基本权利（包括财产权）的相对主义。

但是，正如古典自由主义担心的，政府有滥用其权力侵犯公民基本权利的倾向，这一点在近代中国表现得尤其突出。清末民初以来，人民饱受"武人、政客、帝国主义的蹂躏"，袁世凯政府更利用宪法的立法授权制定恶法，侵犯公民的自由权利。糟糕的人权经验使得人们开始质疑基本权法律限制主义的正当性："是宪法俾予之自由，皆得以普通法律剥夺之，宪法保障，不几等于虚伪吗？"[⑥]当时国民政府立法院宪法起草委员会副委员长张知本也主张废弃宪法基本权利条文中的"法律限制"字眼，采宪法直接保障主义。但宪法起草委员会另一位副委员长吴经熊则认为：对人民基本权利采宪法保障主义并不现实，"20世纪的国家，人民的权利已经离开纯粹的自由很远了"；更何况，人民权利的被侵害，主要不是因为"'依法'限制的缘故，实在是行政官吏未能依法办理所致"。针对吴经熊的答辩，张

[①] 参见夏新华等整理：《近代中国宪政历程：史料荟萃》，中国政法大学出版社2004年版，第128页。

[②] 同上书，第156—157页。

[③] "天坛宪草"第12条："中华民国人民之财产所有权不受侵犯，但公益上必要之处分，依法律之所定。"1923年《中华民国宪法》相关规定与此几乎完全一致。

[④] 参见吴宗慈：《中华民国宪法史》，于明等点校，法律出版社2013年版，第214页。

[⑤] 同上书，第234—235页。

[⑥] 参见章友江：《对宪法草案初稿关于"人民权利"规定之批判》，载俞仲久编、吴经熊校：《宪法文选》，上海法学编译社1936年版；王揖唐：《宪法草案之商榷》，《大公报》1934年4月10日。

知本反驳说：所谓"世界趋势至二十世纪以来，自由主义趋势已不适用"，"此系指关于人民财产等自由言之"，他本人强调的是对于人民身体及言论自由应采宪法保障主义，至于财产权则可继续授权立法机关以法律限制之。①这意味着，制宪者可能对人民身体自由与政治权利的法律限制问题高度敏感，但他们对于20世纪的法律社会化潮流与财产权的限制问题却有相当的共识。事实上，张知本在其著作中也鼓吹20世纪西方的宪法财产权转型："从前各国宪法，均视私有财产为神圣不可侵犯，而定于宪法条文之中，绝不加以何种限制"。而德国魏玛宪法在对财产权保护的同时，也施加了不少限制，例如魏玛宪法第153条第2项规定"国家因公共福利之故，得依法律所定，没收私人财产"，又如魏玛宪法第155条第2项规定"国家因住居之需要，以及奖励移民开垦或发达农业之故，得没收其私有土地"，"所有权负有义务，所有权之行使，同时又当增进公共福利"。②"财产绝对自由之结果，必然形成一方为有产者之财富集中，一方为无产者之数量增大。此时人类之共同生活，在经济上已失均衡，而社会上之全体利益，自必随之而牺牲。故现代宪法，为使个人利益与社会利益相调和起见，一方固仍承认个人之私有财产权；以保障个人利益，同时又不得不于相当范围内，与于个人财产权加以限制，借以巩固社会利益。"③当时有学者甚至明确指出财产权"不能与各种个人自由权相提并论"；而继承权则更是"次等"的财产权，对其可加以"重大限制"："私产只是暂须容忍，而不是长应拥护的一种制度。私产如果完全由子嗣继承，私产制度固益见巩固……所以晚近各国的法律皆有限制继承权的倾向，德国1919年的宪法，且明白宣誓国家可以征收继承财产的一部分（第154条）"。④由于财产权与其他自由权相较是"次等的权利"，张知本为《中华民国宪法》草案所做的个人试拟稿，便将财产权规定于"民生"章，而非"人民基本权利义务"章。⑤

（二）财产自由与国民生计的平衡

其实，近代中国主流的宪法思想对于财产权一直是主张予以节制的。如果说孙中山的民生主义宪法思想因其"党义"色彩不为当时自由派知识

---

① 上述张知本与吴经熊的辩论，参见吴经熊、黄公觉：《中国制宪史》，商务印书馆1937年版，第123—127页。
② 张知本：《宪法论》，上海法学编译社1933年版，第82—83页。
③ 同上书，第219页。
④ 王世杰、钱端升：《比较宪法》，中国政法大学出版社1997年版，第121、126页。
⑤ 参见夏新华等整理：《近代中国宪政历程：史料荟萃》，第896页。

分子赞同的话,德国魏玛宪法的社会福利权思想则经过张君劢等人的引介,在制宪史上大放异彩。近代中国将社会福利权纳入宪法的努力,较早始于1922年"国是会议"宪法草案,不论是张君劢主稿的"甲种草案"还是章太炎主稿的"乙种草案",其政体设计虽然迥异,却均专章规定了"国民之教育与生计";具体包括规定专款以促进教育文化之发展,用税收等手段实现社会财富再分配,并限制土地所有权,以保障普通人民之生计。① 将社会权详细列举于宪法,这似乎是受了当时的欧陆社会连带主义思潮及1919年颁布的魏玛宪法的影响。魏玛宪法颁布之际,张君劢正在德国游学,他第一时间即看到宪法文本,还拜访了宪法起草人柏吕斯(Preuss)。② 张君劢明确指出魏玛宪法在世界宪法史上代表着最新的范式:"美国宪法所代表者,18世纪盎格鲁莎克逊民族之个人主义也;法国宪法所代表者,19世纪民权自由之精神也;今之德国宪法所代表者,则二十世纪社会革命之潮流也。"③ 作为张君劢老师的梁启超,在清末曾鼓吹重商主义,强调"摆在中国面前最严重的问题不是财富的分配,而是生产问题";"以奖励资本家为第一义,而以保护劳动者为第二义"。但一方面,其理论前提是梁氏认为当时中国社会与西方社会不同,在经济上不存在两极分化,故而不需要社会革命,另一方面,他并非无条件地接受英美式的资本主义,而是提倡一种混合的制度,其观点更接近一种德国式的社会改良主义:"在这一制度里,私人企业将受由政府确立的一套社会主义政策的调节,这些政策与俾斯麦时代德国确立的政策十分相似。"④ 以张君劢(也包括梁启超)为代表的中国学者在一战后,对个人主义的英美哲学有了更多的反思,开始结合欧陆(典型如德国)哲学与中国儒家思想("新宋学"),通过对西方物质主义的批评强调人的价值以及人民幸福的优位性;反映在宪法上,便是对魏玛宪法所创设的社会权的鼓吹。⑤

到1946年拟定《中华民国宪法》时,考虑到当时的人权状况,张君劢等人放弃了社会权优位性的主张,强调国民"应享有凡民主国家人民一切

---

① 参见夏新华等整理:《近代中国宪政历程:史料荟萃》,第749—769页。
② 参见杜强强:《民生与宪法:社会权规范在我国宪法史上的缘起》,载谢立斌主编:《中德宪法论坛2014》,社会科学文献出版社2014年版,第124页。
③ 张君劢:《德国新共和宪法评》,载张君劢:《宪政之道》,清华大学出版社2006年版,第254页。
④ 参见张灏:《梁启超与中国思想的过渡(1890—1907)》,第189—193页。
⑤ 参见薛化元:《民主宪政与民族主义的辩证发展:张君劢思想研究》,稻禾出版社1993年版,第38—39页。

之权利及自由。法律规定应出于保障精神，不以限制为目的"。① 即便如此，1947年颁行的《中华民国宪法》"基本国策"一章仍以多达15条的篇幅详细规定了国家社会经济政策，强调"国民经济应以民生主义为基本原则，实施平均地权、节制资本，以谋国计民生之均足"（第142条），其中有的宪法条文基本照搬了魏玛宪法的规定②，比如该宪法第143条第3款"土地价值非因施以劳力资本而增加者，应由国家征收土地增值税，归人民共享之"，这与魏玛宪法第155条第3款后半段"土地价值之增加，非由投资或人工而来，其福利应归社会"若合符节。③ "政协"宪草送交制宪国民大会审议通过时，原本单纯的财产权保障条款（"人民之财产应予保障"）④竟发生了重大变化，与生存权、工作权"搅合"在一起，并且将财产权列为该条最末之权利："人民之生存权、工作权及财产权，应予保障。"（宪法第15条）究其立法理由，据制宪者称，国大代表"讨论时，咸以为人民之财产权，固应保障；然对于无财产者之生存权及工作权，亦应加以保障，否则本宪法仅保障有财产者之财产，实属有违民生主义之精神，及成为偏重保护资产阶级之流弊"。⑤ 将自由权与社会权并列，生存权、工作权与财产权"三位一体"，这与魏玛宪法"经济生活"章的原则规定⑥异曲同工，也回应了古代中国平衡财产权与生存权的传统。关于生存权的性质及其与财产权的关系，有学者认为，"生存权虽非私法意义上之权利，然亦非单纯之自由权，具有更积极的意义与内容……为与自由权相区别起见，可称为经济的基本权"，将财产权"列于具有受益权性质的生存权、工作权之后，尤可见其保障财产权之用意，实由于维持人民生存权之必要，而为达到保护生存权目的之手段"。⑦ 与古典自由资本主义时期不同，现代社会"个人生存保障与生活形成的基础，很大程度上已不再建立在民法的传统意义的私人财

---

① 《政协宪草十二原则》第9项，参见夏新华等整理：《近代中国宪政历程：史料荟萃》，第1092页。

② 考虑到魏玛共和的崩溃与纳粹德国的兴起，以及二战期间中国与德国是敌对国，制宪者继续"照搬"德国宪法的条文需要一定的勇气与智慧。

③ 1947年《中华民国宪法》条文参见夏新华等整理：《近代中国宪政历程：史料荟萃》，第1116页；魏玛宪法条文参见立法院编译处：《各国宪法汇编》第2辑，1933年自刊，第230页。

④ 政协宪草第16条参见夏新华等整理：《近代中国宪政历程：史料荟萃》，中国政法大学出版社2004年版，第1094页。

⑤ 国民大会秘书处编：《国民大会实录》，1946年自刊，第432—433页。

⑥ 魏玛宪法第151条："经济生活之组织，应以公平之原则及人类生存维持之目的相适应。在此范围内，个人之经济自由应予保障。"参见立法院编译处：《各国宪法汇编》第2辑，1933年自刊，第229页。

⑦ 林纪东：《中华民国宪法逐条释义》第1册，三民书局1998年版，第221、235页。

产所有权上面了，而是建立在每个人的工作以及参与分享由国家提供的生存保障与社会救济的基础上。"① 对照"政协"宪草与《中华民国宪法》，财产权条款为罕见的几处变动之一，而以"政协"宪草全文通过为条件参加制宪国民大会的民社党及其党魁张君劢，并未对此激烈反对，良非无因。

四、作为社会性权利的宪法财产权：以土地与房屋产权管制为例

（一）宪法财产权的性质之争：纯经济利益还是社会性权利

早期宪法财产权的性质及内涵直接承袭自私法，"只不过宪法财产权是指向国家而非私人，是要绝对地排除国家公权力对于个人财产权的干预"；但随着魏玛宪法的颁布，财产权是社会义务这一条被写进宪法，财产权的内涵也大为丰富，这是魏玛宪法被视为"近代宪法转向现代宪法的界碑"的重要理由。② 随着宪法作为高级法观念的普及、违宪审查制度的确立，以及社会本位立法的实践，私人财产权绝对化的观念已不复存在。尽管如此，直至今日各国关于财产权的性质及其法律效果仍有很大争议，财产权的理念与制度在世界范围内仍在演进之中。有学者比较各国宪法财产权理论与实践后，认为宪法财产权在当代发展出两个趋势：其一是私人财产权所负的社会义务的宪法化，典型如德国；其二是宪法财产权条款由个人所负之社会义务，发展至政府的社会改革义务，典型如南非《宪法》财产权条款规定国家应推动土地改革以实现人民（贫民）获得土地的权利，该款也明确所谓"公共利益"即包含国家实行土地改革的承诺（1996年《南非宪法》第25条第4、5款）。③ 考察近代中国法制史，南京国民政府在土地改革方面的努力与上述南非范式接近，是直接由政府挑头推动社会改革，而在房屋租赁管制方面的尝试则与德国经验高度类似，是尝试通过"基本权的第三人效力"平衡房东与房客的权利，"间接"地实现社会福利。

"土地为国家成立之要素，一切财富生产之基础。"④ 各国发生的宪法意

---

① 康德拉·黑塞：《联邦德国宪法纲要》，李辉译，商务印书馆2007年版，第347页。
② 参见张翔：《财产权的社会义务》，《中国社会科学》2012年第9期。
③ 参见 Gregory S. Alexander, *The Global Debate over Constitutional Property: Lessons for American Taking Jurisprudence*, Chicago: The University of Chicago Press, 2006。
④ 孟普庆：《宪法上之土地问题》，载俞仲久编、吴经熊校：《宪法文选》，上海法学编译社1936年。

义上的财产权争议，通常都与不动产所有权的限制高度相关。以土地征收为例，尽管各国均在宪法上规定了应对征收给予补偿，但补偿标准有相当大的差异。美国联邦最高法院原则上坚持补偿应按市场标准足额补偿；德国《基本法》第 14 条第 3 款笼统规定"赔偿应公平衡量公共利益与关系人之利益"，德国宪法法院据此认为这意味着补偿通常应按市场标准，但根据《基本法》的授权立法者经过利益衡量给出的补偿标准也可在一定程度上背离市场的价格；南非宪法法院认为，基于南非特殊的社会与政治历史背景（种族隔离与种族压迫的历史造成严重贫富分化），征收补偿必须综合考虑社会经济目的与市场标准，因此市场价格并非征收补偿的唯一标准；① 印度关于征收补偿的标准长期存在争议——1950 年《印度宪法》颁布时，基于土地改革与经济改革的现实需要，印度政治领袖尼赫鲁总理认为宪法"财产权条款只不过提供的是对财产权的有限保护，它包括对小型强制征用的补偿，却不适用于让全国大多数人受益却只是对少数地主有不利影响的大规模社会工程方案"，"如果从社会的视角而非财产所有者个人的视角看"，政府即使未按市场价格支付土地征用补偿也仍然是公正的。尼赫鲁的"社会主义"观点很快遭到保守的（对财产权持古典自由主义观点）最高法院的坚决反对，酿成印度最高法院和国会之间长达 25 年之久的冲突，并导致印度国会最终将财产权条款移出权利法案。② 与此不同，德国《基本法》第 14 条第 1 款规定"财产权与继承权应予保障，其内容与范围由法律规定"，这也确立了财产权的法律保留（法律限制）原则；第 14 条第 2 款规定"财产权伴随义务"，这表明在德国制宪者看来，财产权是一项社会性权利。在社会国原则之下，由于财产所有权伴随的社会义务，财产所有者可能要承担征收补偿低于市场价格的风险。考虑到国家财政能力的局限与市场资源的稀缺性，如果政府对所有私人财产权的社会限制均予以市场价格的补偿，政府能够提供的公共产品将会少得可怜。或者我们可以说社会政策本来都是建立在对利伯维尔场原则的修正之上，如果没有对私人财产权的限制（包括直接的征收或间接的转移支付），一切社会福利与社会救济都不可能存在。

关于财产征收补偿标准争议的核心实际是财产权的性质问题。古典自

---

① 参见 Tom Allen, "The right to property", *Comparative Constitutional Law*, edited by Tom Ginsburg & Rosalind Dixon, Cheltenham and Northampton: Edward Elgar Publishing, 2011, pp.513-515。

② 参见范德沃尔特：《宪法上的财产权条款：在保障和限制间达致平衡》，林来梵、宋华琳译，《北大法律评论》第 5 卷第 2 辑，第 341 页。

由主义观点将财产权作为纯粹的私权利,即使国家基于公共目的在"万不得已"的情况下要征收私人财产,也必须是以市场的价格给予补偿。宪法征收补偿的规定在此意义上是私法上的买卖规则(等价交换)的拟制,从纯市场的观点看,征收不会造成财产所有者的经济损失,这也意味着财产所有者无须为公共利益承担经济上的义务。美国与德国宪法财产权的差异,不在于宪法文字的丰俭或财产权在整个基本权利体系中地位的高低,而在于财产权内涵的不同。在美国,通过严格审查而获得更多保障的财产权主要是"完全商业性质"的"财产性利益",而在德国的财产权体系中,"一些财产性利益,由于不直接体现人的尊严和自我实现这些基本价值,它们在德国《基本法》中仅获得最低限度的保障"。[①] 如何理解德国与美国财产权内涵的不同,德国宪法法院1993年"房东—房客案"(Landlord-Tenant Case)是一个很好的例子。在该案中,面对房东行使财产权的要求,房客提出的抗辩理由是根据《基本法》第14条(财产权条款)第2款("财产所有权附有义务,它必须服务于公共福利"),以社会权对抗房东的财产权;但宪法法院在保护房客安居权利的同时认为,房客住房权与房东所有权的宪法依据是统一的,均为《基本法》第14条第1款"财产权应受到保护",这意味着房客的房屋租赁权被宪法法院同样认定为财产权,因为在宪法法院看来安居(房屋租赁关系的稳定)对于房客来说意义重大:宪法保护房屋财产权的核心不是物本身,而是个人生存与发展所必需的自由空间;宪法保护财产权的首要目的不是促进经济效率,而是保障个人自我发展所必需的物质条件。[②] 与德国宪法法院类似,欧洲人权法院也通过判决(1999年伊阿特里迪斯诉希腊,Iatridis v Greece)丰富了宪法财产权的内涵。针对房屋租赁关系,该法院适用宪法财产权条款,将私法上不视为财产权的房客缔约利益转化为宪法上的财产权。[③]

与上述德国案例相仿,1947年《中华民国宪法》将财产权与生存权并列在同一条款,这种做法高度肯定了财产权的社会属性,宪法对财产权也采用了法律保障(法律保留)原则,这意味着对财产权的限制与社会正义的实现必须先通过国会立法获得合法性,再将法律交由行政机关落实。与

[①] Gregory S. Alecander:《财产权是基础性权利吗?——以德国为比较项》,郑磊译,载谢立斌主编:《中德宪法论坛2014》,社会科学文献出版社2014年版,第384—385页。

[②] 参见 Gregory S. Alexander, *The Global debate over Constitutional Property: Lessons for American taking Jurisprudence*, Chicago: The University of Chicago Press, 2006, pp. 125-127。

[③] 参见 Tom Allen, "The right to property", *Comparative Constitutional Law*, edited by Tom Ginsburg & Rosalind Dixon, Cheltenham and Northampton: Edward Elgar Publishing, 2011, p. 507。

南非的状况相近，近代中国残酷的社会经济现实要求政府必须积极作为，实现人民的社会权，而民国时期的《宪法》也在"平均地权"等方面课政府以法律责任与政治责任。在南京国民政府时期，奉孙中山"民生主义"为宪法指导思想的国民政府制定了一系列社会立法，管制土地及城市房屋的产权，以保障农民生产与市民安居的基本社会权利。早在1947年《宪法》颁布之前，1930年的《土地法》便触及了财产权的核心——土地产权，该法甚至试图对于土地进行再分配，在理念与制度上打破了传统私法的"法制一贯性与智识统一性"。考虑到民国时期《土地法》与《民法典》几乎同时颁布，我们也可以说在近代中国语境下，财产权在法律意义上自始便受到社会本位立法的规制。

（二）土地改革：财产权的"社会革命"及其挫败

关于近代中国农村存在的严重的贫困问题，当时不少中外观察家认为其根本原因在于土地分配不均，地主通过收取高额的地租剥削农民并使后者陷于绝境："在（造成农村危机的）经济及社会因素中，也许租佃制度是最令人不安的因素。"[①] 中国传统文化与欧美近代资本主义有着不同的价值观。在中国传统文化中，人们更加重视财富的公平分配，而非数量的多寡，追求"大同"之理念，这与欧美资本主义所推崇的个人主义和自由竞争的理念并不相同。在近代，中国还向西方"出口"了儒家的"均平"思想，对凯恩斯主义和罗斯福新政产生了一定的影响。[②] 孙中山更将"平均地权，节制资本"作为"民生主义"的核心，与"民族主义""民权主义"共同构成其三民主义的思想。在同盟会成立之后，孙中山修正过的土地政策与之前相较已经比较温和，由土地国有、"不耕者不有其田"转变为"核定地价、涨价归公"。1912年3月，同盟会吸收包括唐绍仪在内的士绅及其组成的团体，由革命团体改组为公开政党国民党。此次改组使国民党的政策发生重大变化。为达成妥协，国民党放弃了同盟会之前相对激进的社会革命政策，在其党纲中删除了同盟会"男女平权"的主张及孙中山关于地租与"地权"的政策。孙中山的土地政策尽管已经变激进为温和，但仍然让"出身上层社会"的人感到不安。[③]

---

① 参见费正清、费维恺编：《剑桥中华民国史》下卷，刘敬坤等译，中国社会科学出版社1994年版，第150页。
② 参见陈焕章：《孔门理财学——孔子及其学派的经济思想》，翟玉忠译，中央编译出版社2009年版。
③ 参见费正清编：《剑桥中华民国史》上卷，杨品泉等译，中国社会科学出版社1993年版，第211页。

尽管国民党为团结士绅，于民国草创之时即就地租与地权问题与其达成了妥协，但1924年孙中山改组中国国民党，实行新三民主义后，重提"耕者有其田"的理想。1927年南京国民政府成立后，奉孙中山思想为最高指导思想，在立法院长胡汉民的领导下，立法院于1928年和1930年先后通过了《土地征收法》和《土地法》，以解决农村土地问题。① 作为"最富社会性的法典"②，《土地法》规定了佃租率的上限（地租不得超过正产物收获的37.5%），并规定对不劳而获的土地增益征收累进税（涨价归公），以税收的方式使土地收益回归社会，并通过税负促使地主转让土地所有权给国家或佃农。《土地法》还提出消除地主所有制的远景，例如，承租人连续耕作10年以上③之耕地，其出租人为不在乡地主时，承租人得请求政府代为照价征收该耕地（征收后仍交与承租人耕作）；地主出佃土地超过法定面积的部分国家得予以征收；而法定国家征收土地的首要公共目的，就是实施国家经济政策、调剂耕地。这一土地制度改革也得到知识界的正面回应，当时中国地政学会对"中国宪法中关于土地事项应如何规定"所提九项原则与国民政府土地政策事实上非常接近，具体包括"土地之使用，为所有人对于社会应尽之义务，须受国家之督促与限制"，"土地之分配，由国家统制之。农地之分配，以扶植自耕农为原则"，"地价之增益，非因所有人实施劳力或资本于土地所致者，应收归公有"等。④

"平均地权"的"国父遗教"是国民政府的"最高指导思想"，它符合20世纪法律社会化的潮流，得到知识界的广泛拥护，在纸面上也落实为宪法与法律的条文。照理讲改革应当能顺利推行，可"1930年土地法始终不过是一份极好的表达意向的文件，因为南京国民政府从未执行过"。土地法没有真正实施的原因在于：国民党作为一个与保守的士绅阶层联系密切的政党，并不希望因为土地政策而疏远地主，"他们害怕解决租佃制度会引起社会革命，其结果他们既不能控制，也无法预见"。⑤ 由于其阶级局限性，国民政府根本无法贯彻其党纲国法中的土地制度改革政策。这从一个侧面

---

① 参见《国民政府中华民国土地法》，上海法学编译社1931年版。
② 参见张群：《民国时期房租管制立法考略——从住宅权的角度》，《政法论坛》2008年第2期。
③ 1946年修正《土地法》时，又将时限由"10年以上"减为"8年以上"。
④ 参见胡长清：《我国宪法中关于土地事项应有之规定》，载俞仲久编、吴经熊校：《宪法文选》，上海法学编译社1936年版。
⑤ 参见费正清、费维恺编：《剑桥中华民国史》下卷，中国社会科学出版社1993年版，第150页。

也说明当时财产权仍受到相当的保障,政府即使在获得法律明确授权的情况下仍然不能重新分配产权,与财产权的消极保障相较,更严重的问题反倒是宪法与法律上的社会权无法得到政府的积极落实。无独有偶,尽管1996年南非《宪法》规定了政府土地改革的权力与义务,但南非严重的贫富分化问题至今尚未得到纠正,人民积极财产权的实现依然遥不可及。私有财产权作为一种"自然权利"相当强大,即使宪法与法律并未对其提供充分保障,它还是能够对抗公权力甚至消解财产权的社会革命立法。另外,作为南京国民政府"对政治现实的一种承认",在1928年6月举行的全国财政会议上,中央政府把田赋收入让给各省;南京国民政府为获得地方势力的政治支持,放弃了相关的财政收入,"也放弃了对一种不公平的田赋制度进行彻底检查的任何尝试","结果是一大部分潜在的农业税收被截留,社会不能将它用于公共福利"。①

(三)房屋租赁管制:公法与私法上财产权冲突的平衡

市民"居者有其屋"与农民"耕者有其田"一样,都是人民的生活基本需求。在国家财力有限、公共住房项目供不应求的情况下,对私人房屋租赁关系予以管制,限制房东的财产权以保障房客的安居权,也成了近代中国与德国的共同选择。如前所述,德国房屋租赁的管制,本来只是为应付大规模战争造成的住房紧张的临时措施,却历经一战后重建、二战及二战以后的经济复苏与经济腾飞而长期化;尽管联邦德国逐渐放松了房屋管制,但租金上涨的管制与租约终止的保障延续至今。②"无巧不成书"的是,与前述中国古代地主土地所有权的行使(夺佃)要受到佃农生存权(以自杀相抗)的制约类似,在当代德国也有相应的极端案例:房东有合法的理由将租屋收回自用而房客拒绝搬走,尽管房东财产权的行使获得了法院裁判的支持,但如果房客心理特别脆弱,有自杀倾向,且房客不稳定的精神状态得到了医生的官方证明,那么根据德国法就出现了法律执行的障碍,

---

① 参见费正清编:《剑桥中华民国史》上卷,杨品泉等译,中国社会科学出版社1993年版,第123—124页。

② 参见弗朗茨·维亚克尔:《近代私法史》下册,陈爱娥、黄建辉译,上海三联书店2006年版,第527页。在美国,虽然房屋租赁管制并非普遍现象,但作为大都会的纽约却"特立独行"地实行租金管制,其地方性管制规范如《租金稳定法》《承租人紧急保护法》还整合成为《租金稳定法典》(Rent Stabilization Code)。面对租金管制合宪性的挑战,大法官霍姆斯曾回应说由于房屋租赁涉及重大社会利益,对其进行适当规制是正当的。参见许德风:《住房租赁合同的社会控制》,《中国社会科学》2009年第3期。

法院必须推迟执行（将房客驱逐出租屋），在极端的案件中甚至可能无限期中止执行。①

就南京国民政府的居屋保障政策来说，早在1930年《土地法》中，便已设立专节规定"房屋救济"——为保障房屋承租人安居，房屋出租人无法定理由不得解除租约；为保障房屋供应量，城市应以所有住房总数的2%作为准备房屋（所谓"准备房屋"是指随时可供租赁的房屋）；当准备房屋额连续6个月不足房屋总额的1%时，市政府应规定房屋标准租金（以不超过土地及其建筑物之估定价格年息12%为限），减免新建房屋之税款，建筑市民住宅，且该公共住房的租金不得超过土地及其建筑物之估定价格年息8%。在抗战期间，为保障承租人利益，国民政府于1943年12月公布《战时房屋租赁条例》，对于房屋所有人收取租金、担保金的标准以及终止合约的理由，都做了更严格的限制；同时规定承租人于约定租期届满后，得继续承租。②与德国的经验类似，抗战胜利后《战时房屋租赁条例》有效期届满，但政府未就此放松对于租屋的管制，1946年修正《土地法》的相关规定比1930年《土地法》更为严格③；临时性管制立法《战时房屋租赁条例》也于1947年"升级"为《房屋租赁条例》，该条例堪称"史上最严"的租屋管制法。略举数条如下：为开辟房源，该法授权地方政府可强制房屋所有人出租其既不自用又不出租的多余房屋，对于房屋所有人"自用房屋超过实际需要的"，政府也可"限期命其将超过需要之房屋出租"；房屋所有人如违反上述规定，政府除强制其出租外，还可对其处以5000元以下罚款；房租上限由当地政府经民意机关同意后，根据当地经济状况予以确定；约定租金超过前述上限的，超过部分为不当得利，房屋承租人得于支付租金后6个月内要求予以返还；房屋所有人收回自用之房屋，如有3个月空闲不用，或于1年内转租他人者，原承租人有权要求继续承租并得要求房屋所有人予以赔偿；条例还限制转租以避免"二房东"从中谋利。④《房屋租赁条例》颁布之时"获得实务界和学界的一致好评，并被认为是所有权社会化学说指导下的立法典范"。⑤

---

① 参见来汉瑞：《财产权的社会义务》，谢立斌、张小丹译，载谢立斌主编：《中德宪法论坛2014》，社会科学文献出版社2014年版，第364—365页。
② 《战时房屋租赁条例》条文参见《国民政府公报》渝字第631号（1943年12月15日）。
③ 举例来说，1946年修正《土地法》时进一步将房租管制的最高上限由土地及其建筑物之估定价格年息的12%降至10%。详细内容参见《国民政府公报》渝字第1046号（1946年4月29日）。
④ 《房屋租赁条例》条文参见《国民政府公报》第2993号（1947年12月1日）。
⑤ 俞江：《近代中国民法学中的私权理论》，北京大学出版社2003年版，第232页。

土地制度改革在南京国民政府时期与当代南非都失败了，房屋租赁管制却在德国与近代中国均取得了较好的效果。将私人财产权所负的社会义务的宪法化，平衡财产权的私权属性与社会属性，远比直接重新分配所有权要来得容易。

五、财产权的"双重误解"

当代不少人拘泥于所谓宪法财产权的"形式主义陷阱"，将宪法财产权条款与市场经济和法治联系在一起，片面强调没有宪法的保障就没有财产的安全，也就没有自由、繁荣的市场。① 这实在是对财产权历史与现实的双重误解。首先，在古典自由主义法制之下财产权专属于私法领域，高度独立于公法，私法作为封闭的体系，为财产权提供了充分的保障，反倒是现代宪法关于财产权的规定为公权力侵入私法领域并限制财产权提供了宪法依据；其次，自20世纪法律社会化以来，宪法财产权的内涵已发生重大变化，与财产权的社会属性相较，纯粹商业视角的经济利益在财产权体系中的重要性已相对降低，对宪法财产权的保障有时反倒意味着对私法意义上财产权的限制。近代中国制宪史与民权思想中，财产权几乎自始就没有与其他自由权及政治权利相提并论，将其规定在宪法不同章节并无不可。如果"较真"依据条文先后列举生存权、工作权、财产权的顺序，对照1947年《中华民国宪法》我们也可称其第15条为生存权条款而非财产权条款——现行《宪法》将公、私财产权分条规定，并且在文字表述上有所不同实属正常。②

就近代中国而言，与一般民众的普遍贫困、亟须社会保障与社会救助的严酷社会经济现实相较，有产者财产权的保障现状不能说特别糟糕。从当时的法治现状来看，公民积极社会权与消极财产权的保障并非此消彼长的关系，绝大多数对于私人财产的侵害也未见得是基于公共目的。如前所述，吴经熊针对当时宪法基本权利是采宪法保障主义还是法律保障主义的争论，便提出解构式的回答——问题的关键不在于立法机关是否会违宪制造"恶法"侵害人民权利，而在于政府官员根本不遵守法律，恣意侵害民权。

---

① Gregory S. Alexander, *The Global debate over Constitutional Property: Lessons for American taking Jurisprudence*, Chicago: The University of Chicago Press, 2006, p. 24.

② 与1947年《中华民国宪法》的财产权规定不同，我国现行《宪法》对财产权的规定方式反而更符合古典自由主义的理念，这在一定意义上也造成我国宪法条款之间的张力，消弭的方式似乎应为对不同条款分别作退让的解释，而非单方面强调财产权的社会性或私权属性。

第四编
福利权利及其司法救济

绪　　论

使百姓在天灾面前不至于饿殍遍野，使人民在社会生活中能维持基本尊严，是社会福利制度的重要使命，由此衍生出了基本救济制度、住房保障制度等体系。

作为历史悠久的农业大国，中国历朝历代的统治者对救济体系的建设十分重视，社会救济被视为历代政府的重要职责，从最早的官办仓储制度到后来的多级粮仓储备系统，以及"赈济""以工代赈""施粥"等具体救灾方式，均体现出历代统治者对民生的关切与重视。除临时性的救济措施外，中国古代还建立了长期性、制度化的养恤设施，比如收养孤老、鳏寡、废疾等弱势群体的"养济院""安济坊"等。宋代政府创立的"福田院"和"居养院"，成为后世官办救济机构的典范。当时，不仅收养城市中的贫困老病之人，还开设"慈幼坊"等专门机构收养弃婴。通过这些制度化的措施，古代中国的社会救济体系不仅解决了灾荒期间的临时需求，也保障了平时贫弱民众的基本生活，为实现"老有所养，孤有所依"奠定了制度基础。

在基本生存之外，为使民众"安居乐业"，建立相对稳定和有效的住房保障制度具有必要性。从比较法的视角看，近代以来，包括中国在内的多个国家对于公民的住房权曾经有过长足的探索，时至今日已经有较为成熟的立法与判例。然而，社会权利的实现是一个长期的过程，受到国家发展水平、财政状况等重重限制，仅将其视为一种"宪法权利"是远远不够的。没有被列入宪法权利之列的社会权利，有其独特的存在形式。例如，美国没有将住房权列入宪法保障，租户权益主要依赖租金管制、住房质量担保等市场机制，但因租赁关系对市场的依赖，租户的住房权益容易受到房东行为影响，"驱逐保护"制度作为一种租房监管手段因此应运而生。"驱逐经济"现象在美国贫困群体中表现明显——房东以驱逐租户为盈利手段，非正式驱逐问题尤为严重。如何限制房东的驱逐权？怎样使处于相对弱势地位的租客不因贫困而丧失"安居"之权利？这是社会福利制度的一个侧面。

　　当宪法权利落到社会实践中时,需要设计更为具体的权利模型并配以相应的救济手段。无论是此前关于社会权是否入宪的争议,还是此类权利作为"昂贵的权利",难以要求国家和社会完全落实其的讨论,最终都会导向这一权利的"可救济性"。一项社会福利权利遭到侵害时能否寻求司法救济?或者说,在多大程度上可以获得司法机构的支持?关于这些问题,在不同国家的不同时期,出现了截然不同的答案。

第十一章　生存保障：中国古代的社会救济

一、救荒

（一）灾荒与政府救济

"社会救济事业在我国常称为慈善事业，渊源甚早，唯多偏于临时救济或救荒等工作，在政府方面则列为荒政，载于历代史册"；"考查救济事业的动机，不外以下三点：（1）'仁'，此为孔子之中心思想……仁乃是孔子一贯之道，为一种伦理思想，吾国人深受其影响。（2）'义'，此亦为儒家思想之一部分……孟子见梁惠王时曾曰：'亦有仁义而已矣，何必曰利'，此为一种社会道德观……（3）'善'，此为过去一般人的主要动机，这全是出于宗教道德观念，他们相信'与人为善同登善域'、'人有善念天必佑之'、'救人一命胜造七级浮屠'，他们以为此生积善，来世可得幸福"。[①]

"我国灾荒之多，世界罕有，就文献可考的记载来看，从公元前 18 世纪，直到公元 20 世纪的今日，近似千年间，几乎无年无灾，也几乎无年不荒；西欧学者甚至称我国为'饥荒的国度'（The Land of Famine）。"[②] 历代灾荒发展的趋势与特征包括普遍性、连续性和积累性：灾荒在时间上与空间上都具有普遍性；各种灾害"连续不断，甚至有同时并发的情形"；每次巨灾之后，"元气愈伤，防灾的设备愈废，以致灾荒的周期性循环愈速，规模也更加扩大"。[③] 为实现社会安定、争取民心、巩固江山社稷，中国历代统治者对以"荒政"为核心的社会救济都特别重视，将其视为维系王朝统

---

① 柯象峰：《我国社会救济事业之检讨》，《学思》第 1 卷第 12 期（1942 年），第 306、308 页。
② 邓云特：《中国救荒史》，商务印书馆 2017 年版，第 9 页。
③ 同上书，第 46—54 页。

治合法性的重要手段；在理念上，则有"仁政""民本""重义轻利""善有善报"等儒家教义与民间信仰作为支持。"救荒活民"作为中国古代一项重要且紧急的行政目标及行政任务，虽然不排除"私部门"（社会团体）作为协力执行者之可能，但其执行主体仍以国家公权力机关（政府）为主。传统中国完备的官僚体系（或者说早熟的官僚国家），为国家社会福利政策的高效率、制度化与标准化提供了可能。

一般认为，《周礼·大司徒》之"荒政十二"乃是中国荒政制度的源头。《晏子春秋》有晏子以辞职来劝谏齐景公救济灾民的记载，当时齐国政府派遣巡视官员，以三天为限勘察灾情并上报，向受灾的 17 000 户灾民分发粮食与柴草（燃料），同时对房屋受损的灾民额外发放救济金。[①]汉代的政府最初采用将皇家土地和地方政府的土地分授给穷人作为救济的方式，但是政府控制的土地有减无增，这种扶贫行动无法长期持续；之后政府便转而采用分发食品等方式来救济穷人。[②]唐代在救荒方面颇有建树，"贞观时期共 23 年，自然灾害与其他历史时期相比，从发生的频率和严重的程度看，应当说并没有得到上天特别的优宠。但是，这一时期经济与民生之所以平和安康，政策之成功是重要原因。其中注重社会福利的政治意识在执政实践中的积极作用，也是不容忽视的"。[③]北宋时期进一步完善了以报灾、检灾为核心的荒政制度，建立了以蠲免、赈给、赈粜、赈贷为核心的救荒措施体系；并创立了专为救济流民的灾伤流移法，"流民所过州县，地方官须负责筹措宿泊，就地赈济"，"然后发给券历，遣返还乡"。[④]

"与近代以前的欧洲国家相比，明清中国国家把人民（特别是农民）的物质福利作为国家要解决的头等重大的问题。与过去相比，明清时期（特别是在 18 世纪）国家对农民物质福利的注意重点，已从生产性活动转向消费。为了社会秩序的安定，国家制定了系统的政策以稳定若干重要民生物资（特别是粮食）的供给，并以常规和非常规的手段干预食物供给情况。"[⑤]清政府通过救荒过程中的积极表现来增强自身的合法性，它自我定位为救济提供者

---

① 参见张纯一：《晏子春秋校注》，世界书局 1935 年版，第 6—8 页。
② 参见许倬云：《汉代农业：早期中国农业经济的形成》，程农等译，江苏人民出版社 2012 年版，第 31 页。
③ 王子今等：《中国社会福利史》，武汉大学出版社 2013 年版，第 132—133 页。
④ 张文：《论两宋社会保障体系的演变脉络》，《苏州大学学报（哲学社会科学版）》2015 年第 2 期，第 173 页。
⑤ 魏丕信：《18 世纪中国的官僚制度与荒政》，徐建青译，江苏人民出版社 2006 年版，"中文版序"第 4 页。

和灾民的保护人,同时强调官员应当扮演好"民之父母"的角色——"清廷命令其官员牢记:'首要之义,救荒乃头等大事,毋任一夫失所。'"①

(二)具体政策

1. 仓储与调粟

充足的粮食储备是赈济的前提条件。"仓储制度为中国古代历代统治者所重视,经过不断的完善和发展,清代建立起了主要由京通仓、常平仓、预备仓、盐义仓、旗仓、社仓和义仓为主体的粮食仓储体系。其中,'常平积谷留本州县备赈,义仓社仓积谷留本村镇备赈,永免协济外郡。'除社仓和义仓由民间社会筹办,具有民间互助性质外,其他粮仓由国家官方经营,是国家干预粮食市场的物质基础。"②"其仓储政策和反对囤积居奇,都是为了保障粮食能够以较低和稳定的价格在本地流通","国家成功地创建了巨量的粮食储备,以减轻粮价的季节性波动和对付歉年的短缺"③。"对于食物供应的考虑形成了一种更宏大的欧洲与中国比较之一部分",西欧国家倾向通过自由贸易维持食物供应,"经常缺乏能力和承诺来建立维持谷仓","他们的建国计划中没有包括那种不断促进中国人的家长制式作风的考虑"。④

但由于地方粮食仓储规模有限,在发生大规模灾荒时,中央政府仍需要从外地调运粮食。"早在春秋时代,移粟通财的办法便已盛行,不过那时诸侯割据,国小地狭,一国有了饥荒,无粟自给时,往往乞粟于邻国,以救济饥饿的居民。这便是初期移粟的形式。"⑤秦汉建立大一统国家后,为政府主导的大规模赈济提供了可能,中央政府有能力在全国范围内调配、运输粮食,损有余而补不足。由于运输成本等原因,跨省大规模粮食运输的最佳方式是依靠水路;受自然条件限制,一些地区如华北、西北、西南地区的水路运输不发达,这极大限制了这些地区粮食长途运输的规模。即使如此,政府也通过各种方式保证粮食的供给:其中一个方式是以内陆省份

---

① 参见艾志瑞:《铁泪图:19世纪中国对于饥馑的文化反应》,曹曦译,江苏人民出版社2011年版,第101—102页。
② 胡鹏、魏明孔:《养民与聚民:清代粮食市场中的国家调控(1644—1840)》,《中国农史》2021年第6期,第63页。
③ 王国斌:《转变的中国:历史变迁与欧洲经验的局限》,李伯重等译,江苏人民出版社2010年版,第179页。
④ 参见艾志瑞:《铁泪图:19世纪中国对于饥馑的文化反应》,曹曦译,江苏人民出版社2011年版,第133—134页。
⑤ 邓云特:《中国救荒史》,商务印书馆2017年版,第253页。

为基地向边疆运输粮食，例如，从四川向云南、从湖南向贵州运粮。与此同时，政府也持续地努力在西北的甘肃、陕西建立粮食储备。①

调运粮食的一个比较便利的方式是"截漕"，即"各地漕粮即将或已经起运，遇有特殊需要，部分或全部漕粮或截留本省，或运往他地"。截留漕粮的主要用途是地方赈济，"或实仓，或放赈，或平粜"。"漕粮赈济的地区主要在运河及长江中下游一线，一方面这些地区灾害最频，另一方面，官府兼顾了漕粮转运的便利问题。"②除运用仓储和截漕外，政府也会向灾民发放赈济银两或者在地方采买粮食，让市场发挥作用，通过市场流通来解决受灾地区粮食不足的问题。"大约1760年以后，政府对于亲自进行赈粮的省际采买和运输的兴趣越来越小"，"早在1740年，朝廷就已致力于保证粮食的'自然流通'，以此来代替并减少官方的大量粮食储备"。③

2. 赈济

赈济是以财物（特别是粮食）救济灾民（饥民），它是中国古代社会救济事业的核心。作为灾荒发生后的临时性、消极的救济手段，它虽然有"治标不治本"的问题，却在"救荒活民"方面有功不可没的作用，因此得到历代统治者与思想家的重视。当时的人说："救荒有赈济、赈粜、赈贷三者"；"赈济者，用义仓米施及老、幼、残疾、孤、贫等人，米不足，或散钱与之"，"极贫民便赈米；次贫民便赈钱；稍贫民便赈贷"。至于赈济的良法，前人也有所总结："莫善于公，莫不善于聚，县各为赈，勿聚于府；乡各为赈，勿聚于城；人各为赈，勿委于吏。"关于赈济的正当性与紧迫性，清代的良吏方观承在其《赈纪》中总结说，赈济其实是取之于民用之于民，是朝廷重要的德政："田禾灾，而赈恤行，赈所以救农也。农民力出于己，赋效于公。凡夫国家府库仓廪之积，皆农力所入。出其所入于丰年者，以赈其凶灾……孟子曰：'乐岁终身苦，凶年不免于死亡。'此农民之待赈为切，而急赈加赈之泽为甚厚也。"④在严重的饥荒发生后，通过降价出售官方谷物的方式（平粜）稳定市场粮食价格不足以解决危机。要想挽救陷入绝境的饥民，免费发放赈济粮是最直接有效的救济手段。

---

① Pierre-Etienne Will & R.Bin Wong, *Nourish the People: The State Civilian Granary System in China, 1650-1850*, University of Michigan Press, 1991, pp. 300-304.

② 参见吴琦：《漕粮赈济：考察清代社会治理的一个视角》，《运河学研究》第3辑，社会科学文献出版社2019年版，第27、34页。

③ 魏丕信：《18世纪中国的官僚制度与荒政》，徐建青译，江苏人民出版社2006年版，第290页。

④ 参见邓云特：《中国救荒史》，商务印书馆2017年版，第166—170页。

3. 以工代赈

以工代赈即组织灾民参与国家基础设施建设（如兴修水利）或运送军需，政府以报酬的形式将赈济物资发给灾民。以工代赈一方面救济了灾民，另一方面国家获得了劳役服务；这与为凯恩斯主义所提倡的、在罗斯福新政中被广为推行的通过公共工程建设为失业人员提供工作机会的社会政策大致相仿。由于公私两利，宋代以来以工代赈便是政府常用的救济方法。清代嘉庆皇帝有言："救荒之策，莫善于以工代赈。"①清代乾隆一朝特别重视以工代赈之法，中央对地方的代赈工程有非常明确的统筹规划："年岁丰歉，难以悬定，而工程之应修理者，必先有成局，然后可以随时兴举。一省之中，工程之大者，莫如城郭，而地方何处为最要，要地又以何处为最先，应令各省督抚一一确查，分别缓急，豫为估计，造册报部。将来如遇水旱不齐之时，欲以工代赈，即可按籍而稽，速为办理，不致迟滞。"②

4. 粥赈（施粥）

"粥赈又称煮粥、赈粥、煮赈，主要是官府、富户在固定区域设厂煮粥，赈济灾民或贫乏饥民，粥赈所在地称粥厂、赈厂、饭厂。""作为饥荒中常用的临时性散赈措施，不受赈济条规如灾情分数、极贫次贫等制度的限制，钱粮数额及时间、期限可随灾情轻重、灾民多寡而调整及变动；且粥赈不仅赈灾民也赈穷民甚至乞丐。"由于办法简便易行、救济效果立竿见影，粥赈也成为历代相沿的重要救济措施。粥赈并非古代中国独有的福利政策，奥斯曼帝国也有类似的"施粥所"（又称"公共厨房"、"穷人厨房"或"汤厨房"）。遍及奥斯曼帝国各地的施粥所"在供养城镇人口、救助弱势群体方面起着不容忽视的重要作用"。施粥所并非纯粹的济贫机构，"它提供的热粥和面饼不仅满足人们的基本生存需要，也具有特别明显的象征性，暗含着施者与受者之间的义务与权利及庇荫关系"。③

5. 安辑

灾荒之后，流民往往成为严重的问题，一方面，灾民流亡在外、农田荒芜，将影响国家的财政收入；更重要的是，如果不妥善安置流民，会影响社会治安，甚至造成大的动乱。中国历代政府实行了多种安辑政策，以抚辑流亡，具体包括给复、给田与资送（赍送）。（1）给复，即通过减免过

---

① 杨景仁辑：《兴工》，载贺长龄、魏源等编《清朝经世文编》卷四一，文海出版社1972年版，第1499页。
② 光绪朝《钦定大清会典事例》卷二八八《户部一百三十七·蠲恤·兴土功》。
③ 杨瑾：《论公共施粥所在奥斯曼慈善救济中的作用》，《世界历史》2010年第6期，第88页。

去和未来数年赋税等方式,用赋税优惠引导流民还乡复业,这一办法始于汉代。(2)给田,即"给流民以闲田,并免除租赋,使流民不再流徙的办法",此法最初亦见于汉代的诏令。(3)资送,指动用官府的力量,以资助路费的方式遣送流民回籍;"查流民原归者,量地远近,资给路费,给票到本州岛岛岛县补给赈银,务令复业",这一办法始创于宋。①

(三)传统官僚制度与荒政:以清代为例

清代国家虽然不是韦伯所谓的"福利国家",但也是一个"务实性"的国家,"那些保障人民起码生存权利的物质利益手段,早在它成为近代福利国家要素之前很久,在中国就已存在,而且占有重要地位"。②清代关于"荒政"的立法已经非常完备,除了唐至明清一脉相承的"检踏灾伤田粮"等律文外,五朝会典、《会典则例》、《会典事例》、《户部则例》以及地方的省例均对救灾作了专门规定,详细规定了应当采取抚恤措施的灾种、前提条件、抚恤的程序、具体施赈的时间、免除赋税的比例、借贷的利息以及减免等项。以清代《会典》为例,康熙朝《会典》卷二十一《户部·田土》专设了"荒政"目;雍正朝《会典》卷三十五至三十九皆以"蠲免"为目,对报勘、豁免、赈济、借给、积贮等措施进行了详细的规定;乾隆朝《会典》还列举荒政12条,包括救灾、拯饥、平粜、蠲赋、缓征、通商、劝谕、严奏报之期、辨灾伤之等、兴土工、反流亡等;嘉庆朝《会典》进一步完善了乾隆朝《会典》的相关规定,如缓征、劝捐等等,都进行了细化和规范化;光绪朝《会典》,较之前朝,没有大的变化。③

荒政其实在宋代就已经比较成熟,其救灾的方法、程序与清代大致相仿。清代与宋代相较,其区别有二:其一是清代救荒的规模更大;其二是清代的救灾由政府主导,不再依赖有产阶级(乡绅)组织和负担救灾食物的再分配。④清代救荒的具体程序分为报灾、勘灾、赈济三个阶段。(1)报灾:清代对报灾时限有严格规定,凡地方有灾,必须迅速上报朝廷;地方官如果报灾不及时或者隐匿不报将受到严惩,其上级官员也要承担连带责任。(2)勘灾:分为两个阶段,其一是"灾害调查",即评估物质损失情

---

① 参见邓云特:《中国救荒史》,商务印书馆2017年版,第294—298页。
② 魏丕信:《18世纪中国的官僚制度与荒政》,徐建青译,江苏人民出版社2006年版,"中文版序"第5页。
③ 参见赵晓华:《救灾法律与清代社会》,社会科学文献出版社2011年版,第22—25页。
④ 参见魏丕信:《18世纪中国的官僚制度与荒政》,徐建青译,江苏人民出版社2006年版,第72页。

况；其二是对受灾人口进行分类，将受灾人口分为极贫（无法生存）、次贫（暂时可以生存）两等（有的地区还划出"又次贫"作为第三等），两个等级的受灾者得到的救助在数额和时间上相差很大。为审慎起见，两个阶段的勘灾都须经过胥役和乡地的"初查"、专门委派官员与佐杂进行的"再查"，还有更高一级官员的"抽查"。[①]（3）赈济：是直接将粮食、银钱发给灾民的救济措施，可分为紧急程序（先赈）与一般程序。一般程序又包括正赈、加赈（加赈/补赈）、折赈、以工代赈、借贷等救济方式。正赈粮钱通常按月发放，由官府在城里设立发放点，灾民凭赈票来领取；每领取一次在赈票上打上戳记，赈票仍然还给灾民，以避免灾民重复领取；灾民领取完最后一次赈济粮钱，赈票就会被官府收回。[②]

中国传统社会经济的一个显著特点是它的"成熟老练、中央集权，以及官僚制度的稳定，这一点更能够解释那些周详且制度化的抗灾程序的存在……备荒和救灾的确是官僚制度的头等任务之一，这是中国传统的家长式权力统治的一部分，它体现了儒家的教义：'养民'才能更好地'教民'"。[③]政府的赈济除了简单的"养民"外也有社会政策的考虑，国家希望通过救济小土地所有者，使其保持经济独立性，以避免贫民不得已出卖土地或受困于高利贷，沦为有产者的附庸。赈济之外，政府还与社会协力设立"常平仓"，通过地方仓储进行平粜与借贷以调控市场价格。政府还通过控制主要码头、关闸与贸易路线，来实现对区际贸易的有效监管。"当一些地方发生灾害或粮荒的时候，其周边地区的地方官为了维持本地的粮食供应及市场价格的稳定，往往采取措施，禁止辖区内的粮食出境。邻封越是缺粮，其禁阻往往也就越加严格。这种以邻为壑的做法，随着全国粮食供求关系的日趋紧张而愈普遍严重。为此清政府屡屡发布禁令，不许地方官私自遏粜……为从根本上杜绝遏粜现象，清政府在乾隆二年（1737年）专门订立了遏粜处分例。"[④]

学者通过研究发现，中国的荒政制度在1750年以前"已经相当完善了"，灾害勘察与赈灾物资分配的制度化与标准化的水平相当高；国家精心

---

① 魏丕信：《18世纪中国的官僚制度与荒政》，徐建青译，江苏人民出版社2006年版，第106页。
② 参见刘信言：《清代荒政的法源》，清华大学2016年硕士学位论文，第二章。
③ 魏丕信：《18世纪中国的官僚制度与荒政》，徐建青译，江苏人民出版社2006年版，第4页。
④ 陈桦、刘宗志：《救灾与济贫：中国封建时代的社会救助活动（1750—1911）》，中国人民大学出版社2005年版，第62页。

制定的规则得到了比较好的运用,"用于缓解如此大范围和如此长时间的农业危机的必要实力和手段显然已经具备了";清代官僚政府的"效率性、灵活性和创新性,远超过官方法规的内容和19世纪的作者对于中国官僚所做的论断"。①"中国的财政体制很适合在前工业化的经济条件之下,提升民众政体的福祉。轻徭薄赋和高水平的公共产品投资,通常能够带来正面的经济效应。中国的财政制度可以承受得住各种各样的天灾人祸,尽管这些灾祸足以影响到整个社会的经济安全和普通民众的物质福利。税收和国家开支之间基本上维持在平衡的状态。"②

但是,随着清朝逐渐走向衰败,嘉庆以后的官方赈灾活动日益举步维艰。特别是19世纪中叶的国内战争与外国入侵,严重削弱了晚清国家干预的能力。由于国力衰弱、财政拮据与吏治腐败,"国家在赈灾活动中的地位和作用日益弱化","随着皇权的衰落和绅权的兴起,随着社会的发展和变迁,赈灾主体出现多元化倾向"。"特别是传教士进入中国,洋务运动以来中国民族资本主义的产生和发展,大众传播媒介的出现,为在官府之外开展赈灾活动提供了条件。一些地方绅士名流建立了形形色色的善会和善堂,在整个社会慈善救济事业中的作用越来越大。"③

二、养恤

在先秦思想中,《管子》一书"九惠之教"进行了比较系统的归纳,提出一整套社会福利方案:"一曰老老、二曰慈幼、三曰恤孤、四曰养疾、五曰合独、六曰问疾、七曰通穷、八曰振困、九曰接绝。"④其中"老老"是对七十岁以上的老年人的优待;"慈幼"是对家有三子以上"不胜养为累者"提供免税优惠和国家津贴;"恤孤"是对孤儿的照护;"养疾"是由官府设立"疾馆",收养残疾人直至终老;"合独"是国家设立"掌媒"官,负责介绍鳏寡之人结婚,并给予田宅安家;"问疾"指国家设立"掌病"之官,由其

---

① 魏丕信:《18世纪中国的官僚制度与荒政》,徐建青译,江苏人民出版社2006年版,第221—226页。
② 王国斌、罗森塔尔:《大分流之外:中国和欧洲经济变迁的政治》,周琳译,江苏人民出版社2019年版,第215页。
③ 参见薛毅:《中国华洋义赈救灾总会研究》,武汉大学出版社2008年版,第46页。
④ [唐]房玄龄注,[明]刘绩补注,刘晓艺校点:《管子》,上海古籍出版社2015年版,第365—367页。

代表国君慰问病人;"通穷"指的是设立专人负责上报当地贫民粮食与住宅的匮乏情形;"振困"指在灾年开仓放粮、宽缓刑罚、赦免轻罪;"接绝"是对于为国捐躯的士民,国家拨专款请烈士的故旧帮忙祭祀。应该说,管仲"九惠之教"的社会救助政策从内容和对象来看都非常广泛,"已经与现代社会救助的范围非常接近"。① 以下具体介绍几类传统中国的养恤设施。

(一) 居养

所谓居养,包括"居"(住房救助)和"养"(食物救助)两个要素。"西汉帝王对于'鳏寡孤独、高年'一类人的优恤是比较频繁的",但对社会上困难群体的物质帮助主要是根据皇帝的诏令,"似乎当时政府施行的有关社会福利政策尚未形成定制";另外,物质帮助通常不给予残疾人。② 汉平帝年间,郡国遭遇大旱与蝗灾,政府临时为民之"疾疫者,舍空宅邸,为置医药",这是为灾民设置的临时性收容机构;又"起五里于长安城中,宅二百区,以居贫民",在长安城为贫民规划住宅区。③ 南朝梁武帝受佛教"行善"义理的影响,曾在京师设立"中国历史上第一家官方开办的福利院"——"孤独园",收养孤幼与贫老,以实现"孤幼有归,华发不匮"。④ 此外,梁武帝还下诏要求郡县收养孤独无依者,人民"从摇篮到坟墓"都应由国家料理——"凡民有单老孤稚不能自理,主者郡县咸加收养,赡给衣食,每令周足,以终其身。若终年命,厚加料理"。⑤

常设的官办居养设施兴盛于经济上空前发展的宋代。当时,"社会首次'发现'了都市贫民阶层,使得政府觉得需要制定一套长期济贫的政策","南宋政府对此更为积极","宋代官方救济机构主要收容都市中贫穷的老病之人以及弃婴,所创的安济坊、居养院等开启了持续近九百年的养济院的官方济贫制度的先河"。⑥ 早在宋哲宗元符元年(1098年)即颁发诏谕,"要求对鳏寡孤独寡不能自存之人进行'官为居养',并对病人给以医疗,实际上在国家政策方面成为养济院与安济坊的先导"。⑦ 北宋时期设立了综合性

---

① 参见李长勇:《管仲的社会救助思想及其现代意义》,《齐鲁学刊》2017年第4期,第26页。
② 参见王子今等:《中国社会福利史》,武汉大学出版社2013年版,第63—64页。
③ [汉]班固:《汉书》,中华书局1962年版,第353页。
④ 参见刘洪清:《菩萨皇帝与孤独园》,《中国社会保障》2014年第12期,第66页。
⑤ 参见[唐]姚思廉:《梁书》,中华书局1973年版,第64页。
⑥ 参见梁其姿:《施善与教化:明清时期的慈善组织》,北京师范大学出版社2013年版,第17页。
⑦ 王卫平:《唐宋时期慈善事业概说》,《史学月刊》2000年第3期,第97页。

济贫机构福田院和居养院，收养贫困无依的弱势群体，其中"福田院仅设置于京师，收养对象也仅限于汴梁（河南开封）贫困人口。居养院设置非常广泛，各州郡皆有设置，徽宗时期，甚至户数上千的城寨都有设置，受惠面广泛"。① 南宋高宗时，有的地方官兴办养济院时已经开始区分养老与育幼，在养济院中内单设慈幼坊。宁宗时期，真德秀在建康府设立了慈幼庄，以收养弃婴。到南宋晚期，东南各地纷纷建立了专门的幼儿福利机构，临安"慈幼局"为其代表。② 宋代的救助范围非常广泛，在理念上可谓从"摇篮到坟墓"。据《宋史·食货志》记载："凡鳏、寡、孤、独、癃老、废疾、贫乏不能自存养者，以户绝屋居之；无，则居以官屋，以户绝财产充其费，不限月"；"道路遇寒僵仆之人及无衣丐者，许送近便居养院，给钱米救济"；"孤贫小儿可教者，令入小学听读"；"遗弃小儿，雇人乳养"；"若丐者育之于居养院；其病也，疗之于安济坊；其死者，葬之于安济坊；其死也，葬之于漏泽园，岁以为常"。③ 元代同样设有养济院，以收养鳏寡孤独废疾等弱势群体。养济院的处所为官房，"被收养者可以定期得到一定数量的粮食、柴薪、衣服等生活物品，享受到官方免费提供的医疗保障，死后官方负责安葬，皇帝还不定期地给予他们特殊的物质赏赐"。④

明太祖即位之初即颁布命令要求在全国普遍设立养济院，为保证养济院能够切实收养鳏寡孤独废疾，朱元璋先将其着之于《大明令·户令·收养孤老》，随后编入《大明律·户律·户役·收养孤老》，"永为定制"。"凡鳏寡孤独及笃疾之人，贫穷无亲属依倚，不能自存，所在官司应收养而不收养者，杖六十。若应给衣粮而官吏克减者，以监守自盗论。"⑤ 顺治三年（1640年）清律"户律·户役·收养孤老"基本沿袭了《大明律》的规定，据统计，清代"收养孤老"律先后增删修订有例7条。"'收养孤老'自明代入律，又经过清代的因袭发展，前后达500余年，无论统治者重视与否，各级官吏贯彻执行情况如何，对社会的影响也应该是很大的"。⑥ 明清时期，一般来说每县（州）均设有一所养济院，也有一县（州）两所的，同城而

---

① 张文：《论两宋社会保障体系的演变脉络》，《苏州大学学报（哲学社会科学版）》2015年第2期，第173页。
② 参见宋采义、豫嵩：《宋代官办的幼儿慈善事业》，《史学月刊》1988年第5期，第26—29页。
③ [元] 脱脱等：《宋史》，中华书局1985年版，第4339—4340页。
④ 参见李莎：《元代对弱势群体的救助体系》，《中州学刊》2007年第6期，第156页。
⑤ 《大明律》，怀效锋点校，法律出版社1998年版，第51页。
⑥ 参见柏桦：《明清"收养孤老"律例与社会稳定》，《西南大学学报（社会科学版）》2008年第6期，第64页。

治的县（州）常合设一所，京师顺天府则在大兴和宛平两县各设一所养济院。明代洪武至嘉靖年间，政府对于养济院收养人数没有明确的上限规定，到万历年间由于财政困难各地养济院收容有了定额（"以钱粮不足而限之数矣"，养济院满额停收，余者待出缺后依次递补）。① 由此有了"正额孤贫"和"额外孤贫"的区分："鉴于正额孤贫数量有限，乾隆年间以后养济院又开始增收'额外孤贫'"，"正额"与"额外"孤贫的救助标准有很大差别。② 明清养济院收容人数在京师特别集中。以明朝为例，成化十年（1474年）宛平、大兴养济院收容 2966 人，到成化十六年（1480年）已增加到约 7490 人。③ 由于京师养济院收养不限本地籍贯，凡在京城行乞之人均在救济范围之内，其收养人数因此增长得特别快，明政府很快发现无力尽数收养。成化年间，朝廷发布命令将外来行乞者"给口粮程送还乡"，"世宗即位后，又根据京城养济院情况，决定'在京养济院只收宛、大二县孤老'，对于外地流入的男女笃废残疾之人，送官办的赈济机关旛竿、蜡烛二寺收容养济"。④

（二）医疗救助

1. 官置病坊

收治贫病为居养的一种特殊类型，主要针对因贫不能自救的病人。东汉诸帝常有赐粟、帛等方式救助社会困难群体的事迹，其救济对象除鳏寡孤独、贫不能自存者外，也常常包括"笃癃"。所谓"笃癃"，有重病和残疾两种含义，其中"笃"为笃疾（重病），"癃"为废疾（残疾）。⑤《南齐书·文慧太子列传》记载："太子与竟陵王（萧）自良俱好释氏，立六疾馆以养穷民。"⑥ "六疾馆"之设是受到佛教的影响，有"借医弘道"的意味。除了半官方的"六疾馆"，当时寺庙也开始设立由僧人主持的医疗机构"病坊"。到武则天时期，全国已普遍设立"悲田坊"，"武周后期，鉴于寺院中病坊数量众多，政府置悲田使管理，建立起了'寺理官督'的管理体制，

---

① 参见王兴亚：《明代养济院研究》，《郑州大学学报（哲学社会科学版）》1989 年第 3 期，第 49、55 页。
② 参见黄鸿山：《清代江苏养济院的救助名额、救助标准与经费来源研究》，《中国经济史研究》2013 年第 2 期，第 142 页。
③ 参见王子今等：《中国社会福利史》，武汉大学出版社 2013 年版，第 184 页。
④ 参见王兴亚：《明代养济院研究》，《郑州大学学报（哲学社会科学版）》1989 年第 3 期，第 53—54 页。
⑤ 参见王子今等：《中国社会福利史》，武汉大学出版社 2013 年版，第 65—69 页。
⑥ ［梁］萧子显：《南齐书》，中华书局 1972 年版，第 401 页。

将其纳入国家的救助体系"。① 佛教有所谓"三福田",分别是孝敬父母之"恩田"、供养僧尼之"敬田"、布施贫苦者之"悲田"。"'悲田'就提倡悲悯与救助贫弱病苦之人",故而救治贫病的"病坊"以"悲田"为名。② 有唐一代,"病坊的经办曾在唐官府和佛教寺院间频繁更迭","官置病坊约有三次,第一次唐玄宗时,第二次唐肃宗时,第三次唐武宗时"。③

唐武宗"灭佛"之后,社会救助事业的主导权从佛教团体等民间组织移转到政府手中。发展到宋朝,成为中国古代官办福利事业的一个高峰期。作为政府主办的免费医院,北宋安济坊的设置始于徽宗崇宁元年(1102年),其前身为诸路创制的"将理院"。安济坊在全国普遍设立,其收容的病员身份包括因贫困无力医治的本地人和外地人、军人及其家属、罪犯、官宦人家雇工等。④ "南宋初年,宋廷又设置集收养与救治于一体的综合性医疗救助机构——养济院,'委都监抄札五厢界应管无依倚、流移、病患之人发入养济院,仍差本府医官二名看治,童行二名,煎煮汤药,照管粥食'。官办医院安济坊的功能逐渐为综合性居养机构养济院所取代。"⑤

2. 官办药局

除收治贫病外,宋朝政府还在各地创设了公共卫生机构——官药局,作为常设的医疗救助机构,面向民众平价销售或免费分发药品。针对流行疫病和普通疾病,政府常常派遣医生诊治、颁方赐药、拨款救助。⑥ 特别是南宋时期,在朝廷的推动和理学背景地方官员的主导下,各地出现了兴建官药局的潮流,"创办官药局的行为在当时被视作实践理学思想的举措之一",是实践"以天地万物为一体"之"仁";"这些新建的官药局在性质上出现了显著的变化,即从官营商业机构逐步转化为面向民众的慈善机构"。⑦ 据《金史》,金代政府设有"惠民司","掌修合发卖汤药","设此本欲济民"。元代在各路普遍设立"惠民药局"("惠民局"),"官给钞本,月营子

---

① 参见邵佳德、王月清:《从借医弘道到悲田养病——试论汉唐之际中国佛教医学的发展及其贡献》,《医学与哲学(人文社会医学版)》2009年第10期,第73页。
② 参见张国刚:《〈佛说诸德福田经〉与中古佛教的慈善事业》,《史学集刊》2003年第2期,第24页。
③ 杜正干:《唐病坊表征》,《敦煌研究》2001年第1期,第122—126页。
④ 参见张新宇:《漏泽园碑铭所见北宋末年的居养院和安济坊》,《考古》2009年第4期,第82—83页。
⑤ 甄尽忠:《论宋代安济坊的设置与管理》,《河南社会科学》2010年第6期,第152页。
⑥ 参见郭文佳:《宋代地方医疗机构与疾疫救治》,《求索》2008年第8期,第210—212页。
⑦ 参见焦堃:《宋代官药局源流再考——兼论理学思潮对其性质嬗变的影响》,《齐鲁学刊》2021年第3期,第43、47页。

钱，以备药物，仍择良医主之，以疗贫民"，为社会下层提供医药服务。①明初承袭宋元旧制，于京师的太医院置惠民药局，同时在天下府州县普设惠民药局。"洪武三年置惠民药局，府设提领，州县设官医。凡军民之贫病者，给之医药。"②在全国普设惠民药局，其目的在于储备药材，为民众提供平价药物，为无力自救的贫病者施以救助（施药）。明代中期以后，各地惠民药局因缺乏国家稳定的财政支持而日渐衰败，不少县的药局荒废惠民药局原本定位为"经常性的药政机构"，在明代却逐渐退化为"在疫灾时才运作"的临时性救济机构，甚至在瘟疫暴发时未能起到其应有的救助作用。③清代，官办药局从政府体系中消失了。

（三）流民收容：以清代为例

历代政府在灾荒时往往设立流民的临时收容机构，这一方面是善政，另一方面是为了维护社会稳定。"流民问题一直是明清时代严重的社会问题，北方地区尤其如是"，"这些流民大多是农业零散雇工"，"农忙时，他们受雇在农村，到了秋收之后，他们即成为无业游民，为了温饱，他们多流落到都会成为季节性的乞丐"。④为救助社会上（主要是冬春之际）大量衣食无着的外来流民、乞丐，清代在地方设立了经常性的收容机构，称"栖留所""留养局"或"留养所"，以分担养济院的收容任务。这类季节性收容机构以官办为主，普遍设立于清代北方各省及西南地区。它在冬天收容流落到都市的游民，待春暖再将他们遣回原籍。

栖流所于顺治年间率先设置于京师，专门收养"无依流民及病卧街衢者"，当时在京师五城设立栖流所6处，另外在大兴、宛平粥厂附近设立了收养流民的场所；之后各地相继设立了官办流民收养机构，其中以直隶留养局最成系统。⑤"冬季的收养设施，至少始建于宋代，明代的吕坤也曾设想过冬生院，并且在河南省杞县实际设置过"，"清代的留养局继承了当时已有的冬生院和栖流所，以及附设于寺院的冬季施粥所，并且对它们作了改进"，"留养局是在冬天收养贫民的设施，通常开设于十月一日至第二年

---

① 参见王子今等：《中国社会福利史》，武汉大学出版社2013年版，第170—172页。
② ［清］张廷玉等：《明史》，中华书局1974年版，第1813页。
③ 参见尹阳硕：《明代长江中下游地区疫灾与医疗社会》，华中师范大学2018年博士学位论文，第29—30页。
④ 参见梁其姿：《施善与教化：明清时期的慈善组织》，北京师范大学出版社2013年版，第194—195页。
⑤ 参见岑大利：《清代慈善机构述论》，《社会学研究》1998年第5期，第79—80页。

二月，在特别寒冷的年份延长开放时间，从九月十五日到三月十五日。而且，重病人和年过70岁的老人在开设期间之外也被允许留在局里"。①

乾隆十三年（1748年），直隶总督方观承向乾隆上书，奏请在直隶省各地普遍建立留养局："冬日留养贫民，春融遣散，其有笃疾、废疾及年过七十者，则常留在局。"在方观承的大力推行下，直隶设立了五百余个留养局，平均下来每县约有4个，留养局也成为与养济院并列的重要社会福利机构。据地方志记载："设局皆在城市集镇、街途孔道，立木牌大书'留养局'三字，使往来之人皆见。谕令乡地居民遇有外来羸病者即安置局内。"②留养局（栖流所）对于病人收容期间发生的风险不承担法律责任，因此送病人前来者要特别签署承诺书，其格式如下："栖留公局，于＿＿月＿＿日在＿＿地见有垂毙流民，询系＿＿人年＿＿岁，亦无近地亲属，谨遵县宪示谕填单送局调养，病痊则交遣去，与局无干。"③

三、小结：鳏寡孤独者皆有所养

社会福利思想与制度在传统中国由来已久，除"天下为公"的"大同"理想外，"井田制"传递出的耕者有其田思想，以及"不患寡而患不均"的社会公平分配理想等，均是古代中国为了促进社会公平、保障百姓基本生存条件而衍生出的社会福利思想。历朝历代实施社会救济政策的方案和效果有所不同。除代表性的、历代相沿之"荒政"外，在居养、医疗救助、流民收容方面也卓有成效。官置病坊在唐代已遍布各地，宋代开启了以养济院为代表的官方济贫制度的先河，明太祖数次颁布供养鳏寡孤独及笃疾之人的政令，清代创设了栖流所与留养局，在京师及各地收养贫民。

当代学界在研究"福利国家"时，常以北欧国家为代表，或将德国的宪法社会国家原则作为主要分析对象。然而从历史渊源上看，社会福利政策其实是中国传统国家治理理念的基本组成部分，其中不少还明确规定于历代政府的法令之中。研究古代中国社会福利思想与制度，对于当代中国社会理论研究与制度建设具有不可替代的重要意义。

---

① 夫马进：《中国善会善堂史研究》，伍跃等译，商务印书馆2005年版，第691页。
② 刘瑞芳、郭文明：《从地方志看清代直隶的慈善事业》，《社会学研究》1998年第5期，第22页。
③ 朱友渔：《中国慈善事业的精神》，中山大学中国公益慈善养济院翻译组译，商务印书馆2016年版，第59页。

第十二章　租房稳定性思考
——以美国驱逐保护制度为例

"住有所居，居有所安"是中国住房保障制度建构的重要目标，也是自古以来人们对于美好生活的期待。在近半个世纪的快速城镇化中，住房领域也出现了不少新的权益保障问题。[①]本章从住房租赁市场监管切入，讨论私人租房市场中驱逐保护制度对租户权益保障的作用。

一、住房市场化与租房稳定性

（一）租房保障的重要性

在市场经济的环境下，低收入群体往往选择租房作为买房的替代选项。从经济与合作发展组织国家的数据看，家庭收入越低，住房自有率也越低，如德、法低收入家庭的租房比例高达70%，且80%以上的房源来自市场而非公共租房。[②]我国也不例外。据统计，我国以农民工为主的流动人口租房比例达到70.03%，其中公租房的租住比例仅占1.04%。[③]由于租赁关系对市场的依赖，相比于自有住房，租赁这一住房形式常给住户带来更多效用损失。[④]当租房保障制度不完善时，租户的住房权益容易受到房东投机行

---

① 曾凡昌：《中国住宅权保障法律制度研究》，华中科技大学出版社2016年版，第210页。

② OECD（2020）, Housing Market Indicators: HM1.3.3 Housing Tenure amongst Low-income Households, *OECD Affordable Housing: Housing Market*（database）, https://www.oecd.org/els/family/HM1.3-Housing-tenures.xlsx，最后访问日期：2024年2月16日。

③ 参见孟凡强等：《中国流动人口的住房消费及其不平等——基于农民工和城城流动人口的群体差异分析》，《消费经济》2020年第6期，第26页。

④ 参见查尔斯·K.罗利编：《财产权与民主的限度》，刘晓峰译，商务印书馆2007年版，第55页。

为的侵蚀，影响住房权的实现。比如，频繁的涨租涨费、恶劣的居住环境、任意的驱逐等。在我国，即使在房价较为稳定的地区，也存在私人租房市场上的房东三天两头涨租，协商不成时房东便驱赶租客的情况。①

我国目前以公共住房为主的住房保障体系在回应上述问题时略显吃力。②一方面，大部分保障性住房与户籍制度挂钩，难以覆盖规模庞大的外来流动人口，③而这部分群体往往在住房方面更需要得到保障。另一方面，该体系对私人租房市场的健康发展对住房保障的作用关注不足。从租房监管的法制化建设进程来看，我国暂无统一完整的住房租赁立法，④解约限制、租金管制等租户权益保障条款较为匮乏。⑤在文献研究中，我国学者对住房保障制度的研究集中于公法层面的国家义务，⑥对私人租房关系下的住房权益保障着墨不多，这集中见于金俭与包振宇对承租人权利保障的比较研究。⑦

从比较法的角度看，大部分住房市场化的"福利国家"都有自己的住房保护措施，⑧但彼此采取的路径存在较大差异。比如，德国、法国等保守主义"福利国"通常将住房保障纳入基本权利保护的范畴，但在自由主义"福利国"的代表——美国，其宪法和司法判例并不承认住房权。⑨在

---

① 参见史学斌：《公租房政策下的农民工城公租房政策下的农民工城市融入问题研究》，西南大学出版社 2022 年版，第 197—247 页。

② 公共住房包括以廉租房、公租房、共有产权房等为代表的政府住房保障产品（参见梁城城：《我国城镇住房保障体系发展脉络与政策建议》，《中国国情国力》2022 年第 8 期，第 65 页）。虽然"十四五"规划中提出要"扩大保障性租赁住房供给"，此举被认为加强了社会力量参与住房保障建设并发挥市场机制作用，但在实践中，存在租金优惠幅度小甚至高于市场租金的现象。"保障性租赁住房"的"保障性"有待时间检验。

③ 比如，在北上广深等特大城市里，有几百万甚至上千万的外来流动人口在当地工作和生活，但高企的房价阻碍了人口的城市化进程。参见陶然：《人地之间：中国增长模式下的城乡土地改革》，辽宁人民出版社 2022 年版，第 93 页。

④ 金俭：《中国住房保障——制度与法律框架》，中国建筑工业出版社 2012 年版，第 260 页。

⑤ 参见贝特·格塞尔等：《住宅租户保护：中德民法比较研究》，《法治社会》2023 年第 2 期，第 61 页。

⑥ 例如韩敬：《住房权保障的国家义务研究》，中国法制出版社 2019 年版，第 38 页。

⑦ 金俭：《中国住房保障——制度与法律框架》，中国建筑工业出版社 2012 年版；包振宇：《美国住宅租赁法律制度研究——以承租人住宅权保障为例》，《美国研究》2010 年第 2 期。

⑧ 此处的"福利国家"分析范式借用的是丹麦学者埃斯平-安德森（Esping-Anderson）提出的三体制区分法。该理论以"去商品化"程度为指标，将福利国家分为三种类型：以北欧国家为代表的社会民主主义体制、以欧陆国家为代表的保守主义体制和以盎格鲁-撒克逊国家为代表的自由主义体制。参见 Esping-Andersen, G., *The Three Worlds of Welfare Capitalism*, Princeton University Press, 1990.

⑨ 1972 年，在林赛诉诺梅特案（Lindsey v Normet）中，美国最高法院的多数意见认为，住房权不属于宪法权利，见 Lindsey v Normet, 405 U.S. 56（1972）。对住房权宪法地位的探讨，也成为该案被援引得最多且最为人熟知的观点。参见 Mason, K. R., Housing Injustice and the Summary Eviction Process: Beyond Lindsey v Normet, *Okla. L. Rev.*, 74, 413（2021）。

后一种情况下，住房权尤其是租住权益的保障主要通过什么方式实现？对此，大多数学者的回答是培育健康的住房租赁市场，具体举措包括租金管制（rent control）、可居住性担保义务（warranty of habitability）与维护租约稳定性（security of tenure）等。[①]笔者意从租约稳定性出发，考察如何运用法治手段规范房东的驱逐行为，从而保障租户住房权益与期待。

（二）维护租房稳定性的手段：驱逐保护制度

根据联合国人居署（UN-Habitat）的定义，租约稳定性主要靠驱逐保护制度来实现。[②]"驱逐"（eviction）指的是住房市场中的强制清退行为，通常表现为私人住房的房东将租户从所租住居所中赶走并恢复房屋占有。与中文学界常讨论的"征迁"概念不同，驱逐的发起者为拥有驱逐权的私人业主，而非政府等公权力机构。在规定了强制驱逐权的国家，房东拥有一定限度的租客驱逐权，在满足特定前提条件的情况下，可以合法地驱逐租客。"驱逐保护制度"是对房东驱逐行为的规范，包括对驱逐理由的限制、对驱逐程序的要求等。[③]这是福利国家一种常见的租房市场监管方式。[④]

不合理的驱逐制度对个人生活与社会发展有很大的掣肘作用。以美国社会为例，"驱逐不仅是穷困的结果，更是贫穷的诱因"。[⑤]驱逐不仅带来不稳定的居住状态，当驱逐保护制度缺位时，其他住房保障措施的实施效果也将受到减损。比如，为了避免被房东采取报复性驱逐，租户忍受恶劣租

[①] Lonegrass, M. T., A Second Chance for Innovation-foreign Inspiration for the Revised Uniform Residential Landlord and Tenant Act, *UALR L. Rev.*, Vol. 35（2012），p. 909. 我国学者金俭从比较法的角度介绍住房保障时，也将租房保障工具分为了类似的 4 种措施：住房租赁（在买卖关系中）的对抗力、对房东驱逐的限制、租金管制、房屋适住性。参见金俭：《中国住房保障——制度与法律框架》，中国建筑工业出版社 2012 年版，第 262—286 页。

[②] 根据联合国人居署的定义，稳定租约（secure tenure）权是所有个人和群体受国家保护不被强行驱逐的权利。Payne, G., & Durand-Lasserve, A. (2012). Holding on: Security of Tenure - Types, Policies, Practices and Challenges. *OHCHR*, p.8, https://www.ohchr.org/sites/default/files/Documents/Issues/Housing/SecurityTenure/Payne-Durand-Lasserve-BackgroundPaper-JAN2013.pdf，最后访问日期：2024 年 2 月 16 日。

[③] 参见包振宇：《美国住宅租赁法律制度研究——以承租人住宅权保障为例》，《美国研究》2010 年第 2 期，第 60—64 页。

[④] 如经济合作与发展组织（OECD）将驱逐作为住房可负担性的重要衡量指标。OECD（2020），Housing Conditions Indicators: HC3.3. Evictions, *OECD Affordable Housing: Housing Market*（database），https://www.oecd.org/els/family/HC3-3-Evictions.pdf，最后访问日期：2024 年 2 月 16 日。

[⑤] Desmond, M., *Evicted: Poverty and Profit in the American City*, Crown, 2016, p.299.

屋环境，而不追究房东提供的房屋的质量可居性。① 实践中，驱逐保护也时常作为一种配套性住房保障措施出现。比如，许多租金管制计划常常同时向居住于受管制房屋的租户提供特殊的反驱逐保护，以遏制租金管制下形成的更强的房东驱逐动机。②

（三）住房金融化下的驱逐问题：以美国的驱逐经济为例

从驱逐实践的普遍程度来看，美国的驱逐率居经济合作与发展组织国家之首，其全国平均驱逐立案率达到5%以上。③ 对驱逐制度的研究热潮在近十年兴起，其标志性起点为2016年德戴斯蒙德教授出版《扫地出门：美国城市的贫穷与暴利》（下文简称《扫地出门》）一书。④ 有学者将《扫地出门》中对贫困租户的系统性、周期性驱逐称作"驱逐经济"，认为驱逐经济在美国已成为房东的商业模式，并嵌入贫困人群的日常生活。⑤

据统计，2000—2018年，全美平均每年有约270万户租客面临被驱逐的风险。⑥ 这一时期，驱逐频发的地区（指年平均驱逐立案率达到10%以上的地区）主要分布在美国东海岸及南部，既包括房租"金字塔"顶端的哥伦比亚特区，也有处于房租洼地的密西西比州、佐治亚州等，而在租金最高的五州中，除了哥伦比亚特区的驱逐立案率超过了10%，其余州的驱逐立案率均保持在5%以下。通过进一步线性回归分析，会发现驱逐率与当地租金水平不存在直接相关关系。这也说明，在住房市场化的环境下，并不是只有租金高昂的大城市存在较高的驱逐风险，驱逐问题远比人们想象

---

① 例如，在新泽西州联合城（Union City），在驱逐理由不受法律约束的环境下，租户因为担心房东的报复性驱逐，往往对高涨的租金和恶化的房屋质量忍气吞声，比如选择不向相关监管机构报告房屋质量缺陷。在此背景下，新泽西州通过立法革除了租户维权的制度桎梏，在全州范围内设立并推行"正当理由驱逐"制度，减少了租户追求宜居环境的后顾之忧。Been, V., Gould Ellen, I., & House, S., Laboratories of Regulation: Understanding the Diversity of Rent Regulation Laws, *Fordham Urb. LJ*, Vol. 46 No.5 (2019), p.1044.

② Been, V., Gould Ellen, I., & House, S., Laboratories of Regulation: Understanding the Diversity of Rent Regulation Laws, p.1070.

③ Gromis, A. et al., Estimating Eviction Prevalence across the United States, *Proceedings of the National Academy of Sciences of the United States of America*, Vol. 119 No.21 (2022), https://doi.org/10.1073/pnas.2116169119，最后访问日期：2024年2月16日。

④ Desmond, M., *Evicted: Poverty and Profit in the American City*, Crown, 2016.

⑤ Dana, D. A., An Invisible Crisis in Plain Sight: The Emergence of the Eviction Economy, Its Causes, and the Possibilities for Reform in Legal Regulation and Education, *Mich. L. Rev.*, Vol.115 No.935 (2016).

⑥ Gromis, A. et al., Estimating Eviction Prevalence across the United States, *Proceedings of the National Academy of Sciences of the United States of America*, Vol. 119 No. 21 (2022).

中更普遍。

美国驱逐经济的另一特点在于泛滥的"非正式驱逐"（informal eviction），其也被称作"私力驱逐"（self-help eviction）或"非自愿搬离"（involuntary removal），即发生在正式的司法系统之外的驱逐行为，通常包括房东强迫租户搬离，比如要求租户离开住所、更换门锁等。[①] 德斯蒙德教授通过田野调查发现，在美国中部城市密尔沃基，非正式驱逐占当地驱逐总量的近半数。在这些案例中，房东通过规避司法系统减少了驱逐成本。相比于提起驱逐诉讼，向租户支付 200 美元让其搬离显得更省时省事。对租户来说，他们避免了在公共系统中留下驱逐记录，其日后的福利领取资格也不受影响。[②] 所以，生活中实际发生的驱逐往往比法院系统记录在案的数量更多。面对逐利风气导致的驱逐经济，"福利国家"如何建设驱逐保护制度引起了学者们的关注。

二、驱逐保护制度概要：以美国为例

作为一种常见的租房市场监管方式，驱逐保护制度要求驱逐权的合法行使须满足特定的前提条件并遵循特定的驱逐程序。本节将以美国为主，介绍国际上常用的驱逐保护制度工具。

（一）驱逐的理由

1. "正当理由驱逐"

根据租约有效期是否届满，驱逐权的行使条件可能存在差别。一般而言，在租约到期前进行驱逐须满足法定的驱逐事由。该类事由的范围通常较为有限，主要包括以下几类：租户拖欠租金或其他金钱款项，租户破坏房屋，租户在居所内从事违法犯罪活动，房东收回自用等。对于租约到期后的驱逐安排，不同司法辖区存在差别。在普通法国家和欧洲大陆，一种常见但争议较大的制度设计叫作"正当理由驱逐"（good cause eviction），即虽然租约已经到期，但房东只能以有限的"正当理由"拒绝租户续租的

[①] Desmond, M. & Bell, M., Housing, Poverty, and the Law, *Annual Review of Law and Social Science*, Vol.11, No.24 (2015).

[②] Desmond, M., Eviction and the Reproduction of Urban Poverty, *American Journal of Sociology*, Vol. 118 No. 1 (2012), p.95.

请求。该制度往往倾向于对租约到期后的合法驱逐事由也进行严格的解释，与租约到期前的驱逐事由相差无几。①这种对房东解约自由的限制往往暗含着租户优先的价值基础——租户拥有推定继续占有房屋的权利。②该制度率先在20世纪的欧洲得到推广，如德国、英国、法国、瑞典、意大利等。以法国为例，1982年（the 1982 Quillot Act）与1989年的租房法案（the Mermaz Act）均对解约条件进行了严格限制，并规定了最短租期。③二战后，作为提供体面住房的社会政策，美国的纽约市、新泽西州、华盛顿特区等地也颁行了类似的制度。④

2. 禁止报复性驱逐

1960年代，美国的租房法案开始将"报复性"目的作为判定非法驱逐的重要标准——不管房东是否有正当、合理的理由，只要驱逐行为是出于报复的目的，就不得实施驱逐行为。⑤其中，1968年爱德华诉哈比比案便是美国禁止报复性驱逐的第一案。⑥1972年，美国统一州法委员会（the Uniform Law Commission）颁布了《统一住宅房东与租户法》（the Uniform Residential Landlord and Tenant Act，下文简称"URLTA"），⑦将禁止报复性驱逐写入该模范法，并为房东与租户设定了最低义务标准。其第5条规定，房东不得实施"报复性行为"，方式包括涨租（预先约定的情形除外）、减少服务（预先约定的情形除外）、诉请恢复占有或威胁提出请求恢复占有的诉讼。在租房案件中，若租户指控房东的行为属于上述类型，且该行为

---

① 从租户的行为来看，长时间欠租，在出租屋内从事违法活动，或严重违法租约等行为，几乎都能赋予房东正当的驱逐权利；从房东的视角看，若房东打算拆除或改造该居所或者收回自用，一般也可以构成驱逐的正当理由。Carroll, A. B., The International Trend Toward Requiring Good Cause for Tenant Eviction: Dangerous Portents for the United States, *Seton Hall L. Rev.*, Vol. 38 (2008), p.431.

② Salzberg, K. & Zibelman, A. A., Good Cause Eviction, *Willamette L. Rev.*, Vol. 21（1985），pp. 61-63.

③ Lonegrass, M. T., A Second Chance for Innovation-foreign Inspiration for the Revised Uniform Residential Landlord and Tenant Act, *UALR L. Rev.*, 35, pp. 918-919.

④ Carroll, A. B., The International Trend Toward Requiring Good Cause for Tenant Eviction: Dangerous Portents for the United States, *Seton Hall L. Rev.*, 38, pp. 472-473.

⑤ Kurtz, S. F. & Noble-Allgire, A., The Revised Uniform Residential Landlord and Tenant Act: A Perspective from the Reporters, *Real Property, Trust and Estate Law Journal*, Vol. 52（2017），p.479.

⑥ Edwards v Habib, 397 F.2d 687 (1968).

⑦ 有学者将"landlord and tenant"翻译为"租赁关系"，但考虑到租赁关系中不一定只存在房东与租户两方主体，故笔者对法令名称及同种语境下的该短语采取了直译的方式，以免生疑。关于租赁关系中的其他主体，还可能包含对房屋拥有一定处分权限的住房租赁机构，本书不讨论此种商业模式下的租赁关系。

发生在租户提出投诉后的一年内（URLTA § 5.101.[c].[2]），则房东的该行为将被"推定"为报复性行为。

2015 年，修订后的《统一住宅房东与租户法》（the Revised Uniform Residential Landlord and Tenant Act，简称"RURLTA"）第 9 条对报复性行为的类型进行了实质性的扩充。① 具体而言，新增了多种报复行为的认定形式，包括提高费用；增加租户的义务或以其他方式实质性地变更租约条款；终止不定期租赁（periodic tenancy）；② 当租约规定租户不与房东协商便可续租时拒绝以固定期限（fixed term）续租，或者对租户、租户的直系家属或客人实施犯罪行为等。③

为平衡房东的财产权与租户的住房权益，早在 1972 年，《统一住宅房东与租户法》便设置了保护房东的"安全港"条款，规定在特定情况下，房东无须对外观上的报复行为负责。比如，若租户处于欠租的状态，虽然房东的行为可被认定为"报复性行为"，此时也可以免责（URLTA § 5.101.[c].[2]；RURLTA § 901.[c].[3]）。修订后的该法细化了房东的其他免责事由，比如，租户及其直系亲属或客人涉及犯罪行为，或者房东在租户投诉前已发出终止租约的通知。此外，修订后的该法将报复性动机的推定时限从租户投诉行为的一年内缩短为半年内（URLTA § 5.101.[b]；RURLTA § 903.[a]）。若租户恶意利用报复性条款，修订后的该法还赋予了房东相应的救济条款（RURLTA § 904）。

上述革新妥当地回应了房东的合理诉求，不至于使禁止报复性行为条款被恶意利用，成为租户拖延履行租约条款的工具。通过程序上的多层安排，既照顾到了租户在房东报复性行为里的弱势地位，也避免了追求程序正义时的矫枉过正，房东与租户两造的博弈更为公平。

（二）驱逐的程序

1. 司法驱逐程序：禁止私力驱逐

从驱逐形式来看，美国仅密西西比州的判例允许房东在特定情况下进

---

① Kurtz, S. F. & Noble-Allgire, A., The Revised Uniform Residential Landlord and Tenant Act: A Perspective from the Reporters, *Real Property, Trust and Estate Law Journal*, Vol. 52 (2017), p.480.

② 英美法下的不定期租赁（periodic tenancy）亦称周期性租赁，指租约按照一定的周期进行续约，如以年、月或周为单位进行续约，此类租约无固定的终止期限，租约终止日期以通知为准。

③ 修订后的《统一住宅房东与租户法》原文见统一州法委员会（Uniform law commission）官网，https://www.uniformlaws.org/viewdocument/final-act-119?Community Key=e9cd20a1-b939-4265-9f1e-3a47a538d495&tab=librarydocuments，最后访问日期：2024 年 2 月 16 日。

行私力驱逐，①绝大多数司法辖区里，法定驱逐程序为强制性要求，不可通过合同条款进行规避，②典型案例如1986年阿肯色州的戈尔曼诉拉特利夫案（Gorman v Ratliff），该案中出现的禁止私力驱逐的裁判规则后来也被吸收到修订后的《统一住宅房东与租户法》中，成为模范法的一部分。③

该案中，在租客欠租的情况下，房东拉特利夫趁租客戈尔曼夫妇不在家时私自进屋，清除了房间内租客所有的个人物品。尽管涉案租约约定了房东自行收回房屋的条款，即当租金逾期未付且租户不在房内时，房东可根据需要立即占有出租屋，搬离并存放好租客的所有财产，但阿肯色州最高法院认为，该项私力救济条款无效，并认定驱逐行为违法。虽然阿肯色州的成文法没有特别规范私力救济的合法性，但该院认为，《阿肯色州法令注释》第34章第1502条（Ark. Stat. Ann. § 34-1502［Supp. 1985］）已暗示房东必须采取法律规定的简易驱逐程序，而不得自行驱逐租客。④同时，租约对私力驱逐的例外约定并不能豁免房东在《阿肯色州法令注释》第34章第1503条（Ark. Stat. Ann. § 34-1503［Supp. 1985］）下的义务，即对非法入侵和物品扣留的禁止。

此外，该院还回顾了阿肯色州自19世纪以来的非法入侵案件及其背后的政策考虑，指出禁止私力救济正是为了防止地主武力夺回佃田，促使双方使用更和平的方式解决问题，即通过法庭诉讼程序，使弱者与强者处于较为平等的两造对抗的地位。进入工业社会后，对佃田的占有演变为对租赁房屋的占有，而普通法下的简易驱逐程序要求现代社会的房东"诉诸法律规定的补救措施恢复自己的占有权益。"

法官纽伯恩（David Newbern）在协同意见书中运用了另一条值得关注的说理路径——租约条款因违背公共政策所以无效。该法官写道：在州议会施行强硬的反非法入侵政策背景下，案涉私力驱逐条款实质是试图规避

---

① 但其前提条件较为苛刻——除了"不得进行报复性驱逐"，还需满足租约明文记载允许房东进行私力驱逐的条款，且房东在行使该项驱逐权时，不得破坏房屋、使用武力或进行威胁；满足上述要求的私力驱逐行为将不具有可诉性。参见 Clark v Service Auto Co., 143 Miss. 602, 108 So. 704, 1926 Miss. LEXIS 299, 49 A.L.R. 511; Bender v North Meridian Mobile Home Park, 636 So. 2d 385, 1994 Miss. LEXIS 160。

② Legal Information Institute, Landlord-Tenant Law, https://www.law.cornell.edu/wex/landlord-tenant_law，最后访问日期：2024年2月16日。

③ Kurtz, S. F. & Noble-Allgire, A., The Revised Uniform Residential Landlord and Tenant Act: A Perspective from the Reporters, *Real Property, Trust and Estate Law Journal*, Vol. 52 (2017), pp. 417.

④ 该条规定，除非法律允许且行为人采取了和平的方式，否则任何人不得进入任何土地、出租屋、其他占有物，并扣留或持有这些财产。

这一公共政策,因此无效;结合阿肯色州的普通法传统来看,该州也存在众多因违反公共政策而判令合同无效的先例。① 此种说理路径与中国法下的民事行为无效的事由有异曲同工之妙。

从比较法的角度看,法国在禁止私力驱逐的路上走得更远,违反该规定将受到刑事处罚。根据《法国刑法典》第226-4-2条,即使法院已认可房东存在正当的驱逐理由并颁布了驱逐令,房东也不得自行驱逐擅自占屋的租户,违者将面临3年监禁及30 000欧元的罚款。

2. 驱逐通知义务:通知缺失与重复驱逐

虽然美国大部分地区均要求驱逐采取法定的形式,但各州具体的驱逐流程的繁简程度存在一定差别。对比各州的驱逐数据,学者发现,驱逐程序的简化与驱逐的泛滥存在较强的相关性,且在因欠租引起的驱逐案件中,房东是否负有通知义务与当地的驱逐立案率高低存在负相关。②

在全美驱逐率最高的马里兰州,2021年以前,房东无须在整个驱逐程序中承担任何通知义务。③ 不难理解,房东将驱逐作为催租武器,经常提起欠租案件并诉请归还房屋。据德斯蒙德教授领导的驱逐实验室估算,马里兰州2000—2018年的驱逐立案率约为84.2%,排除针对同一租户的重复驱逐案件后,单个租户的驱逐风险率为33.4%。该州重复驱逐案件的比例之高,或许与当地过于简易的驱逐程序不无关系。与此形成鲜明对比的是,在法国,几乎所有类型的驱逐程序都要求房东严格履行通知义务,即使在租约已经到期、房东有法定正当理由拒绝续期请求的情况下也不例外。在法国的司法实践中,通知必须在法定期限内准时送达,纵使只晚一天,也将被视为无效送达,房东仍须承担未及时履行通知义务的后果。④

除了马里兰州,美国其他驱逐频发地区的情况也不容乐观。由于缴租行为具有周期性,房东有动机针对同一租户不同周期内的欠租行为多次提起

---

① Ladd v Ladd, 265 Ark. 725, 580 S.W.2d 696 (1979); Hultsman v Carroll, 177 Ark. 432, 6 S.W.2d 551 (1928); Swann v Swann, 21 F. 299 (E.D. Ark. 1884); Woodson v Kilcrease, 7 Ark. App. 252, 648 S.W.2d 72 (1983).

② Gromis, A. et al., Estimating Eviction Prevalence across the United States, *Proceedings of the National Academy of Sciences of the United States of America*, Vol. 119 No.21 (2022).

③ 马里兰州的租房法规定,经过法庭认定的欠租行为可构成申请驱逐程序的法定事由之一。在欠租案件中,房东可直接向法庭诉请恢复占有(Landlord's Complaint for Repossession of Rented Property),无须提前向租户其发送任何通知;在取得胜诉判决后,便可向法院提交驱逐令申请书(Petition for Warrant of Restitution)。即使法庭批准了房东的驱逐申请、颁布了驱逐令(Order for Warrant of Restitution),房东也无须告知租户驱逐时间。

④ Lonegrass, M. T., A Second Chance for Innovation-Foreign Inspiration for the Revised Uniform Residential Landlord and Tenant Act, UALR L. Rev., 35 (2012), p. 952.

驱逐诉讼，法庭的驱逐立案数量往往比实际受到驱逐诉讼影响的租户数量更多。本文引用的驱逐实验室数据便区分了这两者。在实际驱逐立案率高于10%的州，租户的驱逐风险率均比实际驱逐立案率低至少20%，这意味着在这些州的法庭驱逐案件中，至少有两成的案件为针对同一租户的重复立案。①

马里兰州的驱逐程序近年终于迎来了转折。2021年5月30日，马里兰州议会通过了众议院第18号法案，修改本州《不动产法典》，为房东提起驱逐诉讼设置了前置性程序障碍。②显然，马里兰州的权力部门也意识到了本地驱逐案件的泛滥以及新冠疫情下驱逐对公共健康的威胁，试图通过程序革新缓解本州的驱逐现象。修订后的马里兰州《不动产法典》第8—401（c）.（3）.（I）条规定，在欠租案件中，房东向法庭申请恢复房屋占有时，须按照州法院的固定格式，至少提前10天以书面的形式通知租客其申诉意向，出具符合格式要求的《关于打算提出简易驱逐申诉的通知》（Notice of Intent to File a Complaint for Summary Ejectment），并在通知中载明租户的欠租金额。③当房东正式向法院申请驱逐时，须出具载有通知送达日期的声明，以证明房东已给予租户10天及以上的宽限期。更为完备的驱逐程序势必增加马里兰州房东的驱逐成本。可以料想，房东的滥诉动机将受到一定的遏制。

三、疫情下的特殊驱逐安排与未来隐忧：兼与法国对比

（一）驱逐冻结令与法国冬歇期

1. 美国的驱逐冻结令

2020年9月4日，为防止新冠病毒传播，美国疾控中心（the Centers for Disease Control and Prevention，简称"CDC"）根据《公共卫生服务

---

① 各州整体驱逐风险率下降的比例分别为：特拉华州29.13%，华盛顿特区38.15%，佐治亚州26.09%，马里兰州60.81%，密歇根州24.37%，北卡罗来纳州29.52%，南卡罗来纳州36.07%，弗吉尼亚州34.83%。

② Md. House Bill 18 Ch. 746, Landlord and Tenant – Residential Tenants – Access to Counsel, https://mgaleg.maryland.gov/2021RS/chapters_noln/Ch_746_hb0018E.pdf, 最后访问日期：2024年2月16日。

③ District Court of Maryland, Office of the Chief Judge（September 8, 2021），Communication regarding New Legislation Affecting Failure to Pay Rent Cases in Landlord/Tenant Actions, https://mdcourts.gov/sites/default/files/import/coronavirus/communicationandftprentnotice090821.pdf, 最后访问日期：2024年2月16日。

法》(the Public Health Service Act)第 361 条签发命令,临时暂缓执行居住驱逐令(85 FR 55292,简称"85 号冻结令")。①85 号冻结令于 2020 年 9 月 4 日生效,经过国会和总统的数次延长适用,于 2021 年 7 月 31 日失效。②2021 年 8 月 3 日,为对抗新冠病毒变种"德尔塔"的传播,美国疾控中心发布了新的驱逐冻结令(86 FR 43244,下文简称"86 号冻结令"),规定在 2021 年 8 月 3 日至 2021 年 10 月 3 日期间,在新冠病毒传播较严重的县暂停因欠租等原因引起的驱逐。③驱逐冻结令的实施对维持疫情下的住房稳定起到了显著作用。据学者统计,冻结令生效期间,美国全国范围内至少避免了 136 万件驱逐案件。④

85 号冻结令要求:"房东、住宅业主或其他有合法权利采取驱逐或占有行动之人,不得在本命令适用的任何辖区内将任何本命令保护对象从任何住宅中驱逐出去,违反者将面临罚款或监禁。"⑤此处的"驱逐"包括除行使抵押贷款止赎权之外的合法驱逐活动。值得注意的是,该法令的保护对象并非所有租客,而是经济上受到新冠疫情影响的低收入群体,该法令暂时性地免除了他们因欠租而被驱逐的困难境地。这些群体包括 2019 年无须纳税,2020 年年收入不超过 9.9 万美元,已收到"经济影响援助金"、"纾困金"(Economic Impact Payment)或接受特定福利金(SNAP、TANP、SSI、SSDI)的人群。在适用程序上,符合要求的租户须向房东提供详细的情况说明,解释其经济困难的原因、为缴租已作出的努力与尝试以及若

---

① Centers for Disease Control and Prevention, Department of Health and Human Services, Temporary Halt in Residential Evictions to Prevent the Further Spread of COVID-19, 85 FR 55292 (Sept. 4, 2020), https://www.federalregister.gov/documents/2020/09/04/2020-19654/temporary-halt-in-residential-evictions-to-prevent-the-further-spread-of-covid-19, 最后访问日期: 2024 年 2 月 16 日。

② 此冻结令最初定于 2020 年 12 月 31 日到期,后经美国国会延长至 2021 年 1 月,拜登总统进一步将其先后延至 2021 年 3 月、6 月及 7 月。National Housing Law Project. (2021, August). Federal Moratorium on Evictions for Nonpayment of Rent, https://nlihc.org/sites/default/files/Overview-of-National-Eviction-Moratorium.pdf, 最后访问日期: 2024 年 2 月 16 日。

③ 美国疾控中心(CDC)官网,2021 年 8 月 3 日,《美国疾控中心针对感染高发地区发布驱逐冻结令》,详见 https://archive.cdc.gov/#/details?url=https://www.cdc.gov/media/releases/2021/s0803-cdc-eviction-order.html, 最后访问日期: 2024 年 2 月 16 日。

④ Hepburn, P. et al., (2022), Preliminary Analysis: Eviction Filing Patterns in 2021, https://evictionlab.org/us-eviction-filing-patterns-2021/#:~:text=In%202021%2C%20434%2C304%20eviction%20cases,the%20areas%20that%20we%20track, 最后访问日期: 2024 年 2 月 16 日。

⑤ Centers for Disease Control and Prevention, Department of Health and Human Services, Temporary Halt in Residential Evictions to Prevent the Further Spread of COVID-19, 85 FR 55292 (Sept. 4, 2020), 12.

无家可归可能产生人员聚集等情况。① 从租赁形式的适用范围来看，驱逐冻结令适用于所有居住性租赁住所，也包括拖车住房和拖车公园的车位占地，但不包括临时性的住宿行为，如酒店租赁、汽车旅馆等，对后者的驱逐限制取决于州法与地方法律。

在联邦驱逐冻结令的基础上，各州、镇、市或县仍然可以采取更全面的驱逐保护措施。部分州对延长了本地冻结令的有效期，② 不少州也围绕驱逐程序颁布了配套的保障措施，比如，封存法庭驱逐记录，或者免除迟缴租金的滞纳金、不涨租等。③ 以纽约州为例，除了遵循 CDC 的驱逐冻结令，该州还颁布了 3 道本地驱逐冻结令，一直持续到 2022 年 1 月 15 日。2020 年 3 月 20 日，为防止病毒的传播，州长签署了第 202.8 号行政法令（9 CRR-NY 8.202.8），禁止 90 天内进行任何驱逐活动（包括住房租赁和商业地产租赁），④ 在这 3 个月内，纽约州的驱逐事件几乎为零。⑤ 加利福尼亚州在租户权益保障上也一直扮演着急先锋的角色。2020 年 9 月，加州议会快速通过了《新冠病毒租户救济法》，阻止房东驱逐受新冠疫情影响而经济困难的租户。2021 年 1 月，议会又颁布了《新冠病毒救济：租房与联邦租金法案》，增加租金援助。⑥ 此外，根据 2021 年 6 月 30 日起生效的《租房救济法案》，房东与租户均可通过 Housing Is Key 项目申请租房援助补贴。⑦

从程序上看，美国疫情下的驱逐冻结令是对部分驱逐环节的暂缓执行，而非禁止驱逐程序的所有阶段。在部分州，房东仍然可以启动部分驱逐环节，如通知租户、申请立案、参加听证会等。临时冻结驱逐程序意在便利人们执行居家隔离和保持社交距离的指令，并便于易感染人群，如老年人

---

① National Housing Law Project（2021, August），Federal Moratorium on Evictions for Nonpayment of Rent.

② 截至 2022 年 7 月，美国全境的驱逐令均已失效。参见 O'Connell, A.（2022, December 19），Emergency Bans on Evictions and other Tenant Protections related to Coronavirus, https://www.nolo.com/evictions-ban，最后访问日期：2024 年 2 月 16 日。

③ Eviction Lab（2021, June 30），Covid-19 Housing Policy Scorecard, https://evictionlab.org/covid-policy-scorecard/，最后访问日期：2024 年 2 月 16 日。

④ Governor's Press Office（2020, March 20），Governor Cuomo Signs the 'New York State on PAUSE' Executive Order, https://www.governor.ny.gov/news/governor-cuomo-signs-new-york-state-pause-executive-order，最后访问日期：2024 年 2 月 16 日。

⑤ Eviction Lab（2023, March 5），New York, New York: Eviction Tracking System, https://evictionlab.org/eviction-tracking/new-york-ny/，最后访问日期：2024 年 2 月 16 日。

⑥ 加利福尼亚州参议院第 91 号法案，SB 91。

⑦ 加利福尼亚州议会第 832 号法案，AB 832。

和有潜在疾病的人进行自我隔离，通过提高住房稳定性，减少流浪者进入聚集场所的可能性，从而减轻新冠病毒的社区传播和州际传播。① 从上述政策目的可知，美国的冻结令只是新冠疫情时期的特殊公共卫生政策与纾困安排，在结果上产生了住房保障的效果；若发生与疫情无关的违约行为或违法行为，② 房东仍然可以行使驱逐的权利。③

2. 法国的驱逐冬歇期

与临时性驱逐冻结令不同的是，法国的禁止驱逐冬歇期（la trêve hivernale）是一个疫情前便已常设的制度，自2008年开始实行。④ 法国《民事执行程序法典》第L412-6条规定，若驱逐令在11月1日前尚未得到执行，应暂停执行驱逐程序直至次年的3月31日，但以攻击性的方式非法进入他人住宅引起的驱逐活动除外。⑤ 这意味着，在每年11月1日至次年3月31日期间，即使租户一直欠租、房东已收到法院的有效驱逐令，也无法合法地将租户扫地出门。如此一来，每年的合法驱逐期只剩下7个月的窗口。在可以执行驱逐的窗口期，租户们还受益于人性化的驱逐时间限制，比如，不得在晚上21点至次日6点进行驱逐；若有儿童居住，则不得在学期中进行驱逐。⑥

与法国的常设冬歇期相比，美国的驱逐冻结令更像是疫情时破例延长的特殊冬歇期。2020年3月25日，总统马克龙发布行政命令，延长冬歇期

---

① Centers for Disease Control and Prevention, Department of Health and Human Services, Temporary Halt in Residential Evictions to Prevent the Further Spread of COVID-19, 85 FR 55292 (Sept. 4, 2020), 43.

② 如违反金钱给付（缴纳租金、滞纳金、罚金或利息等）之外的合同义务，在住所内从事犯罪行为，威胁到其他住户健康或安全，破坏财产或引起直接且巨大的财产损失风险，违反相关建筑法规、卫生条例或其他与健康和安全有关的规定等。具体见85号冻结令原文。

③ Centers for Disease Control and Prevention, Department of Health and Human Services, Temporary Halt in Residential Evictions to Prevent the Further Spread of COVID-19, 85 FR 55292 (Sept. 4, 2020), 47.

④ Article L412-6 - Code des procédures civiles d'exécution, https://www.legifrance.gouv.fr/codes/article_lc/LEGIARTI000037671724, 最后访问日期：2024年2月16日。

⑤ 2008年冬歇期出台时，驱逐冻结期间为11月1日至来年3月15日。2014年，驱逐冻结期的截止日期被修改为次年3月31日。参见 Modifications de l'article 25, LOI n° 2014-366 du 24 mars 2014 pour l'accès au logement et un urbanisme rénové（1）, https://www.legifrance.gouv.fr/loda/id/LEGIARTI000028776050/2014-03-27#LEGIARTI000028776050, 最后访问日期：2024年2月16日。

⑥ Carroll, A. B., The International Trend Toward Requiring Good Cause for Tenant Eviction: Dangerous Portents for the United States, pp. 431-447.

两个月；①同年5月11日，经过宪法委员会的合宪性审查，②法国国会通过了延长公共卫生紧急状态的立法案，允许冬歇期延长至2020年7月10日；③2021年，马克龙再次延长冬歇期至当年5月31日。④随着冬歇期的不断展期，也有法国参议员就该制度的未来发展向政府提出质询。⑤对此，负责住房事宜的部长表示：延长冬歇期是保护困难家庭的措施之一，是为应对特殊的公共健康危机而专门设计的，但这种纾困措施并没有、也不能取代调整常规租赁关系和财产权的宪法和法律框架，与此同时，各省也须提出逐步退出紧急状态的方案。⑥

当疫情已不再构成国际关注的突发公共卫生事件，⑦驱逐引起的人员聚集对公共健康的影响也就逐渐减低。随着驱逐冻结令政策基础的变化，临时性的禁令也逐渐退下舞台，三年来被一并冻结的驱逐问题也正浮出水面。例如，纽约州的驱逐数据已迅速地反弹回了疫情前的水平，并呈现出愈加泛滥的趋势。⑧当城市和工业逐渐复苏，久违的驱逐纠纷重新回到人们的视

---

① Ordonnance n° 2020-331 du 25 mars 2020 relative au prolongement de la trêve hivernale, https://www.legifrance.gouv.fr/loda/id/JORFTEXT000041756148?fonds=JORF&fonds=LEGI&page=1&query=Trêve+hivernale&searchField=ALL&searchType=ALL&tab_selection=all&typePagination=DEFAULT，最后访问日期：2024年2月16日。

② Decision no. 2020-800 DC of 11 May 2020: Law Extending the Public Health State of Emergency and Rounding out its Provisions. (2020) the Constitutional Council of France, https://www.conseil-constitutionnel.fr/en/decision/2020/2020800DC.htm，最后访问日期：2024年2月16日。

③ Article 10 - LOI n° 2020-546 du 11 mai 2020 prorogeant l'état d'urgence sanitaire et complétant ses dispositions (1)，https://www.legifrance.gouv.fr/jorf/id/JORFTEXT000041865244/，最后访问日期：2024年2月16日。

④ Ordonnance n° 2021-141 du 10 février 2021 relative au prolongement de la trêve hivernale (2021)，https://www.legifrance.gouv.fr/loda/id/JORFTEXT000043114590，最后访问日期：2024年2月16日。

⑤ Question écrite n° 25639 de Mme Frédérique Espagnac (Pyrénées-Atlantiques - SER). (December 2, 2021)，https://www.senat.fr/questions/base/2021/qSEQ211225639.html，最后访问日期：2024年2月16日。

⑥ Réponse du Ministère auprès de la ministre de la transition écologique – Logement. (April 14, 2022)，https://www.senat.fr/questions/base/2021/qSEQ211225639.html，最后访问日期：2024年2月16日。

⑦ 2023年5月5日，世界卫生组织发表声明，确认新冠疫情不再构成国际关注的突发公共卫生事件。见《关于新冠病毒疾病（COVID-19）大流行的〈国际卫生条例（2005）〉突发事件委员会第十五次会议声明》，https://www.who.int/zh/news/item/05-05-2023-statement-on-the-fifteenth-meeting-of-the-international-health-regulations-(2005)-emergency-committee-regarding-the-coronavirus-disease-(covid-19)-pandemic，最后访问时间：2024年2月16日。

⑧ Eviction Lab (2023, March 5), New York, New York: Eviction Tracking System, https://evictionlab.org/eviction-tracking/new-york-ny/，最后访问日期：2024年2月16日。

线。彼时，建立常设性驱逐规范的迫切需求将给美国带来新的考验。

（二）美国驱逐制度的其他隐忧

1. 司法驱逐中的两造不平等

在各州的驱逐案件中，租户往往受到多方面的程序性限制，涉及辩护、反诉、证据发现和上诉等。根据学者统计，不公正的驱逐程序体现为如下形式：低额的立案费（大部分驱逐法院的立案费仅为 50 美元左右），比普通民事诉讼程序更短的答辩期（普通民事诉讼答辩期通常为 10—20 天，而驱逐程序的答辩期通常只有 3—14 天），受限制的证据开示规则，简略的驱逐通知送达程序，高比例的缺席判决，受到限制的抗辩与反诉规则（某些州禁止租户在驱逐案件中以房东违反可居住性为抗辩理由，可居性争议只能另案处理），诉讼程序中的保证金要求（比如，租户为了提出自己的抗辩主张，或者在案件审理期间继续占有房屋，须先向法庭缴纳租金保证金），比普通诉讼程序更少的书面庭审记录等。[①] 有学者发现，2021 年孟菲斯法庭数据中，85.5% 的驱逐听证会的实际用时不到两分钟，超过 70% 的听证会用时甚至不到一分钟。很难想象在如此仓促的流程里，租户的正当程序权利能得到足够的保护。[②]

除上述程序性问题外，也有学者发现，驱逐环节中的通知书和诉状文件的格式规范也加剧了这种程序不公正。租户收到由房东制作的驱逐诉状文件后，更有可能缺席驱逐听证会。该研究指出，房东或房东的律师出具的驱逐文件常使用艰深和陈腐的法律术语，如将"欠租"表述为"逾期债款"（arrear），或者使用冗杂的句式，如频繁使用长句、层层套嵌的从句、连续多行所有字母大写等，加大驱逐文件的阅读难度，阻碍租户理解自身的权利义务。[③] 当然，不同语言的法律用语表述习惯存在差异，对程序正义的影响也可能不同；但这不代表此类比较研究对中文读者没有意义。我们从中能学到的普遍经验是，驱逐风险更高的租户往往是低收入群体，而低

---

① Sabbeth, K. A., Eviction Courts, *University of St. Thomas Law Journal*, Vol. 18 No. 2 (2022), pp. 377-383.

② Katy Ramsey Mason & Austin Harrison, Memphis Housing（In）Justice: an Analysis of the Eviction Process in Shelby County, Tn 10–11（Forthcoming 2022）, as cited in Mason, K. R., Housing Injustice and the Summary Eviction Process: Beyond Lindsey v Normet, *Okla. L. Rev.*, Vol. 74 (2021), p. 393.

③ Bernal, D. W., Pleadings in a Pandemic: The Role, Regulation, and Redesign of Eviction Court Documents, *Okla. L. Rev.*, Vol. 73 (2020), p. 604.

收入往往与低教育水平存在正相关性，这意味着驱逐高风险群体更难运用法律知识寻求、维护自己的权益。美国的数据也显示，面临驱逐风险的租户的教育水平往往比全国平均教育水平更低。① 为了更大程度地维护公平和正义，驱逐文书的可读性与简明性也值得注意。

2. 法律援助的缺位

德斯蒙德教授的团队对驱逐法庭的调查还显示，驱逐诉讼中，90%的房东聘请了专业律师，但与之形成对比的是，90%以上的租户没有得到专业的法律服务。② 由于经济原因，低收入租户往往不会聘请律师，大部分州也不会为其提供免费或低廉的法律援助或者财政支持。此外，由于缺乏足够的时间、精力和法律知识，亲自参加法庭程序对租户来说是一种负担。在工作日参加听证会和庭审意味着收入的缩减和被辞退的风险，但如果不参加听证会，又无法正当、合法地对抗恶意的驱逐。因此，面对驱逐诉讼，大多处于不稳定雇佣关系中的低收入租户经常处于两难的境地。驱逐和搬家不仅耗费租户的时间，使其缺席工作，还会给他们带来沉重的认知压力，使其在工作中犯更多错误，也更容易被辞退。此外，驱逐常使人们搬离到距工作地点更远的地方，再次增加了他们迟到与缺勤的可能，形成恶性循环。③ 出于上述考虑，在权衡被驱逐与被辞退的利害关系之后，租户往往有更大的动机故意不出席庭审。在密尔沃基市开展的田野调查中，研究人员曾连续六周、每个工作日拜访驱逐法庭，调查驱逐案件中的当事人出席情况。在此期间，法庭共审理了1328起驱逐案件。调查发现，其中945起案件的租户均未出席，但他们大多数最后都收到了驱逐判决。④

长期来看，驱逐案件中法律服务的缺位不仅影响个案的公平正义，也会对驱逐法庭的文化与普通法的发展产生重要影响。在个人租户对抗专业律师的场景下，智识上的不平等将扭曲法律的发展。尤其是在美国大部分司法辖区，成文法赋予租户的驱逐案件法律援助都较为吝啬，⑤ 以致法庭中

---

① Bernal, D. W., Pleadings in a Pandemic: The Role, Regulation, and Redesign of Eviction Court Documents, *Okla. L. Rev.*, Vol. 73, p. 604.

② Sabbeth, K. A., Eviction Courts, University of St. *Thomas Law Journal*, Vol. 18 No.2 (2022), p.382.

③ Desmond, M., *Evicted: Poverty and Profit in the American City*, Crown, 2016.

④ 马修·德斯蒙德：《扫地出门：美国城市的贫穷与暴利》，胡欣谆等译，广西师范大学出版社2018年版，第142页。

⑤ 据学者统计，只有纽约市和旧金山等市级司法辖区为受到驱逐威胁的家庭设立了律师权。Mironova, O.（2019, March 25）., NYC Right to Counsel: First Year Results and Potential for Expansion, https://www.cssny.org/news/entry/nyc-right-to-counsel, 最后访问日期：2024年2月16日。

错位的两造对抗进一步扭曲驱逐系统。①

3. 驱逐之后：法庭记录的公开与租户歧视

除了驱逐行为本身对住房稳定性的破坏，美国租户们的另一困扰在于：有了驱逐记录后难以再获得体面的、经济上可负担的租房房源，②这减损了租户们在长时间段内的租房稳定性。

一方面，驱逐记录演变成房东筛选房客的工具。据田野调查显示，很多私人房东为了避免麻烦，拒绝将房屋出租给有驱逐记录的申请人，即使该驱逐申请已被法院驳回。市场上也有不少信用机构在驱逐记录的基础上出具租户驱逐报告，如美国的 3A 信用（AAA Credit）向房东提供根据需要对特定的租房申请者进行背景审查的服务。有非营利机构的研究报告指出，约有 90% 房东会使用此种商业背景审查服务，且其中 85% 的人都会关注申请人的驱逐历史。③在这样的市场环境下，驱逐记录将租户拖拽至市场的最底层，在寻找新房源时，他们通常不得不向比以前住所环境更差的选择妥协。如此一来，经历过驱逐的租户将面临更不稳定的居住环境和向下迁移的风险。④《扫地出门》中记述的租户艾琳的租房史即是例证。虽然法庭驱逐记录的公开照顾了房东的知情权，但是也有观点认为："在一个不平等的社会中，平等保护会助长不平等。"⑤按照这种理解，驱逐记录的公开反而将强化房东在租赁关系中的剥削性话语权。

另一方面，部分公共资金支持的租房保障政策对有驱逐记录的租户存在歧视对待，被驱逐的租户很难再有资格申请租金低廉的经济适用型住房。⑥以租房券计划为例，政府的租房补贴常常供不应求，有需要的家庭往往要等待数年才能申请然后获得经济援助。若在漫长的等待期间，申请人存在拖欠租金或被驱逐的记录，即使他们后续赢得了庭审，这些记录在住

---

① Sabbeth, K. A., Eviction Courts, *University of St. Thomas Law Journal*, Vol. 18 No.2 (2022), p. 383.

② Desmond, M., Eviction and the Reproduction of Urban Poverty, *American Journal of Sociology*, Vol. 118 No,1 (2012), p.118.

③ The Network for Public Health Law, Fact Sheet - Limiting Public Access to Eviction Records, https://www.networkforphl.org/wp-content/uploads/2021/05/Fact-Sheet-Limiting-Public-Access-to-Eviction-Records.pdf，最后访问日期：2024 年 2 月 16 日。

④ Desmond, M., Eviction and the Reproduction of Urban Poverty, *American Journal of Sociology*, Vol. 118 No. 1 (2012), p.119.

⑤ Desmond, M. & Bell, M., *Housing, Poverty, and the Law*.

⑥ Caramello, E. & Duke, A. (2022), The Misuse of MassCourts as a Free Tenant Screening Device, Boston Bar Association, https://bostonbar.org/journal/the-misuse-of-masscourts-as-a-free-tenant-screening-device/，最后访问日期：2024 年 2 月 16 日。

房管理局审核阶段也将被视为负面评价因子，导致申请的失败。①对此，早在2000年便有学者发现，整个美国历史中，传统的联邦住房援助并没有救济最贫穷的对象。②在司法公开的过程中，如何权衡房东的知情权益与低收入租户的社会保障需求，仍然任重道远。

（三）光谱另一端：法国驱逐方案

美国租房保障和驱逐保护制度更多地将住房视为一个商品经济中的私人问题，而与公共领域无关。③相比之下，法国的租住权益保障显得更为慷慨。虽然法国没有将住房权纳入宪法权利，但1982年的基洛特（Quillot）法案确立了住房权的基本性权利地位，并通过2007年《住房执行法》（the French Enforceable Right to Housing, "Droit au logement opposable"）赋予了住房权可执行性。结合上文提到的法国驱逐保护手段如全国性的正当理由驱逐、严禁私力驱逐、严格的通知要求与常设性驱逐冬歇期，我们可以感受到，同为"福利国家"的美国与法国位于福利光谱的两端。

但法国驱逐方案也受到房东群体的诸多诟病。对房东而言，烦琐的驱逐程序使得出租屋无法承载新的租户，房东将损失相当的租金收入。据报道，在法国，一场正式驱逐平均耗时226天，若驱逐安排在冬歇期内，该过程可能会延续一年多；在南欧国家，驱逐所需时间更长，比如，意大利的驱逐可以持续约630天。④当房东与租户的矛盾激化时，严格的驱逐限制可能引发人身危险，尤其是当房东出租自住房、双方同处一个屋檐下时。例如，法国索邦大学一位教授将家中一间房间出租，但在疫情期间与租户产生了严重的矛盾，经法院裁定，租约已于2021年5月破裂，但在此情况下租户仍然拒绝搬离，房东不堪其扰，多次向警局报案，称受到租户的骚扰、暴力和死亡威胁，并于同年8月提起驱逐诉讼，但庭审时间则一再延迟，直至次年新的冬歇期，当地市长甚至登门拜访，尝试缓解双方之间的

---

① Desmond, M., Eviction and the Reproduction of Urban Poverty, *American Journal of Sociology*, Vol. 118 No. 1 (2012) p. 119.

② Vale, Lawrence, *From the Puritans to the Projects: Public Housing and Public Neighbors*, Harvard University Press, 2000.

③ Marika Dias, Paradox and Possibility: Movement Lawyering During the COVID-19 Housing Crisis, *24 CUNY L. Rev* (2021), pp.173, 195.

④ Bonleu, A. & Basiuk, A. (2020, September 2), Rental and Eviction: A Question of Social Connections? Dialogues économiques, https://www.dialogueseconomiques.fr/en/article/rental-and-eviction-question-social-connections#footnote2_rwcz4f9，最后访问日期：2024年2月16日。

紧张局势，但双方僵局未见好转。①

虽然法国的驱逐制度呈现出强租户导向，但这不意味着法国方案便是处理驱逐纠纷的最优解。漫长的冬歇期提高了私人租房市场的退出门槛，②伴随着投资收益率的下降，业主们维护房屋质量的动力也会降低，③对保障租户住房权益不见得是件好事。如何端平租赁关系这碗"水"，或许美国与法国的立法者都有向对方学习的空间。

四、小结：探索住房的多元供给

当住房租赁关系不稳定时，被驱逐的租户也面临无家可归的潦倒境遇。在这一点上，维护租约稳定性属于解决住房困难的"保障性福利"，而非"发展型福利"，更非"享受型福利"。④结合福利多元主义范式，住房的可得性与稳定性并非仅靠政府一己之力即可保障的，而是需要政府、市场和社会等多主体的通力合作。

我国在扩大保障性住房供给的过程中，不妨将视野从公共住房扩大到私人租房市场，通过调整租赁双方的权利义务关系，让健全的房地产市场提供更多的住房福利。

---

① 旅法华人：《增3806例！业主的糟心事：房客欠租近两年赶不走！家庭信心居然回升了？法国要保持"世界第一"！》（2022年8月30日），https://mp.weixin.qq.com/s/Q5kTSKywxUTElEF-QwjjLZQ，最后访问日期：2024年2月16日。

② Carroll, A. B., The International Trend Toward Requiring Good Cause for Tenant Eviction: Dangerous Portents for the United States, Seton Hall L. Rev., Vol. 38 (2008), p.450.

③ Ibid., p.456.

④ 不同层次住房福利的分类方法，参见梁城城：《我国城镇住房保障体系发展脉络与政策建议》，《中国国情国力》2022年第8期，第66页。

第十三章　比较法与法律史视角下的住房权

本章主要从比较法与法律史的双重角度，研究魏玛德国与当代南非、印度与德国的住房权保障实践，以及近代中国的立法与司法实践，以期能对当代中国的住房保障制度建设提供一点参考。

一、住房保障权在各国的宪法地位

关于住房保障权的宪法地位，各国有不同的制度安排：在英美，它并非宪法权利；在德、印等国，它往往可以被从宪法的社会（福利）原则中推导而出；在极少数情况下，它被宪法明文规定为人民的权利。

（一）住房权不是宪法权利

首先，作为社会权的住房保障权并非高深的宪法理论，而是需要具体落实的社会政策，它根源于社会的需要。包括住房权在内，整个社会权在英、美都不是宪法上的权利，但两国政府都通过公共住房项目为人民提供了住房保障。英国始于19世纪中叶，美国始于罗斯福新政，英国在二战后更将住房保障视为福利国家的支柱之一。[1] 当然，也有人说1944年罗斯福提出所谓"第二个权利法案"构成了社会权在美国的宪法渊源，其中也包括了获得"体面居所"的权利（the right to a decent home）。[2] 尽管1948年《世界人权宣言》第25条第2款特别规定："人人有权享有为维持他本人和家庭健康安乐所需的生活水准，包括食物、衣着、住房、医疗和必要的社

---

[1] 参见张群：《居有其屋——中国住房权历史研究》，社会科学文献出版社2009年版，第15—18页。

[2] Vicki C. Jackson & Mark Tushnet, *Comparative Constitutional Law*, 2nd ed., New York: Foundation, 2006, p.1662.

会服务",但西方国家的代表希望在社会福利权问题上不要给予政府太多的权力,例如,罗斯福夫人就曾告诉联大代表:"她的政府'衷心支持'经济、社会与文化权利,不过美国政府并不认为相关条款'暗示政府有义务通过直接行动保障这些权利'";与美国的态度相反,"苏联阵营的代表则坚持认为,如果没有强大的国家负责医疗、教育和福利,那么这些权利将变得毫无意义"。①

(二)住房权作为宪法明文规定的权利

住房保障权可能是权利兑现代价最为昂贵的社会权,将其明定于宪法需要很大的勇气。在宪法上明文规定住房权的,有德国的魏玛宪法与南非现行《宪法》。作为最早明定宪法社会权的典范,魏玛宪法以广泛而具体地列举社会权著称,具体反映在其第2编第2章"共同生活"和第5章"经济生活"之中。魏玛宪法第155条明确规定:"土地之分配及利用,应由联邦监督,以防不当之使用,并加以监督,以期德国人均受保障,并有康健之住宅,及德国家庭尤其生齿繁多之家庭,得有家产住宅及业务之所需……"②仅仅将社会权列举于宪法之上并不意味着它们可以自动成为现实,甚至可能因为"开空头支票"影响宪法本身的权威,这也是很多国家在宪法上避免详尽列举社会权的原因之一。但被比较宪法学者视为新时代典范的南非现行《宪法》,却继魏玛宪法之后再次做了大胆的尝试,并使居住权成为可以直接得到宪法法院救济的权利。南非《宪法》第26条居住权条款(Housing)规定任何人都有获得适当居所的权利(the right of access to adequate housing)(第1款),国家必须在其可支配资源范围内采取合理的措施累进实现这一权利(第2款);其第28条儿童保护条款第1款(c)项还对于儿童的居住权(shelter)做了特别规定。③

(三)住房权作为宪法社会(福利)原则默示的权利

在宪法中有社会权规定的国家,住房权往往是可以由社会福利原则推导出的默示的宪法权利。爱尔兰1937年《宪法》第45条较早规定了"社

---

① 参见玛丽·安·格兰顿:《美丽新世界:〈世界人权宣言〉诞生记》,刘轶圣译,中国政法大学出版社2016年版,第187—188、284页。

② 魏玛宪法条文参见卡尔·斯密特:《宪法学说》,刘峰译,上海人民出版社2005年版,"附录",第435页。

③ Constitution of the Republic of South Africa 1996, http://www.info.gov.za/documents/constitution/1996/96cons2.htm.

会政策指导原则"条款，印度 1950 年《宪法》第 39 条与爱尔兰《宪法》第 45 条第 2 项非常接近，它们都规定国家有义务保证以下事项的实现公民有采取适当方式以谋生的权利，社会物质资源的分配应当有利于公共利益，市场经济带来的资本与财富集中不能有害于社会整体。印度《宪法》在其简短的前言中更将社会福利原则（其《宪法》原文中将"SOCIALIST"大写）与民主、共和共同作为立国之本，将互助友爱（Fraternity）、正义、自由、平等作为并列的基本原则，并声明其目的是为了保障人格尊严与民族团结。[1] 相较于魏玛宪法的"价值充沛"，德国 1949 年的《基本法》对于国家经济生活选择了相对价值中立，放弃了对社会权做详尽而具体的规定，但其仍将"社会国原则"（the principle of the social welfare state）作为与民主国、法治国、联邦国并列的宪法基本原则。[2] 在这些将社会福利规定为宪法原则的国家，住房权作为人民生活的基本条件，理应在国家可分配资源的范围内受到关照。

二、国外住房保障权实现的途径及其问题

由于财政、土地的限制以及理念上的忽视，人民住房保障权的实现困难重重。就当代美国的情况来说，与养老、医疗、教育等其他社会权利相较，住房权未得到足够重视，住房问题甚至成为贫困的根源之一。特别是美国 2007 年"次贷危机"之后，大量原本有房的贫民因为不能按期支付住房贷款而被"扫地出门"，反而造成房屋租赁市场的繁荣，进而推高了房租。其实，"剥削最能见缝插针的地方，就是生活必需品，像住和吃"，美国住房市场存在严重的剥削问题，"租房者被当作牟利的对象"，"当前超过 1/5 的美国租房家庭中，房租占去了收入的一半"；"贫穷者的住房危机亟待解决"，"它绝对是美国内政的当务之急——居住问题不但把许多底层家庭逼至财务崩溃的边缘，甚至中等收入的家庭也开始陷入泥淖"。[3] 检讨其他

---

[1] Vicki C. Jackson & Mark Tushnet, *Comparative Constitutional Law*, 2nd ed., 2006, pp. 49, 35, 20.

[2] 具体条文见于《基本法》第 20 条，该条将德国定义为"社会联邦国"（social federal state）；此外，第 28 条第 1 款规定了"基于法治原则之上的共和、民主与社会的政府"原则（the principles of republican, democratic and social government based on the rule of law）。

[3] 参见马修·德斯蒙德：《扫地出门：美国城市的贫穷与暴利》，胡欣谆等译，广西师范大学出版社 2018 年版，第 393—397 页。

国家住房权保障政策实施的方式与效果，也能为我们总结一些经验与教训。

（一）魏玛德国的住房保障与社会福利房建设

19世纪后半叶德国社会工业化以来，住房短缺越来越被视为"社会问题的空间体现"，成为当时最重要的民生议题之一。当时柏林、汉堡、法兰克福等城市周围出现了大量"棚户区"，分租与转租现象非常普遍，仅租一个床位落脚的"租床客"数以十万计。为避免无家可归的贫民引发的社会革命，以古斯塔夫·施莫勒为代表的人士提出通过住房改革"将大量'无根'的无产阶级重新纳入稳定社会体系之中，以解除后者对现有社会秩序的威胁"。"人们开始冀望于团体或公共手段来解决'住房难'的问题，具体措施可以分为合作社建房、工厂住宅与政府政策干预"。其中，合作社建房的总体规模一直比较小，工厂住宅在20世纪前后逐渐成为私有住房外的第二大住房供应体系，至于政府的住房政策则发展相对滞后。①

德国国家层面的住房权保障措施始于第一次世界大战，出于战时经济、社会需要，德国对住房与土地市场进行严格的管制。为稳定军心，政府首先保障了军人家属及阵亡者家属的居住权；为了后方的稳定，住房保障政策又扩展到了平民的房屋租赁保护，这突破了传统的契约自由与财产利用自由原则。战时住房保障政策在战后得以延续，事实上成为之后住房保障立法的"先行者"。"即使在1925年之后的第一次经济繁荣时期，法定最高租金与承租人保障仍被维持；再度来袭的危机则促使政府在1931年决定，在建构新的'社会租赁法'前，原有的租赁紧急法制仍应维持。二战期间，原本的住屋强制管理再次出现，而且在战后的德国（及其他欧洲国家）取得更稳固的地位"，"法定最高租金与承租人保障的规定延续到最近"。②魏玛政府建立了"三管齐下"的住房统制政策：其一，限制房屋所有人解约权，实现"承租人保护"的基本原则；其二，进行房租管制，避免租金快速上涨；其三，由地方政府进行住房调控，采取行政手段集中控制房源并统一分配。③

除管制存量住房外，为增加住房供给，政府通过立法补贴住房建设活

---

① 参见孟钟捷、王琼颖：《魏玛德国的社会政策研究》，中国社会科学出版社2021年版，第61—69页。

② 参见弗朗茨·维亚克尔：《近代私法史》下册，陈爱娥、黄建辉译，上海三联书店2006年版，第525—527页。

③ 参见孟钟捷、王琼颖：《魏玛德国的社会政策研究》，中国社会科学出版社2021年版，第76页。

动,并出让建设用地以降低建设成本。"承担社会福利住房建设任务的则大多是从 1919 年陆续成立的各类政府公营企业或工会所有的建筑企业,它们的前身大多是接受《普鲁士住房法》资助的公益性住房建设团体。"1924 年德国政府接受"道威斯计划",此后福利住房建设迎来了大发展;其代表是所谓的"新法兰克福方案",其思路是建设"虽然狭小,但健康宜居,尤其是房租可以负担的住宅"。可是,1929 年的世界经济危机再次打破了普通德国人对于"健康住宅"的期待,失业与降薪导致租金支付困难,越来越多的德国民众不得不搬离新居。经济危机之外,导致德国福利房建设失败的深层次原因有二:其一是忽视了效率与成本的问题,导致建设成本居高不下,并由此引发三级政府围绕追加投入的尖锐冲突;其二是"在政府资助下建成的住房产品也未能切合消费者的需求,最终导致了大量住房在 20 世纪 30 年代的闲置,同时也未达到为弱势群体提供'健康住宅'的社会目标"。①

(二)政府直接兑现住房权的困境与失误:
南非格鲁德布(Grootbroom)案(2000)②

格鲁德布是一位妇女,她与其他约 900 名生活极度贫困的人(包括成人和儿童)本来居住在南非的棚户区,后来又迁移到一块私人所有但未被占用的土地上,该块土地将被政府用于建设廉价房以提供给穷人。尽管这些穷人显然属于廉价房应照顾的范围,但由于僧多粥少,入住廉价房对于他们来说遥遥无期。土地所有者获得政府的指示,将这些穷人赶走,并拆毁了他们搭建的棚屋。这些穷人避居到邻近的一个运动场,很快又面临政府的野蛮驱逐。于是他们根据前述南非《宪法》第 26 条与第 28 条第 1 款(c)项,特别是后者(儿童的居所保障权条款),向法院起诉,认为政府的房屋政策完全无视他们宪法上获得适当居所的权利。

宪法法院最终裁决认为:宪法社会权不仅是宣示性权利,政府在其廉价房计划中必须照顾到那些极度贫困、急需住房的穷人(people in desperate need)。法院还宣布:宪法规定的各种权利有其内在的联系,它们互相依赖,人格尊严与生存权的实现仰赖于住房权的支持。但法院的判决是非常克制的:在理论上,其并不认为存在超越政府裁量权、完全强制政

---

① 参见孟钟捷、王琼颖:《魏玛德国的社会政策研究》,中国社会科学出版社 2021 年版,第 85、95—97、104 页。

② Government of the Republic of South Africa and Others v Irene Grootboom and Others, Case CCT 11/00, http://www.constitutionalcourt.org.za.

府实现的所谓宪法上"最低核心权利,具体说是居所权"(a minimum core entitlement to shelter);在判决效果上,其只要求政府的廉价房计划能够在未来一段合理的时间内(within a reasonably short time)照顾到那些极度贫困的人们,并不要求政府立刻完全兑现宪法居住权。实际上,当时政府的廉租房计划并不能照顾到这些人。对法院来说,只要政府根据前述《宪法》第 26 条第 2 款为这些极度需要住房的人提供短期、临时性的居所就符合宪法的合理性要求了。①

2000 年格鲁德布案的判决被南非法官宣称是"南非甚至世界宪法社会权领域的里程碑",并在国际社会享有声誉。但它其实仅徒具象征意义,没有真正造福涉案的 900 名穷人。政府为这些人提供的临时居所条件很差,公共设施如水管、厕所缺乏基本的维护。直到 2004 年,这些人仍住在摇摇欲坠、用木板搭建的棚户中,空等政府许诺的房子。这个被命名为格鲁德布的临时定居点的卫生、供水与安全设施都很匮乏,到处臭气熏天,严重危害居民(特别是儿童)的健康。市政当局拒绝为临时定居点的卫浴设施提供清洁物资,更别说盖房子了。对补充清洗剂、水桶、刷子与安排工人修理爆裂的水管的需求,市政府一律推给省政府,赤贫的人们即使有心清理自己的家园也只能赤手空拳上阵。更严重的是,由于搭建棚户的材料非常易燃,仅在 2004 年初便发生了多起火灾,夺走了 5 人的生命。尽管定居点条件很差,不是真正意义上的房子,但在南非严峻的社会现实下,格鲁德布的居民堪称贫民中少数的幸运儿,他们受到宪法法院的垂青与国际、国内媒体的关注,政府毕竟为他们提供了一个免于驱逐威胁、相对安定的遮风避雨之处,他们还享有供水等公共设施,但这导致另一个严重后果:其他没有受到法院与政府关照的贫民大举涌入了这个政府提供的临时定居点,设计容量为 200 个人使用的设施最终由近 4000 人分享,造成定居点环境的急剧恶化。②

为何格鲁德布案这样一个里程碑式的判决虎头蛇尾?究其缘由,在于宪法法院仅笼统要求政府(the State)为贫民提供房屋,判决缺乏明确具体的指示,导致中央、省、市三级政府互相推诿,无所作为。另一个教训是政府提供居所(哪怕是临时定居点)这一稀缺资源时,必须明确受益人的

---

① Mark Tushnet, "Social Welfare Rights and the Forms of Judicial Review", *Texas Law Review*, Vol.82, pp.1912, 1904-1906.

② Bonny Schoonakker, "Treated with Contempt", *South Africa Sunday Times* (March 21, 2004).

范围，保护其权利不被其他人稀释。格鲁德布案判决的 4 年后原来涉案的 900 人中大约只有一半的人还留在定居点，其余住在那里的数千人，都是从各地涌入的。这使得现实与预期出现偏离，权利被"稀释"了。

（三）如何对待露宿街头者与棚户区（"城中村"）：
印度贫民诉孟买市政府案①

1981 年，印度马哈拉施特拉邦（Maharashtra）与孟买市（Bombay）政府决议强制驱逐居住在孟买市区人行道与棚户区的贫民，将其遣回原籍或者迁到孟买城外。孟买市政当局在强制驱逐的过程中毁坏了贫民搭建在人行道上的窝棚，使这些人更加生活无依。贫民们向法院寻求救济，理由如下：（1）政府野蛮强拆、驱逐的行为违反了法定程序，侵犯了贫民的生存权（《宪法》第 21 条）；（2）驱逐贫民侵犯了他们的迁徙自由、从业自由与人身自由（《宪法》第 19 条、21 条）；（3）孟买市政府将居住在人行道上的贫民定性为侵犯他人土地者（trespasser），这完全无视贫民们的苦衷（经济条件所迫），贫民们要求法院界定他们的生存权（right to life），并根据宪法社会（福利）国（welfare state）的原则重新界定财产权的内涵；（4）法院应该平衡贫民们在人行道上的居住权与行人在人行道上的通过权，以真正实现宪法上的平等原则。

最高法院在其判决书中首先注意到：居住在人行道与棚户区的贫民占孟买总人口的半数，他们生活无着，小孩沿街乞讨，男人工作一天只能维持家人最低水平的生活。他们并不坚持自己有法定权利住在人行道上，他们只是别无活路。政府强拆贫民窝棚的一个理由是那里条件太差，简直是非人（inhuman）的生活，遇到雨季根本无法遮风避雨，当然它也有碍观瞻、影响市容。政府用大巴汽车把贫民们转移到更"宜居"的乡下定居点，结果男人们纷纷留下家人，自己溜回孟买，寻一处角落席地而睡，苟且偷生。因为只有孟买这样的大城市才能为他们提供工作机会，即便报酬微乎其微。让他们每天花几个小时往返于孟买城和远郊定居点并不现实，更遑论交通费用的花销。事实上，贫民们总是尽可能把窝棚搭在离工作地点最近的地方。

最高法院在判决书的末尾认识到：很多国家在其历史变革过程中都遇到过贫民非法定居点（squatter settlements）的问题，在发展中国家这更是

---

① Olga Tellis and Ors. vs. Bombay Municipal Corporation and Ors. etc.（1985），http://indiankanoon.org/doc/709776/.

迫在眉睫的现实问题。历史经验无数次证明政府把贫民强制搬迁到乡下的做法不成功，不少人甚至卖掉政府分配的小块土地，重新回到大都市中他们的原来安身的角落，这当然是为了谋生的便利。政府如果真想解决都市的棚户区问题，唯一的途径是在大都会之外创造更多的就业机会。

法院最后裁定：贫民们并无法定权利占据人行道等公共场所，但是必须考虑到他们的生存需要。因此，对于1976年人口普查时就已居住在人行道上的贫民，为了他们工作的便利，对其重新安置点不得离孟买太远；对于已取得身份证或者1976年人口普查记录的棚户区居民，他们必须得到妥善的安置；对于已经存在超过20年或者被改良过的棚户区，非因公共目的不得拆除；世界银行与政府资助的低收入者安居计划应向上述重新安置工程倾斜；另外，为了缓和拆迁、驱逐的刚性，给人民喘息的时间，法院命令将所有拆迁与驱逐延后到1985年10月31日，也就是雨季过后一个月。

交通便利、地段靠近市区对于弱势的低收入者而言，比高收入者更重要。在世界上很多地方，居住在市中心的往往不是富人。当政府建设保障房的时候，是否考虑到低收入者对于地段的需求？他们会不会（违法）把分到的位于远郊的保障房转租（转让）出去，在市区租一个居住条件很差却交通便利的蜗居？这样一种"违法行为"是否也是不得已而为之？与其他案例不同，发生在印度孟买的案例涉及的不是人民要求政府作为（提供住房），而是希望政府能"不作为"或"少作为"（"手下留情"，对于"棚户区"不要"赶尽杀绝"）；贫民们并没有企图为他们非法占据人行道的行为"正名"和"合法化"，他们只是恳求政府能够体谅他们的难处。人行道固然是为了行人通行方便，但无家可归者支一块塑料布、露宿街头又有什么错？

（四）基本权的第三人效力与住房权的间接保障：德国房屋租赁案

宪法规定的基本权利主要是保护人民、针对政府的，通常情况下不能直接约束私人。德国的司法实践与理论在一定条件下承认了基本权的第三人效力（基本权的"放射作用"）。房屋租赁关系作为私人间的约定，其契约自由会受到宪法基本权的约束，为了保护房屋承租人（以下简称"房客"）"安居"的权利，房屋出租人（下文简称"房东"）解约与涨价自由在一定程度上受到了限制。即使在房客（并非无理由地）拖欠房租的情况下，房东将其扫地出门也并不容易。

如何界定同时受到彼此冲突的基本权保护的私人间的法律地位？这主要通过法院适用比例原则来实现。在德国，房客的住房权受到法院的特别保护，这使得人民"寄人篱下"仍能安居乐业。在住房权领域，它使得房客基于人格尊严而受到保护的居住权在一定条件下能够对抗房东的房屋所有权。房东—房客案（Landlord-Tenant Case 1993）是一个很好的例子：[①] 尽管德国立法多方保障房客免于涨价与扫地出门，但仍有例外，其中之一是房东可将房屋收回自住。在本案中，房东住在房客楼下，她身体不好，希望将出租房收回给自己儿子住，以便儿子照顾自己。本案涉及两大问题。其一，房客对抗房东收回自住权的宪法依据是什么？房客一方认为其理由是《基本法》第14条财产权条款第2款"财产所有权附有义务，它必须服务于公共福利"，希望以宪法社会权对抗房东的财产权。但宪法法院认为，房客住房权与房东所有权的宪法依据是同一的，均为《基本法》第14条第1款"财产权应受到保护"，这意味着房客的房屋租赁权被宪法法院同样认定为财产权，因为在宪法法院看来安居（房屋租赁权的稳定）对于房客来说意义重大——宪法保护房屋财产权的核心不是物本身，而是个人生存与发展所必需的自由空间；宪法保护财产权的首要目的不是促进经济效率，而是保障个人自我发展所必需的物质条件。其二，房东赶走房客的理由是否充分？法院通过对事实的调查，发现房东的儿子当时的住处与房东的房子仅一墙之隔，他无须搬家就可以很方便地照顾他的母亲。通过对于房东与房客利益的衡量，法院否定了房东解约并要求房客搬走的诉求。

当然，房屋或是土地承租人的权利也不是绝对的，否则对于其所有人显失公平，双方的权利需要法院在个案中予以平衡。例如，小花园块地案（Small Garden Plot case, 1979），尽管此案诉讼不是针对房屋而是花园（小块土地）租赁，但仍有很强的说明性：[②] 二战之后，德国城市居民普遍在郊区租赁一小块地，用以种植家庭生活所需蔬菜等作物。[③] 这样的方式与战后德国人民的经济困难有关，联邦立法保障这种租赁关系的长期稳定并将之作为一种社会政策推行。但随着经济状况的好转，到1970年代，市民们往往将解决生活所需的小菜地转变为休闲而用的花园。因为联邦立法的限制，小花园的土地所有者却只能以极低的价格出租土地，无法提价或者收回土地开发、出售。联邦宪法法院最终废除了这一联邦立法，其理由是随

---

① Gregory S. Alexander, Global debate over Constitutional Property: *Lessons for American taking Jurisprudence*, Chicago: The University of Chicago Press, pp. 125-127.

② Donald P. Kommers, *The Constitutional Jurisprudence of the Federal Republic of Germany*, Durham and London: Duke University Press, 1997, p.255.

③ 今天在中国的大都市，也有一些市民基于食品安全的考虑在郊区"租赁"小块土地自种蔬菜。

着德国经济腾飞与农产品的市场化，该立法对于土地所有权的限制与其保护的利益相较已经明显不成比例了。

另一个典型案例是柏林的"房租刹车法案"违宪事件。2019年柏林市政府通过了《住房租金封顶法》（Mietendeckel），希望通过限制房租上涨来解决住房危机。该法案规定对柏林的私人租房实行5年内的租金冻结，并对过高的租金进行调整。2020年2月23日，柏林"房租刹车法案"生效，法案规定，将150万套公寓的现有租金冻结至2019年6月的水平。自11月23日起，超过这一租金"红线"的房东必须降价，违规者将被处以最高500 000欧元的罚款。租金上限规定不适用于2014年以后完工的新公寓（或进行了其他现代化更新措施的公寓）。该规定限期5年，有效期持续到2025年。不少房东认为此法案侵犯了他们的财产权，并质疑地方政府是否有权在联邦法律框架下对房租进行监管。2021年，联邦宪法法院裁判认为，租金限制法案属于《租户法》，是《民法典》的构成部分。民法中的相关部分由联邦规定，且相对比较完备，对这一事项，没有留下州的修改或立法空间。因此，柏林市议会没有立法权限制定颁布租房限制法，该法案违宪，自始无效。部分曾享有优待的租房者可能面临租房企业或是租房平台的索赔。德国的宪法法院没有在实质上评价这一与住房权保障密切相关之法案，而是从程序性和授权性事项作出裁判，充分显示出社会权利司法救济的复杂性。

三、近代中国的立法与司法实践

（一）从《土地法》的房屋救济规定到房屋租赁管理专门立法

住房权问题一向为中国人所重视，早在唐代，杜甫就发出"安得广厦千万间，大庇天下寒士俱欢颜！"的感叹。就近代中国而言，住房权虽未在《宪法》上得到明文规定，在一定意义上仍成为宪法社会权原则性规定的"默示条款"。[1] 在制定住房保障特别立法之前，南京国民政府在1930年《土地法》中，便已设立"房屋救济"专节，通过10个条文予以特别规定。根据其规定，"室内房屋应以所有房屋总数2%为准备房屋"（第161条），"准备房屋额继续六个月不及房屋总数1%时，应以左列规定，为房屋之救

---

[1] 例如1947年《中华民国宪法》第142条规定："国民经济应以民生主义为基本原则，实施平均地权、节制资本，以谋国民生计之均足。"参见夏新华等整理：《近代中国宪政历程：史料荟萃》，中国政法大学出版社2004年版，第1116页。

济：一、规定房屋标准租金，二、减免新建房屋税款，三、建筑市民住宅"（第162条）；"前条第一款之标准租金，以不超过地价册所载土地及其建筑物质估定价额年息12%为限"（第163条）；"自房屋标准租金施行之翌日起，在施行期间，原租金超过标准租金者承租人得依标准租金额支付原定租金，少于标准租金者依其原定，出租人均不得用任何名目加租"（第164条）；"第162条第3款之市民住宅出租时，其租金不得超过建筑用地及建筑费总额年息百分之六"（第169条）。①

抗日战争爆发后，大量公务人员和普通百姓转移到内陆地区，住房问题空前恶化，由此刺激了房屋救济立法的发展。1938年10月，国民政府行政院颁布《内地房荒救济办法》，规定政府建筑公营住宅与奖助民间建筑私营住宅并举，以解决"房荒"问题。抗战期间，时任赣南专员蒋经国还提出了"人人有房住"的方针，通过发放低息贷款等方式资助人民建筑住宅。但政府财力毕竟有限，"房荒"问题仍主要依赖住房市场上的出租房来解决，在房屋市场供求关系极不平衡的情况下，房东难免趁机加租牟利。针对这种情形，史尚宽建议尽快适用《土地法》中的房租管制条款。"他还建议采纳一些'土地法所未规定，而见于外国立法例'但'有采用之价值'的做法，'如房屋减少之防止，空屋之强制出租等'。"为切实保障租户的住房权，重庆、贵阳等大后方主要城市先后颁布了房屋租赁管理的地方性暂行办法。②1943年12月，国民政府颁布了《战时房屋租赁条例》，在全国范围内施行租金管制与空屋强制出租。③然而，根据《战时房屋租赁条例》第24条规定，该条例原本应在战事结束后6个月即失效，但事实上抗战胜利后，国民政府又于1947年12月颁布了《房屋租赁条例》，在房屋租赁管制（住房权保障）上，该条例与《战时房屋租赁条例》相比可谓"有过之而无不及"。如本书"财产权宪法化与近代中国社会本位立法"一章曾提及的，"该条例一出，即获得实务界和学界的一致好评，并被认为是所有权社会化学说指导下的立法典范"。④

（二）"司法的社会化"：司法院解释与住房权保障

社会福利权的实现，除了依靠立法与行政的力量外，也需要各级法院

---

① 参见《国民政府中华民国土地法》，上海法学编译社1931年版，第41—43页。
② 参见张群：《居有其屋——中国住房权历史研究》，社会科学文献出版社2009年版，第104—107页。
③ 《战时房屋租赁条例》，《国民政府公报》渝字第631号（1943年12月15日）。
④ 俞江：《近代中国民法学中的私权理论》，北京大学出版社2003年版，第232页。

通过一个又一个的裁判予以落实；在立法相对滞后的情况下，更需要法官秉持"社会本位"的精神来适用法律、实现自然法意义上的公平正义。民国时期法律人已经认识到："人民的权利，虽是依赖法律来保护，最后还是靠着裁判决定的"，"吾人要改造现在的司法制度，首先须要求裁判的社会化"；而裁判的社会化，"就是要使裁判的内容与现代社会的伦理思想、经济思想、社会思想相合致的运动"，"法官不仅要精通法律的条文，并且要能透视现代大众之道德的、经济的及社会的生活"。[①]

关于房屋租赁问题，作为国民政府最高司法机关的司法院专门先后作出六个司法解释如下。这些司法解释均是针对房屋租赁管制立法实践中（特别是相关诉讼中）的疑问而作出的，其解释对于各级法院的法律适用具有普遍效力。

1."院字第 2677 号"

"战时房屋租赁条例施行时，关于房屋租赁之诉讼，已系属于第一审或第二审法院者，是否适用同条例裁判，应分别情形定之，例如出租人依民法第四百四十二条提起请求增加租金之诉后，同条例施行，且该地区定有标准租金者，固有同条例第三条第二项第三项之适用。至出租人于同条例施行前，为终止租约之意思表示，依当时法律为有效者，其租赁关系既于当时消灭，即不因嗣后同条例之施行而复活，其提起请求返还租赁物之诉，虽在同条例施行之后，亦无适用同条例第七条之余地。"[②]

2."院字第 2705 号"

"战前发生之房屋租赁关系，在战时房屋租赁条例施行时，尚存续者，自施行之日起，适用同条例之规定（参照本院字第二六七七号解释）。"[③]

3."院字第 2725 号"

"战时房屋租赁条例，于开设商铺之房屋租赁亦适用之。"[④]

4."院解字第 2886 号"

"租赁物之修缮，依契约或习惯应由承租人负担费用之一部者，承租人如拒绝支付出，租人自可提起给付之诉，并于有执行名义后，声请强制执行，不得以此为理由终止契约，租赁之房屋仅其被炸之后栋应行修建，无须全部改建者，亦不得援用战时房屋租赁条例第七条第六款终止契约。"[⑤]

---

① 周新民：《立法与司法的社会化》，《复旦学报》第 1 期（1935 年 6 月 30 日），第 203、205—206 页。
② "司法院秘书处"：《司法院解释汇编》第 4 册，1989 年自刊，第 2336 页。
③ 同上书，第 2358 页。
④ 同上书，第 2373 页。
⑤ 同上书，第 2529 页。

5. "院解字第 3114 号"

"承租人价顶之店底、码头,对于其后之承租人,虽得主张此权利,但非经出租人之承认,不得对抗出租人。店房被毁后,此项权利是否存在,应视其与出租人约定之内容定之,店房被炸烧毁,如合于战时房屋租赁条例第十七条规定情形,承租人得代为修复。"[①]

6. "院解字第 3953 号"

"未定期限之房屋租赁,契约定有出租人于一个月前通知承租人应即迁让之特约者,仍应依土地法一百条之规定办理,如出租人中止租赁契约之意思表示在房屋租赁条例施行后到达者,则应依该条例办理。"[②]

四、小结:默示的住房权利

住房权与其他宪法社会权一样,反映了社会的现实需求,也代表了人们美好的愿望,但社会权的实现是与巨大的财政负担联系在一起的。考虑到宪法社会权规定有"流于空文"的风险,尽管德国《基本法》包含了"社会国原则",而德国各州的州宪中也有各类社会权条文,但德国《基本法》没有采用直接列举社会权的方式。在当代中国,住房权并非宪法明定的权利,大约可以算是"宪法默示的权利",人民通常也不会根据宪法或者法律相关规定直接向政府要求权利救济,但政府仍应努力逐步实现"大庇天下寒士俱欢颜"。仅将社会权列举于宪法之上并不意味着它自动可以变为现实,而是需要通过立法者与行政机关持续的、有规律的积极作为方可实现,有时还需要法院的介入。

德国与近代中国切实保障房屋租赁权,令无房户也能安居的经验或许可供借鉴。魏玛德国福利住房建设忽视成本与效率,没有充分考虑市场需求的教训,对于当代的保障房政策也有一定参考价值。南非各级政府的住房保障责任分配不明、互相推诿与人民的"搭便车"现象则值得我们警醒,稀缺资源分配不平均造成的矛盾不容小觑。而发生在印度孟买的故事,除了对于保障房建设的地段提出了一些要求,也能让我们体会到,弱势群体的住房违法行为可能源于他们最基本的谋生需要,因此需要科学地进行规范与疏导。

[①] "司法院秘书处":《司法院解释汇编》第 4 册,1989 年自刊,第 2716 页。

[②] 同上书,第 3368 页。

第十四章 司法救济的路径

一、福利国家、有为政府与宪法社会权

宪法福利权问题并非高深的宪法理论,而是需要具体落实的社会政策,它根源于社会的需要,是"课予国家义务,来照顾社会经济中的弱者,期能达到所有阶级均有社会经济之基本满足,来为和平之共同生活"。[①] 社会权涵盖范围很广,它包括了人民获得基本生活需要(如食物与居所)的权利、教育权、健康权、语言文化的保有权以及环境权等。作为与传统自由权利、政治权利、平等权利相对的所谓"第三代人权",社会权受到广泛的承认与保护,是 20 世纪以后的事情,这一过程伴随着法治观念与政府角色的转变。

在西方国家进入资本主义的早期,公、私领域有着截然的划分,政府只承担"守夜人"的角色,私有财产权与契约自由作为宪法肯定的消极自由受到法院的保护,以使其免于受到政府和私人的干涉与侵犯。进入 20 世纪,自由放任经济的弊端逐渐暴露、市场遭受挫折,人们意识到公、私领域不可截然划分,政府应当扮演更积极的角色,社会(福利)权也逐渐受到肯定。德国是较具代表性的"福利国家",其早在 1919 年便在魏玛宪法中便规定了社会权,具体反映在其第二编第二章"共同生活"与第五章"经济生活"之中。魏玛宪法的颁布具有重大的意义。在此之前,社会与国家在理论上是分离的,私法通过组织起一个"非政治化的"排除国家干预的经济社会维护了法律主体的消极地位,并因此维护了法律自由的原则,而那时公法在法律分工上主要是限制政府权力。尽管在此之前,政府已经开始以权威主义方式实施社会保护的义务,但直到魏玛宪法颁布,"私法据

[①] 陈慈阳:《宪法学》,元照出版公司 2004 年版,第 236 页。

说具有的那种自足性的宪法基础才归于消失"。它标志着私法(个人的消极自由)对于宪法(福利国家的强制力量)的实质优越性的终结。①需要指出的是,魏玛宪法中规定的社会权并不具有强制执行力,最终流于空文;二战后的德国《基本法》将"社会国原则"(the principle of the social welfare state)作为宪法的基本原则之一,②"这样做不仅意味着《基本法》对于一些无法再回避的既有现实的被迫承认,它还意味着,保护、维持与偶尔实施干预这些行为已经远远不能穷尽国家任务的内涵了。《基本法》所构建出的国家,是一个计划的、调控的、给付的、分配的、能够使个人与社会生活两者同时共存与并行的国家"。③美国宪法中没有社会权的内容,但其通过罗斯福新政肯定了社会福利权与"有为政府"(positive state)的正当性;1941年,"免于匮乏的自由"(freedom of want)被罗斯福列为"四大自由"之一;1944年,罗斯福提出"第二个权利法案",它具体包括了足以应付衣食与消遣的收入,充分的医疗保障,体面的居所,好的教育,养老、疾病、事故与失业的救济等待。④目前,在宪法中明文规定了社会福利权的有爱尔兰1937年《宪法》、意大利1947年《宪法》、印度1950年《宪法》、南非1996年《宪法》等。⑤

二、宪法社会权的正当性与(直接)司法救济的可行性争议

是否应当承认宪法社会权,始终是一个存在争议的问题。它首先根源于社会福利权的正当性问题。主观上,膜拜市场的新保守主义者认为社会福利政策破坏了市场竞争与优胜劣汰的机制,他们对于"大政府"/"有为政府"持怀疑态度,认为其侵入了传统上"私的领域"。20世纪中期以来,"形势比人强",欧美主要国家先后修正了私有财产权与契约自由"神圣不

---

① 参见哈贝马斯:《在事实与规范之间:关于法律和民主国的商谈理论》,童世骏译,生活·读书·新知三联书店2003年版,第493—494页。
② 具体条文见于《基本法》第20条关于德国为"社会联邦国"(social federal state)的定义以及第28条第1款规定的"基于法治原则之上的共和、民主与社会的政府"原则(the principles of republican, democratic and social government based on the rule of law)。
③ 康德拉·黑塞:《联邦德国宪法纲要》,李辉译,商务印书馆2007年版,第167—168页。
④ Vicki C. Jackson & Mark Tushnet, *Comparative Constitutional Law*, 2nd ed., New York: Foundation, 2006, pp. 1661-1662.
⑤ Ibid., pp. 49-52.

可侵犯"的传统理念,政府开始主动对市场(社会)进行计划、调控与干预,"大政府"已经是普遍存在的现实,行政法也在这个过程中发达起来。但这不意味着社会权自动升级为宪法权利,或者说,这并不意味着社会权是一种公民个人可以直接要求国家承担给付具体义务的"强宪法权利"。通常认为,德国《基本法》所确立的"社会国原则"是对立法者与行政机关的一般授权,"却没有证立个人要求国家承担此类义务或者发布具体行为指令的请求权"。[①] 究其缘由,一方面固然是对于政府借口"公共福利"推行的"公共政策"过分侵入私人领域,侵害公民宪法上的自由权;更重要的乃是源于客观财政现实的局限。

客观上,推行福利政策的"大政府"带来了巨大的财政负担,引发了国家财力是否能够支撑福利支付的疑问。在反对或质疑宪法社会权正当性的人眼中,与传统宪法上的消极权利(negative rights)只要求政府的不作为不同,社会权是一种积极的权利(positive rights),它要求政府积极作为方能得以实现,而这意味着巨大的财政负担,因为宪法社会权不仅意味着国家对于个人的社会义务,也要求公民个人对于国家所负有的社会义务,"即保护、维持与救济义务、集体性的自助义务、财产权利所负有的义务、纳税与给付的义务,正是这些社会成员所承担的义务,才使得国家能够有条件来完成他的社会任务"。[②] 也有人反驳说,"所有权利都是积极权利",将权利划分为积极与消极的两分法"只是徒劳",保护公民的自由权利与政治权利同样需要政府作为,同样成本高昂。比如,政府为保障人民的人身、财产安全需要雇用大量警察;为了保障人民权利与自由而设计的司法程序,也未见得经济;宪法为了保障民主实现,还设计了费时费钱的选举程序;更不用说政府为了实现平等权而积极付出的各项努力(为穷困的刑事被告提供免费律师,为解除种族隔离采取的各种措施等)。[③] 从政府作为与财政负担的角度来说,消极的自由权与积极的社会权的差异并没有想象中大,人们过分强调实现社会福利权带来的负担只是因为他们对于"消极自由的代价"已经习以为常。这可以说是"上一代人权"对于"下一代人权"的"代际歧视"。

消除了"代际歧视"之后,支持宪法社会权的人仍面临一个严肃的

[①] 康德拉·黑塞:《联邦德国宪法纲要》,李辉译,商务印书馆2007年版,第168页。

[②] 同上。

[③] Vicki C. Jackson & Mark Tushnet, *Comparative Constitutional Law*, 2nd ed., New York: Foundation, 2006, p.1664;又可参见史蒂芬·霍尔姆斯、凯斯·R.桑斯坦:《权利的成本——为什么自由依赖于税》,毕竞悦译,北京大学出版社2004年版,第19—30页。

问题：一旦在宪法上承认了社会权，但现实中却无法实现或不能完全兑现，这是否会破坏整个宪法的尊严？在宪法中规定的社会权是否仅是一种伪善（sham），还是表达一种期望（aspiration），抑或庄严的承诺（pre-commitment）？问题的核心便在于宪法社会权的司法救济。

或许正是考虑到宪法社会权规定"流于空文"的风险，尽管德国《基本法》包含了"社会国原则"，而德国各州的州宪中也有各类社会权（例如工作权、居所权）条文，但德国《基本法》避免了像魏玛宪法那样广泛而具体地列举社会权。这是因为，仅仅将社会权列举于宪法之上并不意味着它们便自动可以变为现实，它们需要通过立法者与行政机关持续的、有规律的积极作为方可实现，这样的政府作为常常需要以对其他人自由与权利的妨碍与侵犯为代价。因此，宪法社会权通常"不能作为一种直接的、能够获得司法保护的公民权而被证立，这一点对于看待《基本法》中的基本权是非常重要的"[①]。德国《基本法》在宪法社会权问题上做出以上妥协，相对弱化了宪法社会权的司法救济，其背景是：其一，德国本身团体主义传统浓厚，而非英、美那样长期奉行个人主义传统法制的国家，作为一个现实上的福利国家，同时又有社会法院在行政法的层次上专门处理社会"福利问题"，公民对于宪法法院通过宪法审查的方式强制政府给付福利的需求相对不那么迫切；其二，纳粹德国政府以"国家利益""公共目的"为借口极大地侵害了公民个人的自由权利，惨痛的历史教训使得二战后的德国人对于公共政策的无限扩张抱有警惕，格外重视对于公民消极权利的保护，故而将宪法法院对于公民基本权利的保障主要限制在传统的自由权利领域。

美国拥有悠久的司法审查传统，同时也是欧美各国政府中最少提供公共福利的国家之一，不少美国学者对于宪法社会权的严肃性持怀疑态度的一大理由是：其与自由权与平等权不同，不能被法院直接适用并予以实现。他们认为"司法的可强制实现"（judicial enforcement），也就是"直接的司法救济"（direct judicial remedies），是作为宪法权利的必要条件。[②] 这在一定程度上点中了社会权的"死穴"。上文已经提及，社会权的实现意味着巨大的财政负担，比如全民健康保险的推行，需要的钱从哪来？是通过征税，还是重新分配政府既有的财政收入？尽管实际上实现自由权与平等权的代

---

① 康德拉·黑塞：《联邦德国宪法纲要》，李辉译，商务印书馆2007年版，162—163页。

② Mark Tushnet, "Social Welfare Rights and the Forms of Judicial Review", *Texas Law Review*, Vol.82, pp.1894-1895.

价同样"昂贵",但那是既成事实,而宪法社会权的引入及其在司法上的强制实现意味着对既成事实的巨大改变与既得利益的根本触动。这是法院所能承担的任务吗?"钱袋子"一向属于国会,对于社会权的司法救济把法院的触角伸入了国会的核心权力范围,触及了美国最高法院所谓的"政治问题"(political question doctrine)领域,这可能从根本上推翻分权的原则。与传统权利相比,社会权的司法救济,特别是直接司法救济,将极大地突出司法审查"非民主"/"反民主"(counter-democratic)的弱点。

三、司法实践领域对待宪法社会权的不同态度

(一)排除直接司法救济的宣示性权利

有的国家处理社会福利权的问题类似于美国联邦最高法院处理所谓的"政治问题",如爱尔兰。爱尔兰1937年《宪法》第45条"社会政策的指导原则"开头便说,宪法规定的这些(社会政策)原则只能由国会具体细化为法律,不能由法院在裁判中直接适用。[①]爱尔兰也发生过一个相关的案子:政府收容了一些智力与精神上有问题的孩子,但这些孩子和他们的父母通过律师起诉政府,认为政府没有充分实现这些孩子宪法上的教育权(爱尔兰宪法42条)。针对该案,下级法院中止了诉讼,以观察政府承诺的教育改革的效果。当发现这些改革并无实效之后,法院发出了具体而内容广泛的命令,要求政府采取适当的教育措施以兑现承诺。下级法院这样的做法被最高法院否定,最高法院不支持所谓政府没有兑现孩子们宪法上的教育权的诉求。最高法院判决的多数意见认为,下级法院对于政府的指令违反了分权的原则。最高法院进一步认为,在某些情况下,法院可以宣告政府没有兑现其宪法义务,但法院的权力也就到此为止,至于具体地指令政府该如何做,这不是法院的职责;像社会权这种需要重新分配国家财政资源的问题,不具备"可司法性"(nonjusticiable)。尽管最高法院认为自己有宣告政府行为没兑现其宪法义务的权力,但在本案中,最高法院甚至不愿意作出这样的宣示性判决。那么怎样才能兑现宪法上宣示的社会权呢?答案是政治问题只能通过政治而非司法解决,立法者有道德义务认真

---

① Vicki C. Jackson & Mark Tushnet, *Comparative Constitutional Law*, 2nd ed., New York: Foundation, 2006, p. 49.

对待宪法，他们要受到选民的监督，因此他们会根据国家的实际情况有选择地将宪法上宣示的社会权在不同程度上具体化为法律以实现之。[①]在某些情况下，如果最高法院判决宣称政府没有兑现宪法社会权，那将给立法机关带来更大的政治与社会舆论压力。在德国，人们通常认为，宪法法院的职责是裁判政府是否越权或滥权，而非判定立法与行政行为是否明智，故而其在宪法社会权问题上持司法克制的态度。[②]

需要强调指出的是，法院不能直接强制实现宪法社会权并不等于其不能间接地处理社会福利权的问题。除了单纯宣告政府行为未满足宪法社会权的要求之外，法院还可以通过适用形式平等的标准与比例原则来间接保护宪法社会权，以避免直接地强制实现社会权，与政府（包括立法与行政机关）发生正面的激烈冲突。[③]

法院可以通过形式平等的强制实现来增进弱势群体的福利，美国最高法院对布朗案的判决便隐含着如下事实：在种族隔离的教育体制之下，白人学校与黑人学校在师资等各方面无论如何也不可能实现实质平等，这不仅是一个形式平等的问题，也是一个教育资源的分配问题；只有通过打破分校的形式，才能使广大黑人进入之前专属于白人的学校，获得更好的教育资源，从而真正实现黑人宪法上的教育权。

当私人之间社会权与财产权发生冲突时，法院也可以通过比例原则的适用来保护当事人的社会权。在政府推行社会福利政策侵害了其他人的利益而引发政府与私人的争讼时，法院更可以通过运用比例原则，对政府行为进行肯定，间接实现社会福利。在德国，面对房屋租赁关系中房主与租户的利益冲突，法院往往倾向于照顾租户一方利益。其理由是：如果允许房主任意提高房租或将直接房屋转租，会导致租户流离失所，这将极大损害租户人格尊严这一基本权，而人格尊严被认为高于房主的财产权[④]，这实际上是保护了租户的居所权（社会权）。在南非也有一个典型的案例

[①] Mark Tushnet, "Social Welfare Rights and the Forms of Judicial Review", *Texas Law Review*, Vol.82, pp. 1899-1901.

[②] 参见 Donald P. Kommers, *The Constitutional Jurisprudence of the Federal Republic of Germany*, Durham and London: Duke University Press, 1997, p. 245。

[③] Vicki C. Jackson & Mark Tushnet, *Comparative Constitutional Law*, 2nd ed., New York: Foundation, 2006, pp. 1698-1701.

[④] 同为《基本法》规定的基本权利，人格尊严高于财产权的理由是：财产权首先是为了人，而非物设定的，《基本法》保护任何基于财产利益而对人本身造成的不正当侵害。Donald P. Kommers, *The Constitutional Jurisprudence of the Federal Republic of Germany*, p.252.

(Kyalami Ridge case 2001)：①三百余名穷人因为洪水而流离失所，政府把他们安置在临时居住点，而该临时居住点本来属于私人，但被政府征收，准备用以修建监狱。附近的居民据此起诉政府，因为其改变了征地的用途，在法律允许的范围之外侵害了附近居民对于已征收土地的所有权。南非宪法法院驳回了这项起诉，这实际上是通过否定一部分人的财产权要求，肯定政府的社会政策，间接地保护了这些流离失所的穷人的社会权（具体来说，是获得基本居所的权利）。

（二）可司法救济（强制实现），但更多尊重立法裁量的"弱救济"

有的国家的法院（如德国与南非的宪法法院）不适用美国式的所谓"政治问题原则"，但在处理类似的可能不适于由法院做决定的问题时，法院的裁判会给政府留下很大的自由裁量空间，尽管如此，宪法社会权仍有被司法强制实现的可能。南非宪法法院有一个典型的案例——南非共和国政府诉格鲁德布案。②在此案中，宪法法院裁决认为：宪法社会权不仅仅是宣示性权利，政府在其廉价房计划中必须照顾到那些极度贫困、急需住房的穷人（people in desperate need）。但法院的判决是非常克制的，在判决效果上，它只要求政府的廉价房计划能够在未来一段合理的时间内（within a reasonably short time）照顾到那些极度贫困的人们，却不要求政府立刻兑现宪法社会权，在"弱"的司法救济之下，政府只须满足合理性要求（requirement of reasonableness）即可。但对于具体的当事人而言，判决不能保证其获得实在的救济也是所谓"弱救济"的基本特质。③

（三）司法能动主义的"强救济"

一些国家的法院面对一些特殊情况时，一旦认定政府未能履行宪法职责以实现社会权，会判决强制（具体地）实现这些社会权，甚至完全忽视立法机关的裁量权范围。匈牙利宪法法院有不少类似的判决，其本身也被视作奉行"司法能动主义"的典型。例如，1995年，该宪法法院判决政府大幅度削减社会福利预算的立法不符合宪法。法院认为，立法机关可以用

---

① Mark Tushnet, "Social Welfare Rights and the Forms of Judicial Review", *Texas Law Review*, Vol.82, pp. 1898-1899.

② Government of the Republic of South Africa and Others v Irene Grootboom and Others, Case CCT 11/00, http://www.constitutionalcourt.org.za, 最后访问日期：2024年2月16日。

③ Mark Tushnet, "Social Welfare Rights and the Forms of Judicial Review", *Texas Law Review*, Vol.82, p.1912. pp. 1904-1906.

渐进的方式改变社会福利政策，但不能采用"突然袭击""一步到位"的做法，因为这违背了宪法上的"信赖保护原则"，将使得原来对于社会福利有稳定期待的人们面对社会福利的大幅度削减无所适从。① 南非宪法法院也有体现司法能动主义的案例——卫生部诉治疗行动案（Nevirapine case, 2002）：② 奈伟拉平是一种药物，它可以有效阻断艾滋病由怀孕的母亲转给婴儿，据医学统计，这种药物将艾滋病在母婴之间传染的风险由25%降低到12%，但是医学上对于这种药物的长期副作用还不清楚。奈伟拉平的生产厂家愿意免费不限量地向罹患艾滋病的孕妇提供该药品，但南非政府却限制该药品的使用范围，将该药的发放限制在少数的实验点（experimental sites），导致大量的患者得不到该药物。政府的理由是：患者在使用该药品之前必须从专业的医务人员那里获得咨询，并被告知该药可能存在的副作用；尽管具备咨询资格的医务人员遍布各个公立医院，政府却不肯让这些公立医院提供咨询、发放药品，理由是这样会增加这些医院医务人员的工作负担，使其无法专心于本职工作。一个艾滋病权益团体针对政府的这项政策提起了诉讼，认为这侵犯了宪法规定的"每个人都有获得医疗服务的权利"。南非宪法法院承认健康权是一项"强权利"，对于政府所强调的药物的副作用，法院认为"那不过是一个假定的可能性而已"，更何况该药品还被国际卫生组织（WHO）推荐使用。南非政府将药物的发放局限在少数的实验点无法满足母婴的需求，法院判决政府必须取消对于药物发放的限制，允许和促成药物的广泛发放与相关咨询的开展，并提供相应的支持。宪法法院在判决中还表达了如下意见：法院有权命令政府制定措施以促进社会福利。宪法法院之所以采用如此激烈的强司法救济方式，主要是因为艾滋病蔓延问题在南非是如此地严重。③

肯尼亚最高法院曾就米图-贝尔福利协会诉肯尼亚机场管理局（Mitu-Bell Welfare Society v Kenya Airports Authority）一案作出裁决。在该案中，肯尼亚机场管理局拥有米图姆巴村所在的土地，2011年，位于内罗毕威尔逊机场附近的米图姆巴村的三千多户家庭被驱逐，村民在此处已经生活了19年。尽管代表居民进行诉讼的非政府组织米图-贝尔福利协会已从高等法

---

① Sajo, "Socialist Welfare Schemes and Constitutional Adjudication in Hungry", in Jiří Přibáň and James Young (eds.), *The Rule of Law in Central Europe*, Aldershot: Ashgate, 1999, p.190.

② Minister of Health v Treatment Action Campaign, Case CCT 8/02, http://www.constitutionalcourt.org.za，最后访问日期：2024年2月16日。

③ Mark Tushnet, "Social Welfare Rights and the Forms of Judicial Review", *Texas Law Review*, Vol.82, pp. 1906-1908.

院获得保护令以阻止驱逐，但是肯尼亚机场管理局仍实施了驱逐。随后本案上诉至上诉法院，上诉法院推翻了高等法院的判决。上诉法院裁定高等法院无权审理此案，因为该协会尚未用尽所有行政补救措施。该协会随后上诉至最高法院。最高法院维持了高等法院的判决，认定居民根据肯尼亚宪法有权获得住房。最高法院还裁定高等法院有权审理此案。最高法院命令肯尼亚机场管理局赔偿居民并重建家园。此案还巩固了肯尼亚法院在执行社会经济权利时使用结构性禁令的做法，支持了米图-贝尔福利协会的诉求，认为驱逐行为是非法的，侵犯了《宪法》第43条第1款规定的住房权。在此案中，司法机关选择了保障村民的住房权利，但也在一定程度上限缩了行政权的功能。

（四）"弱""强"救济方式的互相转化

事实上，法院可能会根据实际情况转化适用"弱"和"强"的做法。在一些案件中，法院最初的判决只是笼统的、方向性的，而具体的措施则由政府斟酌；但随后，面对政府官员们的无所作为，法官转变了做法，判决内容由"容许变通的"变为"不可更改的"，由抽象的变为具体的，法官甚至会指定一个专家作为代理人或助手，监督、指挥政府实现法院的判决；在这种情况下，法官实际上是集审判（司法权）、制定政策（立法权）与实施政策（行政权）于一身了。① 但是司法部门毕竟不能长期僭越立法、行政机关的职权，司法能动主义最终必将遭遇阻力甚至反击。这意味着如下的循环：法院本来采用"弱"的救济，但发现没有效果，转而采用"强"的司法救济；但"强"的救济只能是暂时的措施，推行"强"救济一段时间以后法院发现阻力很大，又转回到"弱"的救济模式，甚至在压力之下蜕变为不救济，仅承认其为"宣示性"权利。②

1970年代美国法院改善监狱条件的努力正是转"弱救济"为"强救济"的典型例子：法院发现阿肯色州州立监狱的条件惨不忍睹，于是要求狱政当局予以改善；但判决却迟迟得不到执行，甚至每一步具体改革措施都需要法院亦步亦趋地反复敦促；法院终于失去了耐心，转而任命了一位专家，由其作为法院与狱政当局之间的协调人（compliance coordinator），制定更

---

① Malcolm M. Feeley, "Implement Court Orders in the United States: Judges as Executives", in Marc Hertogh & Simon Halliday (eds.), *Judicial Review and Bureaucratic Impact*, Cambridge: Cambridge University Press, 2004, p. 224.

② Mark Tushnet, "Social Welfare Rights and the Forms of Judicial Review", *Texas Law Review*, Vol.82, p. 1912.

为严厉和详尽的计划,并监督狱政当局予以实施;一开始狱政当局对专家参与改革表示欢迎,但随着法院指派专家调查的深入,其发现必须对既有的监狱体制做根本性的变革,而法官也同意这样的意见;狱政当局与法院指派专家的矛盾逐渐深化,专家激愤之余将监狱的实际情况公之于众,狱政当局由此受到了社会舆论很大的压力,作为报复,狱政当局要求法官撤换专家;法官在狱政当局承诺积极推行监狱改革的前提下,宣布其指派的专家协调人已经完成了其历史使命(实为采用委婉的方式将其解职),但继续利用该专家的报告来推行改革;法官在推动改革方面的作为甚至比专家建议走得更远,越过了专家协调人这一中间人,直接制定计划,并指令狱政当局推行更为彻底的改革。①

另一个类似的例子是美国法院废除种族隔离的历程:布朗案之后最高法院在法院监督废除种族隔离的问题上采取了司法克制的态度,下级法院给予地方教育当局很大的裁量权,这导致布朗案之后十几年的时间里在南方纵深各州(deep South)种族隔离的问题依然如故;最高法院对此的反应是将"弱救济"转为"强救济",排除地方教育当局的自由裁量权,授权下级法院具体推行废除种族隔离计划,再由下级法院任命教育领域的专家协助法院制定计划并密切监督地方当局实施计划。②在种族隔离的问题上,最高法院在经历了十几年才耗尽耐心,最终才在公立学校实际废除了种族隔离;在社会福利权的问题上,学者预期最高法院的动作将更为迟缓,可能需要一代人的时间才能实现。例如,在推动公立教育资助系统改革的问题上,很多法院在司法救济遭遇阻力后,仅通过宣布"州立法已经满足了法院认为的宪法要求"便"自我安慰"地草草收兵了。③

四、小结:"弱法院、强权利"

"中庸"地看,"宣示性"社会权的实现依赖于立法机关,法院显得有些"无所作为";司法积极救济的"强救济"有破坏分权原则的风险,只是

---

① Malcolm M. Feeley, "Implement Court Orders in the United States: Judges as Executives", in Marc Hertogh & Simon Halliday (eds.), *Judicial Review and Bureaucratic Impact*, Cambridge: Cambridge University Press, 2004, pp. 229-233.

② Ibid., pp. 226-227.

③ Mark Tushnet, "Social Welfare Rights and the Forms of Judicial Review", *Texas Law Review*, Vol.82, pp. 1917-1918.

例外的临时措施。或许，取中道的"弱救济"是比较合适的做法。它一方面相对尊重了立法机关的裁量权，另一方面也并未放弃直接司法干预的可能。就前文所列南非的两个案例来说，宪法法院并不认为"每个人都有获得体面住宅或恰当医疗的个人权利。但是它认为，政府有义务认真对待这两项权利，推行有助于确保这两项权利的项目"。[1] 可正如上述格鲁德布案所揭示的，"弱救济"的效果很值得怀疑。

其实，根本的问题在于：将社会权的实现寄托于法院本身是不明智的，它依赖于如下的假设：其一，法官是"哲学王"，可以预见未来，创造一个公平的社会；其二，法官是意识形态中立的；其三，法庭是穷人实现权利的理想场所；其四，法官当真是万能的，可以将其所有裁决变为现实。[2] 但事实上，法官只是凡人。法官也有成见，甚至成见很深，其可能是膜拜市场的所谓"新保守主义"者，不见得同情社会中的弱者；司法程序对穷人来说又贵又漫长，还很苛刻；法院的判决如果不能得到政府的支持，将无法变为现实。例如布朗案判决后十多年，不但在南部纵深各州没有发生任何效力，反而激起更多白人种族主义者的极端行为。就美国的现实而言，经历了共和党总统的长期执政，最高法院现任大法官绝大多数是保守主义者，最高法院的判决很难真正支持宪法社会权。这也是最近十几年来越来越多的学者（特别是左派学者）反对（最高）法院垄断宪法审查的缘由之一，他们呼吁人民通过立法机关发出自己的声音[3]，将宪法从法院"拿出来"[4]，以打破法院对宪法的垄断。他们认为与其寄希望于法院恩赐的"弱救济"或"强救济"，不如采用爱尔兰式的"排除直接司法救济"的"宣示性权利"的做法。

"排除直接司法救济"并非"司法不救济"，"宣示性权利"意味着在宪法中明文规定社会权和其他权利，法院有权宣告政府行为侵害了（或未实现）人民的宪法权利，但避免直接干预（强制实现宪法社会权），让立法与行政机关斟酌民意，而人民用选票发言，最终实现人民的权利；法院

---

[1] 凯斯·R. 桑斯坦：《罗斯福宪法：第二权利法案的历史与未来》，毕竞悦等译，中国政法大学出版社2016年版，第197页。

[2] Vicki C. Jackson & Mark Tushnet, *Comparative Constitutional Law*, 2nd ed., New York: Foundation, 2006, pp. 1764-1765.

[3] Larry Kramer, *The People Themselves: Popular Constitutionalism and Judicial Review*, New York: Oxford University Press, 2004.

[4] Mark Tushnet, *Taking the Constitution Away from the Courts*, Princeton: Princeton University Press, 1999.

还可以通过裁判中形式平等与比例原则的适用间接地实现社会权。以美国最高法院为代表的各国最高法院（"强法院"）应该弱化"马伯里诉麦迪逊案"以来逐渐强化的"强司法审查传统"（strong-form judicial review），向爱尔兰、加拿大、新西兰等国奉行"弱司法审查传统"（weak-form judicial review）的最高法院（"弱法院"）学习，后者在处理宪法社会权时较好地避免了直接司法救济造成的财政上的困境与"反多数"难题，宪法社会权的正当性自然也不再成为问题。① 一个自负且自闭的"强法院"在推进社会福利方面可能"成事不足，败事有余"，曾经与罗斯福"新政"作对、奉行放任主义的美国最高法院正是典型的例子，更早时期的洛克纳案（Lochner v New York）是其醒目的疮疤。这也是 2008 年图什奈特的新作《弱法院、强权利》的主要观点之一。②

各国宪法条文中关于社会权的规定依其拘束性可分为两类：其一是方针条款（原则条款），它是一种"非裁判性的宪法委托"（不具有"可司法性"），是"政治性""道德性"条款，只具有"对政治机关建议"的作用，其实现主要依靠舆论加以保证；其二是对于国家权力机关（首先是立法者）比较具体的"宪法委托"，当立法者完全不作为或者立法内容不充分时，可能引发宪法争议。③ 即便在后一种情况下，司法机关的作用也是非常有限的。尽管如此，这并不意味着宪法相关条文便成为具文，毫无意义。宪法上的社会福利原则"为彼此差异的社会与经济势力创造出一种可能性，使得它们对于政治意志形成过程中的合宪性参与，能够作为社会国家秩序形成的评判标准而发挥功效"④。宪法对于社会权的规定是指导立法裁量与行政行为的准则，也是司法机关解释既有法律法规与（普通法系法官）发展普通法规则的依据。

回到本章提出的与直接司法救济纠葛在一起的宪法社会权正当性问题。因为社会福利问题是各国最突出的"政治问题"之一，而法院也不是公民个人争取社会权的理想场所，故而社会权不应通过司法方式强制实现。而一旦我们釜底抽薪，排除了直接司法救济的可能，不把其作为宪法社会权成立的必要条件，也就不能因司法强制手段的缺乏而否定宪法社会权的正

---

① 参见 Mark Tushnet, *Weak Court, Strong Rights: Judicial Review and Social Welfare Rights in Comparative Constitutional Law*, Princeton: Princeton University Press, 2008, pp. x-xiii。
② 参见同上书，第Ⅲ部分。
③ 参见程明修：《宪法基础理论与国家组织》，新学林出版公司 2006 年版，第 198—200 页。
④ 康德拉·黑塞：《联邦德国宪法纲要》，李辉译，商务印书馆 2007 年版，第 170 页。

当性。通过司法的克制与妥协,我们实际上解放了宪法社会权。通过政治手段(而非司法手段),由立法和行政机关根据实际情况将宪法关于社会权的规定具体实现,才能真正地使其成为令广大人民受益的"强权利"。这也是有着"强司法审查"倾向的德国《基本法》及其创设的联邦宪法法院在社会权问题上如此克制的明智之处。对于宪法社会权,在其宪法性文件的规定上如此笼统,宪法审查上又如此克制的德国,实际上却是世界上提供社会福利最多的政府之一,这是值得我们深思的。

第十五章 结论

社会福利思想在中国由来已久，蕴含着丰富而深厚的文化内涵。从古代的"仁政"思想到近代的"民生主义"，中国传统社会福利制度与思想在历史长河中不断发展。通过对古代社会福利政策的理念与实践、土地制度与社会政策、盐铁专卖与社会政策以及慈善事业中的国家与社会关系等方面的探索，笔者试图回答最初提出的问题：怎样的社会才算好的社会？无论时代如何变迁，人们对于美好生活的追求是不会改变的。通过社会福利来保障和改善民生、促进社会和谐稳定始终是国家发展的重要目标。

法律史与比较法的双重视角提供了一个连贯的、开阔的视野，通过它，我们既可以看到历史上的中国在社会福利的法律保障领域的主要做法，又可以从全球的范围评估、反思、改进本国福利保障举措之优缺。与一般历史研究不同的是，本书更加关注这种社会政策与法律法规之间的衔接，即观察相关的福利政策是如何上升为法律，抽象的权利是如何落到具体的社会实践的。纵横于古今中西之间，或可得出以下几个结论。

其一是"社会福利"概念内涵丰富，关于福利国家、宪法社会权的研究不应局限于北欧等地区，中国也是一个很好的研究样本。在古代中国，社会福利主要体现在救荒与老幼废疾救助等方面，表现出对弱势群体生存权的关怀与支持。从历史渊源上看，社会福利政策本身已成为中国传统国家治理理念的基本组成部分，有的还明确规定于历代政府的法令之中。在中国的语境下，虽然自古以来即有各种社会福利政策，辅以善会善堂等民间慈善组织持续地为贫苦百姓提供生计必需的支持的方式，但是未出现体系化的社会福利权概念。民国时期社会权入宪、社会立法蓬勃发展，发生了一系列涉及受教育权、居住权的司法案件。当代学界在福利国家研究时，常以北欧国家为代表，或将德国宪法社会国家原则作为主要分析对象，近代以来受魏玛宪法的影响，中国传统的社会福利理念与西方社会保障、社会福利的概念发生了交融和错位。但是，在中国的宪法和法律体系中，社会福利的规定和实践方式与西方国家是有所不同的，形成了自己有特色的社会福利概念。

其二是中国古代社会福利思想丰富、社会救助体系发达,通过"公私协力"的方法,有效地实现社会保障系统的运转。除了"天下为公"的"大同"理想与卓有成效之"荒政",诸如"井田制"传递出的耕者有其田思想、"不患寡而患不均"的社会公平分配理想,均是古代中国为了促进社会公平、保障百姓基本生存条件而衍生出的社会福利思想。历朝历代实施的社会政策方案和效果有所不同,至宋代已经形成了居养院、安济坊、福田院等收容机关。明代曾数次颁布供养鳏寡孤独及笃疾之人的政令,清代各州县设立了养济院。在社会福利事业中,国家承担着照顾人民生存照顾的权责。但是,国家财政能力的局限使得历代政府在积极管制的同时,不绝对排斥民间的慈善事业。起初,宗教与私人慈善团体的"善念"与"善举"蔚然成风。宋代以后,随着国家能力的削弱与士大夫经济、社会、政治地位的变化,非宗教的民间慈善组织开始兴起。至明清时期,商品经济进一步发展,教育高度普及,很多士大夫因"进入官场的几率近乎于零"而积极参与民间慈善事业,善会、善堂发展迅速。19世纪以来,在上海、杭州、武汉等商业城市,民间慈善组织进一步发展,开始关注更普遍的公共利益,组建起全国性的民间慈善团体。这种"公私协力"的举措,避免了慈善事业单一国家化带来的弊端,既发挥"官民合力"的优势,又避免过度行政化的弊病,能够发挥国家与社会两方面的积极性,更好地促进慈善事业的发展。法律规定为政府与社会团体做出了较为明确的分工,在一定程度上规范了福利事业的运转秩序。作为一项"昂贵的权利",社会福利的实现光靠公权机关的努力是远远不够的,并可能使其他权利遭受侵害,或是使国家财政陷入入不敷出的风险,而社会力量的注入既能缓解这种困境,同时也为弘扬仁义、道德教化提供了渠道。这种"公私协力"所构建的社会福利网络具有更强大的生命力,为古代中国社会的和谐与稳定贡献了重要力量,集中体现了中国传统社会的独特特点和价值观,也为当代社会福利制度的建构提供了重要启示。

其三是全球范围与历史进程来看,无论是在中国还是在其他国家,社会福利在不同时期所面临的困境具有相似性,社会权在强权利、弱权利与宣告式权利之间摇摆,"刚柔并济"可能是最为可行的一种社会权入宪方案。随着社会的发展和变迁,对社会福利的需求不断增加,而资源分配不均、制度建设不完善等问题也随之而来,国家既想提供更多的社会福利政策,又碍于资源不足的现实问题,无法将这一权利上升为公民基本权利,并给予相应的司法救济渠道。自魏玛宪法颁布后,宪法社会权成为全球广泛关注的议题。"社会福利国"思想的传入，为清末至民国时期社会福利权的形成奠定了宪法基础。在传统"大同"理想的影响下，民国北京政府之国会于1922年8月复会后，开始考虑在宪法中增列社会权条款甚至专章，提出应注重民生与均平的中国旧传统、参考德国魏玛宪法新经验，关怀在民国残酷社会经济现实下的贫困人群。南京国民政府更力图将孙中山民生主义思想在宪法中予以落实，在《训政时期约法》、"五五宪草"、1947年《宪法》中均设立了社会经济政策的专章，尤其重视国民生计与国民教育等问题。但是，考虑到社会权背后的现实财政压力，近代中国在宪法社会权规定的体系安排上独具巧思，采用"刚性宪法"和"柔性权利"相结合的思路；将社会权的理想规定于宪法，课政府以落实社会权的政治责任，而非法律责任，这就使得社会权在宪法的文义与体系上区别于自由权，避免了宪法社会权因财政现实而无法完全落实的尴尬，维护了宪法的权威。由此，社会权从抽象的宪法权利或政治宣言走向了现实生活，虽然其保护范围极其有限，但是迈出了现代化的一步。借助"刚柔并济"的制宪智慧以及"公私协力"的共同合作，社会福利权在中国走出了独特的发展之路。

最后，所有关于"社会福利"的讨论都将回到"人"本身。德国宪法法院对社会保障的标准是"保障人最基本的尊严"，这一标准得到了较为广泛的支持。这意味着社会福利制度的核心不仅在于提供物质上的支持，更在于保障每个人的基本尊严和权利。住房、医疗、教育等服务或产品具有较强的社会公共性，它们直接关系到个人的生活和生存。人是社会福利制度的主体和最终受益者，社会福利制度的设计与实施要以满足人们的基本需求和保障人们的基本权利为出发点，确保每个人都能够享有基本的社会保障和福利待遇，这是探讨社会福利的本质与意义，也是"正义"与"公平"的题中应有之义。

社会福利制度的建设与发展，是一个不断探索、完善的过程。也因此，社会福利问题不仅仅是一个学术研究领域，更是一个深刻反映社会价值观和公共政策的重要政治议题。本书关于社会福利问题的研究，仅仅是一次跨学科、多视角综合的初步尝试。

后　　记

　　2007—2008年，受国家留学基金委联合培养博士生项目资助，我在哈佛大学法学院学习，主攻比较宪法。因缘际会，我受教于多位在美国政治光谱下居于"左派"的老师。在老师们的言传身教、潜移默化之下，我与社会福利权研究也结下了不解之缘。

　　我的导师安守廉教授（William P. Alford）不仅是中国法专家与哈佛东亚法研究中心主任，也是哈佛大学残障者权利项目主任、世界特殊奥林匹克运动会董事会成员。2007年，中国密集通过了《劳动合同法》《就业促进法》《劳动争议调解仲裁法》三部劳动法；当时国内有一些争议，有人认为新法"超前了""过于保护劳动者""不利于营商环境"，但安守廉教授却高度评价了新劳动法的颁布，认为"早立法比晚立法好"。或许对某些"新保守主义"者（或者说"新自由主义"者）而言，任何时候颁布劳动法、推行社会福利政策都是不合时宜的。其实越是经济下行的时候，民生事业越重要，它也是社会安全的基本保障。"我们通常会觉得，社会保障需要花钱，总得是经济很繁荣，政府手里的钱多得花不出去的时候才能搞社会保障。而要在经济危机时实行有利于穷人的社会保障计划，让政府掏腰包，让工人组织工会，需要极高的政治智商，而罗斯福做到了，这源于他的政治信念和政治勇气。"① 保障和改善民生、实现人民的社会福利权，要"量力而行"也要"尽力而为"。

　　我在哈佛期间，除了昂格尔在巴西从政未归外，我选到了批判法学派"三剑客"中另外两位的课程：邓肯·肯尼迪（Duncan Kennedy）的"历史视野下的法律全球化"、马克·图什奈特（Mark Tushnet）的"比较宪法"。记得我曾冒昧地问马克，同为"批派"代表人物，他与邓肯最大的区别是什么？我本来预期的回答是二人治学路径不同之类的说法，可马克的回答

---

① 凯斯·R. 桑斯坦：《罗斯福宪法：第二权利法案的历史与未来》，毕竞悦等译，中国政法大学出版社2016年版，"导读"，第7页。

后　记

是："邓肯比我聪明（smart）。"作为"批判法学之王"的邓肯·肯尼迪聪明绝顶，他在和蔼可亲的同时也很犀利，记得当时我把自己关于民国司法院的英文论文呈给他看，他当面写下"Towards juristocracy, bad faith"的纸条来揶揄我。在郭锐兄和我的穿针引线下，清华大学的高鸿钧老师翻译了邓肯关于法律与法律思想全球化的论文①，在一定意义上也由此开启了清华法学院法律全球化的研究。

如果用《论语》中的一句话来形容马克·图什内特，便是"刚毅木讷近仁"。马克不善言辞但著作等身，作为比较宪法学大师，他对世界各国的宪法理论与实践保持了长期的关注。回国后，我在国内见过他两次：一次是2011年暑假他在北大讲学，我去燕园看他，同时介绍了一些年轻的宪法学者（谢立斌与李蕊轶）与他认识，还陪他逛了游人如织的颐和园。见识了园中摩肩接踵的"大场面"，他说了一个关于住房权的冷笑话："怪不得清末人民要起来革命，中国人这么多，怎么能让一个人（皇帝）独占这么大的园子！"另一次是2019年秋冬之际，李蕊轶教授邀请马克到南开讲学，也念旧请谢立斌教授和我到天津重聚。听蕊轶说，马克来南开讲学依然保持"左派"本色，一封电邮"召之即来"，关于待遇薪酬未提任何条件，就住在学校的招待所，而南开支付的讲座费也并不高于一般国内教授的水平。

弗兰克·麦克尔曼（Frank Michelman）是田雷师弟所说"伟大一代"宪法学家中最年长者，他在1969年《哈佛法律评论》"前言"（Foreword）发表了《通过宪法第14修正案保护穷人》一文，"此后用一系列文章来论证一种具有宪法位阶的'福利权'"。② 我在哈佛选修了他一门"小"课"宪法与财产权"，除了其他课程阅读材料外，主要的教材是南非宪法学家范德沃尔特（AJ Van Der Walt）的《宪法财产规则》（*Constitutional Property Law*）。当时选课人数众多，但课容量只有十余人，第一节课面试后大部分学生被淘汰了；或许因为是唯一选课的中国人吧，我得以侥幸留下。弗兰克是个不苟言笑的老派绅士，"望之俨然"，学生时代他对我说过的最"亲切"的话，是回国前我去话别，他很认真地说："我会记住你的。"2011年，第八届布利海姆-坎纳（Brigham-Kanner）财产权大会"破天荒"在美国之外的清华法学院举办，作为第一届获奖者，弗兰克携师母来到了清华园，

---

① 邓肯·肯尼迪：《法律与法律思想的三次全球化：1850—2000》，高鸿钧译，《清华法治论衡》2009年第2期。

② 田雷：《美国折叠：置身事外的反思与批判》，上海交通大学出版社2023年版，第259、263页。

在师母身边，老爷子似乎"慈祥"了些。

"师者，所以传道受业解惑也。"上述四位老师，除了安守廉教授老骥伏枥外，其他三位都荣休了。不过邓肯依然思维敏捷、永葆批判精神。马克继续佳作不断，他的女儿也已在哈佛任教。最近哈佛法学院伍人英（Mark Wu）教授来访，听他说弗兰克老先生身体硬朗、精神矍铄。我2008年到清华任教后，讲授的第一门课程是"比较宪法"。之前开课的老师将社会福利权的内容略去不讲，理由是中国是社会主义国家，所以社会权不成为问题；而我的看法是，中国虽然是社会主义国家，但尚处在社会主义初级阶段，社会权的实现尚不充分，仍有必要深入研究。从此，社会权一直是我讲授"比较宪法""比较法专题研究""中国政治法律史"等课程中单列的一章，社会福利问题也成为与国会制度、司法制度并列的我的三个研究方向之一。十几年的相关研究成果汇成了这本小册子，也算是我受业于诸位老师的初步答卷。我个人的代表作文章《财产权宪法化与近代中国社会本位立法》可以说是我选修弗兰克"宪法与财产权"课程迟交的"作业"。本书另一章《司法救济的途径》，则是以马克相关论文与著作为基础进行的延伸讨论。本书大部分章节是我的作品，但其中也有四章是由我的学生何思萌（《交织的财产权与社会权》与《宪法社会权的困境》两章）、姜秉曦（《近代中国宪法史中的社会法治国建设》）、伯宇轩（《租房稳定性思考——以美国驱逐保护制度为例》）独立完成的；这是他们在社会福利权领域的初试锋芒，对我而言也意味着新一代的学术传承。